Königs Abi-Trainer

Rüdiger Bernhardt

Inhaltlicher Schwerpunkt: Epochenumbruch 18./19. Jahrhundert

unter besonderer Berücksichtigung der Entwicklung des Dramas

Goethe: *Iphigenie auf Tauris*, Büchner: *Woyzeck* und Kleist: *Prinz Friedrich von Homburg* (nur LK)

Deutsch-Abitur
Nordrhein-Westfalen 2012 und 2013
(Grund- und Leistungskurs)

Bange Verlag

Über den Autor:

Prof. Dr. sc. phil. Rüdiger Bernhardt lehrte neuere und neueste deutsche sowie skandinavische Literatur an Universitäten des In- und Auslandes. Er veröffentlichte u. a. Monografien zu Henrik Ibsen, Gerhart Hauptmann, August Strindberg und Peter Hille, gab die Werke Ibsens, Peter Hilles, Hermann Conradis und anderer sowie zahlreiche Schulbücher heraus. Von 1994 bis 2008 war er Vorsitzender der Gerhart-Hauptmann-Stiftung Kloster auf Hiddensee. 1999 wurde er in die Leibniz-Sozietät gewählt.

1. Auflage 2010
ISBN: 978-3-8044-3208-6

Druck und Weiterverarbeitung: Tiskárna Akcent, Vimperk

Zitierte Ausgaben

Die drei Primärtexte werden zitiert nach:

- Textausgaben von Johann Wolfgang von Goethes *Iphigenie auf Tauris* für den Schulgebrauch gibt es preiswert in Reclams Universal-Bibliothek (Stuttgart Nr. 81), bei den Hamburger Leseheften (Nr. 13) u. a. Um mit verschiedenen Ausgaben arbeiten zu können, werden Zitate nach der Verszählung belegt (z. B. V. 242), die in den Ausgaben des Dramentextes in der Regel ausgewiesen ist.

- Georg Büchner: *Woyzeck.* Studienausgabe. Hg. von Burghard Dedner. Stuttgart: Reclam, 1999, Universal-Bibliothek Nr. 18007.
  Zitiert mit Seiten- und Zeilenangabe (z. B.: 21, 9).

- Heinrich von Kleist: *Prinz Friedrich von Homburg. Ein Schauspiel.* Anmerkungen von Bernd Hamacher. Stuttgart: Reclam, 2001, Universal-Bibliothek Nr. 178.
  Zitiert mit Akt-, Auftritt- und Seiten- und/oder Versangabe (z. B.: 3.5., S. 55 oder V. 981).

Vorwort

Dieser Kommentar dient der Vorbereitung auf das Abitur und behandelt das Thema des Epochenumbruchs vom 18. zum 19. Jahrhundert, der die Ablösung des Feudalismus/Absolutismus durch die bürgerliche Gesellschaft einleitete und eine neue Klasse, die Arbeiterklasse oder das Proletariat, hervorbrachte. Dieser Wechsel zweier Gesellschaftsformationen wird an Johann Wolfgang von Goethes *Iphigenie auf Tauris* und Georg Büchners *Woyzeck*, zwei Dramen, die diesen Ablösungsprozess einprägsam verdeutlichen, für die Abiturjahrgänge 2012 und 2013 dargestellt.[1] Zwischen beiden Dramen entstand Heinrich von Kleists *Prinz Friedrich von Homburg*, das Werk ist unter den gleichen Voraussetzungen für den Leistungskurs vorgesehen.

Es werden Ihnen Aufgaben zu diesen thematischen Schwerpunkten angeboten, bei denen Sie den Epochenwechsel unter verschiedenen Aspekten durchdenken können.

Die **Übungsaufgaben** sind **für Grund- und Leistungskurs geeignet**, da die Vorgaben als inhaltliche Schwerpunkte mit den vorgegebenen Dramen und dem vorausgesetzten Wissen bis auf Kleists *Prinz Friedrich von Homburg* gleich sind; beim **LK** werden **höhere Anforderungen an Komplexität und Fachsprachlichkeit** gestellt. Der Erwartungshorizont ist entsprechend größer.

Um Ihnen diese selbstständige Arbeit zu erleichtern, werden Sie in wichtige Vorgänge der beiden Gesellschaftsformationen und in ausgewählte Widerspiegelungsprozesse bei der Entwicklung des Dramas zwischen 1779 und 1836 eingeführt.

Bei den Aufgaben wurden Abiturbestimmungen zugrunde gelegt und Erwartungen einbezogen, wie sie im Zusammenhang mit früheren zentralen Abituraufgaben üblich waren.
Die Lösungsentwürfe sind umfassend angelegt, um möglichst viele Lösungsansätze und Varianten aufzuzeigen. Die Lösungen stellen nicht die Norm dar, sondern sind ein Gefüge verschiedener Lösungsvarianten, um Ihnen vielfältige Möglichkeiten zu schaffen.

Autor und Verlag wünschen Ihnen Erfolg beim Umgang mit diesem Material und im bevorstehenden Abitur.

1 Bei der Erarbeitung des vorliegenden Materials wurden folgende Königs Erläuterungen und Materialien des Verfassers genutzt:
Rüdiger Bernhardt: *Erläuterungen zu Johann Wolfgang von Goethe. Iphigenie auf Tauris.* Königs Erläuterungen und Materialien Band 15, Hollfeld: C. Bange Verlag, [5]2010.
Rüdiger Bernhardt: *Erläuterungen zu Georg Büchner. Woyzeck.* Königs Erläuterungen und Materialien Band 315, Hollfeld: C. Bange Verlag, [9]2010.
Verwiesen wird außerdem auf Dirk Jürgens: *Erläuterungen zu Heinrich von Kleist. Prinz Friedrich von Homburg.* Königs Erläuterungen und Materialien Band 451, Hollfeld: C. Bange Verlag, [2]2010.

Teil I: Vorausgesetztes Wissen

1. Epochenübersicht

Auf die im Text hinterlegten Zahlen wird im weiteren Verlauf des Abi-Trainers verwiesen.

Allgemeine Geschichte	Kulturgeschichte	Literaturgeschichte
Barock (1600–1720)		
1 Herrschaft des Absolutismus, Dreißigjähriger Krieg 1630–1648, Sieg über die Türken 1697 an der Theiß: Österreich-Ungarn wird zur europ. Großmacht. Friede im Nordischen Krieg 1719: Schwed. verliert europäische Macht.	2 Machiavelli: *Il Principe* (*Der Fürst*), 1513; dt. Sprachgesellschaften, erste Poetiken. In Engl. erster Landschaftspark. G. F. Händel: Leiter der Oper in London. Zeit Johann Sebastian Bachs.	3 J. Böhme (1575–1624), M. Opitz (1597–1639), P. Fleming (1609–1640), A. Gryphius (1616–1664), H. J. C. v. Grimmelshausen (um 1621–1676), Angelus Silesius (1624–1677). B. H. Brockes (1680–1747), J. C. Günther (1695–1723). Defoe: *Robinson Crusoe*, 1719
Aufklärung (1720–1785)		
4 Friedrich II., der Große von Preußen (1712–1786): 1740 Abschaffung der Folter. 1740–1745: Schlesische Kriege. Siebenjähriger (Dritter Schlesischer) Krieg (1756–1763): Preußen wird europ. Großmacht; Joseph II. (1765–1790: Kaiser des Hlg. Röm. Reiches Dt. Nat.) als Nachf. von Maria Theresia: Josefinische Reformen. Mme. Pompadour als Mätresse Louis' XV. von politischer Bedeutung; Bedeutung des 3. Standes (Bürger).	5 Übergang zur Aufkl. durch Anakreontik. Frühaufklärung: René Descartes (1596–1650): „Ich denke, also bin ich." (Cogito ergo sum) B. Spinoza (1632–1677), John Locke (1632–1704), G. W. Leibniz (1646–1716), A. H. Francke (1663–1727), Voltaire (1694–1778), J. J. Rousseau (1712–1778): *Zurück zur Natur*, zahlreiche Zeitschriften. 1735: Systema naturae (Carl v. Linné).	6 J. C. Gottsched (1700–1766, Entw. der Dramatik nach franz. Vorbild, Poetik), A. v. Haller (1708–1777, Lehrgedicht), C. F. Gellert (1715–1769), J. E. Schlegel (1719–1749) als Anakreontiker, G. E. Lessing (1729–1781): bürgerl. Trauerspiel nach engl. Vorbild, F. Klopstock (1724–1803): Dt. Gelehrtenrepublik, C. M. Wieland (1733–1813), M. Claudius (1740–1815). Ästh. Diskussionen: die Schweizer J. J. Bodmer und J. J. Breitinger. Engl. Sonderform: der empfindsame Roman (Sterne, Richardson). „Empfindsamkeit" setzte sich in Dt. nicht als Epochenbegriff, nur als Ergänzung zur Aufklärung durch.
Sturm und Drang (1767–1785)		
7 1. polnische Teilung 1772, 1774: König Louis XVI. in Frankreich (bis 1792). Nordamerika: Nordamerik. Unabhängigkeitskrieg (1775–1783), Landgraf von Hessen-Kassel verkauft insges. 19.000 Soldaten. Unabhängigkeitserklärung der USA und Erklärung der Menschenrechte (1776), Verfassung der USA 1787. Österr.: Toleranzpatent (Freiheit der Religionsausübung), Aufhebung der Leibeigenschaft.	8 Naturrecht als Gesellschaftsrecht. Landschaftspark Wörlitz (1764–1798). Braunkohlenförderung. Stiftung der Bergakademie. Anfänge der industr. Rev. mit mech. Spinnmasch., mech. Webstuhl und Dampfmasch. des James Watt. Erste Weltreise des J. Cook (1768–1771).	9 Sog. Geniezeit. Periode datiert nach Herders *Fragmenten* (1767) bis zu Goethes erster ital. Reise 1786–1788. J. G. Hamann (1730–1788), C. F. D. Schubart (1739–1791), J. G. Herder (1744–1803), W. Heinse (1746–1803), H. L. Wagner (1747–1779); G. A. Bürger (1747–1794), F. Müller, genannt: Maler Müller (1749–1825), der junge Goethe und Schiller, J. M R. Lenz (1751–1792), F. M. Klinger (1752–1831), Göttinger Hain (Hainbund) mit J. H. Voß (1751–1826). Shakespeare wird für das dt. Theater und die dt. Dramatik entdeckt (Goethe: *Götz von Berlichingen*, 1773).

Im Übergang vom Sturm und Drang zur Klassik: J. W. v. Goethe: *Iphigenie auf Tauris.* Die vierte und endgültige Fassung (Versfassung) vollendete Goethe – laut Tagebuch – 1786 auf seiner Italienreise; Druck 1787, UA: 1800, Wien. Erste Aufführung in Weimar, in einer nicht erhaltenen Bearbeitung F. Schillers, 1802. (Erstfassung in rhythmischer Prosa 1779 entst. u. UA. Zweite Fassung in freien Jamben, 1780. Dritte Fassung in Prosa, 1781.)

Allgemeine Geschichte	Kulturgeschichte	Literaturgeschichte
Klassik (1786–1805/1832)		
10 Französische Rev. von 1789: 14. 7. Bastillesturm. Deklaration der Menschen- und Bürgerrechte. 1792–1793: Tuileriensturm, Kanonade von Valmy, Abschaffung der Monarchie und Hinrichtung des Königs. 1793–1794: Jakobinerherrschaft mit Terror. 1793: Mainzer Republik. Koalitionskriege gegen Frankreich. Aufstieg Napoleons. Ende des Hlg. Römischen Reiches Dt. Nation (1806). Preuß. Reformen durch Reichsfreiherr vom und zum Stein (Bauernbefreiung). Erfurter Fürstenkongress 1808: dt. Staaten außer Preußen und Österr. treten dem Rheinbund bei. Napoleon erobert Europa, Niederlage in Moskau. 1813: Völkerschlacht bei Leipzig. Wiener Kongress (1814/15) mit Restauration. Rückkehr Napoleons, Niederlage bei Waterloo u. Verbannung nach St. Helena. 1815: Gründung des Dt. Bundes (ca. 40 Staaten bleiben von über 300 übrig).	11 Chem. Nomenklatur (Lavoisier u. a., 1787; Berzelius 1811). 1799–1804: A. v. Humboldts (1769–1859) Expeditionen nach Mittel- und Südamerika. Kant (1724–1804): kategorischer Imperativ. Phil. des dt. Idealismus: J. C. Fichte (1807/08: *Reden an die dt. Nation*). Mozarts *Figaros Hochzeit* (1786) und *Don Giovanni* (1787). – 1807: Dampfschiff (R. Fulton), 1808: L. v. Beethoven (5., 6. Sinfonie). 1811: Stahlgießerei und Maschinenfabrik Krupp. Europ. Dampfschifffahrt 1812. 1825: 1. Techn. Hochschule Dt.s in Karlsruhe. Eisenbahn (Stephenson), Eisenbahn zw. Manchester u. Liverpool (1830). 1832: Goethes Tod bedeutet „Ende der Kunstperiode" (Heine).	12 J. J. Winckelmann (1717–1768): antikes Schönheitsideal der Klassik. J. W. v. Goethe: *Egmont* (1788); *Tasso* (1790), *Faust* (Fragment, 1790); J. J. W. Heinse: *Ardinghello* (1787), F. Schiller: *Wallenstein* (1798–1799), *Maria Stuart* (1800), *Wilhelm Tell* (1804). U. Bräker: *Der arme Mann im Tockenburg* (1789), J. G. A. Forster (1754–1794): *Reise um die Welt* (1777), W. v. Humboldt (1767–1835): *Ideen über Staatsverfassung* (1791) J. C. F. Hölderlin (1770–1843): *Hyperion* (1797), J. Paul (1763–1825): *Hesperus* (1795), *Titan* (1800–1803), **H. v. Kleist (1777–1811): *Prinz Friedrich von Homburg* (1809–1811 entst.; UA und Druck 1821),** *Penthesilea* (1808), *Der zerbrochene Krug* (1808), J. P. Hebel (1760–1826): *Kalendergeschichten, Alemannische Gedichte*, J. (1785–1863) u. W. (1786–1859) Grimm: *Deutsche Sagen, Dt. Grammatik* u. Beginn des *Dt. Wörterbuches.* A. v. Platen (1796–1835): *Ghaselen* (1821). Europäische Lit.: Shelley: *Der entfesselte Prometheus* (1820), Manzoni: *Die Verlobten* (1827), Mickiewicz: *Totenfeier* (1823/32/60), Stendhal: *Rot und Schwarz* (1830)
Romantik (1795–1835) [Biedermeier 1815–1848[2]]		
13 1809 Widerstand gegen Napoleon durch Einzelaktionen (Major Schill, Andreas Hofer, Schwarze	14 1797: In Engl. u. Dt. schließen sich junge Schriftsteller zusammen (die „Lakers" und die „Jenaer").	15 Frühromantik/Jena: A. W. (1767–1845) und F. (1772–1829) Schlegel, C. Schlegel (verheiratet u. a. mit A. W. Schlegel, Schelling, befreundet mit G. Forster), Novalis (1772–

2 Der Begriff „Biedermeier" für die Zeit 1815–1848 hat sich in der Lit.wiss. nur sehr bedingt durchgesetzt u. größere Bedeutung nur in Innenarchitektur, Mode und Malerei erlangt. Dort diente er zur Bezeichnung einer schlichten bürgerlichen Kultur.

Allgemeine Geschichte

Schar des Herzogs von Braunschweig). 1814: Louis XVIII. (Bourbonenrestauration). 1817: Wartburgfest. 1818: Allgem. Dt. Burschenschaft. 1819: Karlsbader Beschlüsse, Demagogenverfolgung. 1821: Griech. Freiheitskampf bis 1829, Philhellenismus.
1822: Hlg. Allianz: Unterdrückung der bürgerl. Rev. in Europa. 1830: Julirev. in Frankreich – Die Restauration wird gelenkt von Fürst Metternich (1773–1859): kämpfte gegen Liberalität, verfolgte rev. Bewegungen unter Dichtern und Studenten.

Kulturgeschichte

1810: Malervereinigung der Nazarener in Rom. 1811: Jahn eröffnet ersten Turnplatz in Berlin. Gemälde C. D. Friedrichs. Bedeutende Zeitschriften 1798 ff. (*Athenäum*). Lit. Salons als Kulturzentren: Rahel Varnhagen, H. Hertz, Bettina von Arnim, K. v. Günderrode. Gründung des Börsenvereins des dt. Buchhandels (1825), utop. Sozialismus: Saint-Simon. Eisenbahn: Nürnberg-Fürth 1835. Architektur: Klassizismus von Schinkel.

Literaturgeschichte

1801): bedeutendster Dichter der Frühromantik, L. Tieck (1773–1853), E. T. A. Hoffmann (1776–1822). Hochromantik nach 1805 (Heidelberg): A. v. Arnim (1781–1831), C. Brentano (1778–1842): Sammlung von Volksliedern (*Des Knaben Wunderhorn*) und Volksdichtungen, Brüder Grimm: *Kinder- und Hausmärchen* (1812/15).
Spätromantik/Schwaben nach 1820 (volkstüm.): L. Uhland (1787–1862), Gustav Schwab (1792–1850), Justinus Kerner (1786–1862), E. Mörike (1804–1875). Romant. Schicksalstragödie (Zacharias Werner, Adolf Müllner).
J. v. Eichendorff (1788–1857), W. Müller, genannt: Griechen-Müller (1794–1827). Österr. Dichtung: F. Raimund, J. N. Nestroy, F. Grillparzer. Engl.: Lord Byron.

Junges Deutschland, Vormärz (1830–1850)

Allgemeine Geschichte

1832: Hambacher Fest, 1833 Frankfurter Wachensturm. 1834: *Hessischer Landbote* (G. Büchner, F. L. Weidig), Dt. Zollverein schafft einheitl. Markt. Weberaufstand in Lyon – 1835: Erlass gegen das Junge Dt. 1836: Bund der Gerechten (pol. Organisation d. dt. Arbeiter). Schles. Weberaufstand (1844). Bund der Kommunisten (1847) u. Komm. Manifest (1848). Aufstände u. Rev. in Europa (Berlin, Wien), Februarrev. in Frankr., badischer Aufstand (1848/49). 1848/49: Dt. Nationalversammlung in der Frankfurter Paulskirche. Reichsverweser Erzherzog Johann von Österreich bleibt machtlos. Erste Gewerkschaften in Dt.
Franz Joseph I., Kaiser von Österreich (1848–1916)

Kulturgeschichte

1832: opt. Telegraf Berlin – Koblenz. 1837: Protesterklärung der Göttinger Sieben (darunter Wilhelm und Jacob Grimm) gegen die Aufhebung der Verfassung im Königreich Hannover, daraufhin Entlassung und für einige Landesverweisung.
Telegraf (Morse) – 1839: Daguerre-Fotografie. Künstl. Dünger (Liebig). 1847: Semmelweis entdeckt Ursache d. Kindbettfiebers. C. Darwin (1809–1882): Weltreise 1831–37.
Gemälde A. Menzels (1848 u.a. der Märzgefallenen). – Steigende Bedeutung des Journalismus, u. a. *Neue Rhein. Zeitung* (1848–49), hrsg. von Karl Marx.

Literaturgeschichte

Junges Deutschland: L. Börne (1786–1837), H. Heine (1797–1856), C. D. Grabbe (1801–1836), L. Wienbarg (1802–1872), H. Laube (1806–1884), K. Gutzkow (1811–1878).
G. Büchner (1813–1837): *Woyzeck* (1836/37 entst.; Druck 1878, UA 1913), K. Immermann (1796–1840). Pol. Gedichte bis 1840 von Platen, Lenau, Mosen, Chamisso. Pol. Dichtung im Vormärz: Herwegh, Werth, Freiligrath, A. H. Hoffmann v. Fallersleben, A. Glaßbrenner. der Westfale F. W. Weber (1813–1894) und sein Epos *Dreizehnlinden* (1878).
Frankr.: V. Hugo, A. Dumas: *Der Graf von Monte Christo* (1845/46)
Schweiz: J. Gotthelf (1797–1854), G. Keller (1819–1890).

Allgemeine Geschichte	Kulturgeschichte	Literaturgeschichte
Realismus (1850–1890)		
19 1849 Frankfurter Nationalversammlung aufgelöst. 1851: Staatsstreich Louis Napoléons, bis 1870 zweites Kaiserreich (Nap. III.). 1862: Bismarck wird Min.präsident Preußens. 1863: Gründung des ADAV (Allgem. Dt. Arbeiter-verein) unter F. Lassalle. 1864: Dt.-dän. Krieg. 1866: Dt.-österr. Krieg, Auflösung des Dt. Bundes. 1869: Gründung der Sozialdemokratischen Arbeiterpartei Dt.s, Unfehlbarkeitsdogma des Papstes. 1870/71: Dt.-frz. Krieg, Pariser Kommune. 1871: Gründung des Dt. Reiches und Wahlen zum Reichstag. Reparationen führen zu „Gründerjahren" u. seit 1873 zur Gründerkrise. Abgrenzung zwischen Kirche u. Staat: Kulturkampf (ab 1871). 1878: Sozialistengesetz bis 1890 (Verbot der Sozialdemokratie)	20 1854: Elektr. Glühlampe. 1856: Fund des Neandertalers. 1858: Marienvisionen in Lourdes, Virchow entw. Zellularpathologie. 1859: Darwin *Über den Ursprung der Arten*, Vererbungstheorie. – Opern R. Wagners und G. Verdis. Bilder L. Richters u. A. Böcklins (u. a. *Die Toteninsel*, 1880). 1859–69: Bau des Suezkanals. 1866: Dynamomasch. (Siemens). 1868: Haeckel: *Natürl. Schöpfungsgesch.* 1870: Gründung der Dt. Bank. 1871: Schliemann findet Troja. Benzinmotor (Otto, 1876). R. Koch entdeckt Milzbrandbakterium (1876), funktionssicheres Telefon (A. G. Bell, 1876), Gründung des Weltpostvereins (1878). 1883: Marx beendet das *Kapital*.	21 C. Sealsfield (1793–1864), A. Droste-Hülshoff (1797 –1848), A. Stifter (1805–1868), F. T. Vischer (1807–1887), F. Reuter (1810–1874): als Burschenschaftler 1836 zum Tode verurteilt, zu 30 Jahren Festungshaft begnadigt. F. Hebbel (1813–1863), O. Ludwig (1813–1865), G. Freytag (1816–1895), Th. Storm (1817–1888), G. Keller (1819–1890), Th. Fontane (1819–1898), C. F. Meyer (1825–1898), F. Spielhagen (1829–1911), M. v. Ebner-Eschenbach (1830–1916), W. Raabe (1831–1910), W. Busch (1832–1908): Bildergeschichten, L. Anzengruber (1839–1889), F. Nietzsche (1844–1900, seit 1889 geisteskrank): Zurücknahme des klass.-antiken Vorbildes. **K. E. Franzos (1848–1904): veröff. 1878 in der Zschr. *Mehr Licht!* erstmals Büchners *Woyzeck*.** Unterhaltungslit.: E. Marlitt (1825–1887, P. Rosegger (1843–1918).
Naturalismus (1880–1890)		
22 Dt. Kaiserreich (1871–1918), Bismarck wird Reichskanzler bis 1890. 1884: Dt. weitet Kolonialbesitz aus, Sozialdemokratie hat Stimmengewinne, auch bei den nächsten Wahlen. 1887: Rückversicherungsvertrag mit Russland. 1888: Dreikaiserjahr, Wilhelm II. besteigt den Thron. 1889: 1. Mai wird Kampftag der intern Arbeiter. 1890: Fall des Soz.gesetzes, Sturz Bismarcks; Dt. tauscht Sansibar gegen Helgoland. Zyklische	23 Wirtsch. wird elektrifiziert, chemisiert u. motorisiert. Einfluss Darwins (s. o.), der Religionskritik L. Feuerbachs, des Positivismus, des mech. Materialismus (L. Büchner, 1824–1899) u. der Milieutheorie (H. Taines, 1828–1893) auf den Naturalismus. Soziologie als Wiss. entsteht. K. Duden schafft Wörterbuch. Gemälde van Goghs, Cézannes, Liebermanns.	24 Gebr. Hart: *Kritische Waffengänge* (1882–84), *Moderne Dichtercharaktere* (1885), K. Bleibtreu: *Rev. d. Lit.* (1886), *Freie Bühne* (1889), zahlreiche Zeitschr. wie *Die Gesellschaft* (1885 ff.). Entdeckung der Außenseiter u. des 4. Standes (Proletariat) als lit. Thema. D. v. Liliencron (1844–1909), der Westfale P. Hille (1854–1904), H. Sudermann (1857–1928), J. Schlaf (1862–1941), G. Hauptmann (1862–1946), A. Schnitzler (1862–1931), A. Holz (1863–1929), H. Bahr (1863–1934) verkündet 1891 die *Überwindung des Naturalismus*. Ausländ. Einflüsse: F. Dostojewski (1821–1881); L. Tolstoi (1828–1910),

Allgemeine Geschichte	Kulturgeschichte	Literaturgeschichte
Überproduktionskrise bis 1894. Dt. Expansionspolitik: Flottenprogramm.		H. Ibsen (1828–1906), B. Björnson (1832–1910), A. Strindberg (1849–1912), E. Zola (1840–1902).

Der Naturalismus löst sich seit 1890 in zahlreiche Gegenströmungen auf (u. a. Höhenkunst, Impressionismus, Neuromantik, Neoklassik, Symbolismus usw.), die voneinander kaum abgrenzbar sind.

2. Erläuterung des Epochenumbruchs 18./19. Jahrhundert

Der Epochenumbruch vom 18. zum 19. Jahrhundert ist einschneidend und umfasst das gesamte Europa, begleitet von Veränderungen in Nordamerika, das sich aus kolonialer Abhängigkeit zu befreien begann (Unabhängigkeitserklärung 1776): Die absolutistische, feudalaristokratische Epoche wird von der bürgerlich-kapitalistischen Epoche, die sich zum Imperialismus entwickelt, abgelöst.

Drei herausragende Entwicklungen kennzeichnen den Epochenumbruch:
1. Philosophisch und geistesgeschichtlich: Befreiung des individuellen und gesellschaftlichen Denkens von religiösen Dogmen; s. Epochenübersicht (5);
2. Beginn der industriellen Revolution und Unabhängigkeitskampf in Nordamerika; s. Epochenübersicht (8), (11);
3. revolutionäre Bewegungen von der Französische Revolution von 1789 über die französische Julirevolution 1830 bis zur bürgerlichen Revolutionen von 1848; s. Epochenübersicht (8), (10), (13) und (16)

Die Literaturgeschichte des ausgehenden 18. und der ersten Hälfte des 19. Jahrhunderts, die diese Entwicklungen begleitete und spiegelte, wurde durch folgende Phasen bestimmt, die sowohl zeitlich nacheinander als auch teils nebeneinander abliefen:

- **Aufklärung** (18. Jahrhundert: 1720–1785)
  - **Sturm und Drang** (zweite Hälfte des 18. Jahrhunderts: 1767–1785)
    - **Klassik** (Jahrhundertwende: 1786–1805/32)
      - **Romantik** (Jahrhundertwende: 1795–1835), einschließlich Biedermeier (1815–1848)
        - **Realismus** (1850–1890), einschließlich Junges Deutschland, Vormärz (1830–1850)[3]

Die entscheidenden Entwicklungen, die den Epochenumbruch charakterisieren, bedeuten im Einzelnen:

1. Philosophisch und geistesgeschichtlich vollzieht sich die **Befreiung des individuellen und gesellschaftlichen Denkens** von religiösen Dogmen und erstarrten Ritualen, ein im 17. Jahrhundert beginnender gesamteuropäischer Vorgang, er ging von Frankreich und England aus und wurde in Deutschland unter dem Begriff „Aufklärung" zusammengefasst:

3 Die Zeitangaben bedeuten nicht, dass die jeweilige Epoche in diesem Jahr plötzlich begann und in jenem abrupt endete, sondern diese Jahreszahlen verbinden sich mit einschneidenden, die Epoche konstituierenden Ereignissen, die sich andererseits allmählich herausbildete und sich fließend auflöste.

Immanuel Kant 1784 gab in seiner Schrift *Beantwortung der Frage: Was ist Aufklärung?* die heute noch gültige **Bestimmung der Aufklärung**: *„Aufklärung ist der Ausgang des Menschen aus seiner selbstverschuldeten Unmündigkeit. Unmündigkeit ist das Unvermögen, sich seines Verstandes ohne Leitung eines anderen zu bedienen. Selbstverschuldet ist diese Unmündigkeit, wenn die Ursache derselben nicht am Mangel des Verstandes, sondern der Entschließung und des Mutes liegt, sich seiner ohne Leitung eines anderen zu bedienen. Sapere aude! Habe Mut, dich deines eigenen Verstandes zu bedienen! ist also der Wahlspruch der Aufklärung."*

Beachtenswert:

- Bedeutende Vertreter in Deutschland: G. W. Leibniz, 1646–1716; C. Thomasius, 1655–1728; Christian Wolff, 1679–1754.
- Herausbildung eines bürgerlichen Staates während des amerikanischen Unabhängigkeitskrieges (1775–83), der sich auf den Ideen der französischen Aufklärung gründete.
- Auch in Deutschland Politisierung des philosophischen Denkens, folgend Überlegungen Jean-Jacques Rousseaus (1712–1778), zu finden in *Der Gesellschaftsvertrag* (1762). An die Stelle des Feudalabsolutismus stellte Rousseau das Ideal einer freien gesellschaftlichen Vereinigung, darin sollte jeder Bürger und sein Eigentum den Schutz des Staates erhalten. Es herrscht der aus dem Naturrecht abgeleitete Allgemeinwille.
- Das bürgerliche Drama wurde wesentlich als „ein Kind der moralischen Aufklärung" (Hermann Hettner: *Das moderne Drama*, 1852) begriffen.

Merke:
Die folgenden philosophischen und ästhetischen Entwicklungen – Sturm und Drang, Klassik, Romantik, aber auch die Dialektik Georg Wilhelm Friedrich Hegels und Karl Marx' – stehen im Zeichen des aufklärerischen Denkens, das weitergeführt und zur Quelle der modernen Philosophie wurde.

Dialektik: eigentlich Kunst der Unterredung; Denkmethode, die widersprechende Meinungen auf ihre innere Beziehung zurückführt und dadurch erklären und aufheben – in einem dreifachen Sinne – kann: in der alten Setzung hinfällig werden lassen, die neue Qualität auf eine neue Stufe heben, darin die alten Gegensätze aufheben (bewahren). Auch Methode, um die allgemeinen Bewegungsgesetze der Natur und Gesellschaft zu erklären.

2. Die zweite Entwicklung betrifft den **Beginn der industriellen Revolution**, die von England ausging, sich europaweit von West nach Ost durchsetzte und andere Veränderungen, Organisationen und Konzentrationen auslöste.

Einige wichtige Veränderungen im Einzelnen:

- Das **Bankwesen** führte zur Gründung von nationalen Banken (Bank von England, 1694).
- Die finanziellen Mittel für die industrielle Entwicklung wurden von den Banken geschaffen.

- Die für die industrielle Revolution benötigten Arbeitskräfte führten zur **Entwicklung des Proletariats**.
- Das Proletariat bekam im *Manifest der Kommunistischen Partei* (1848) von Karl **Marx** und Friedrich **Engels** sein politisches Programm.
- Das Proletariat begann sich zu organisieren (1847 aus dem „Bund der Gerechten" hervorgehender „Bund der Kommunisten").
- Die **naturwissenschaftlichen Fortschritte** führten zu grundlegenden Veränderungen in der Produktion (beginnende Mechanisierung) und zur Ertragssteigerung in der Landwirtschaft (Chemisierung).
- Es entsteht ein völlig neues **Verkehrswesen** (Dampfmaschinen, Dampfschiffverkehr seit 1816, Lokomotiven, Eisenbahn).
- Das sich verstärkende **bürgerliche Denken** bestätigte sich durch die Gründung des ersten bürgerlichen enzyklopädischen Museums, das 1753 in London angeregt und 1759 als „British Museum" geöffnet wurde.
- Das Museum dokumentierte die Kulturgeschichte der Menschheit ohne Rücksicht auf aristokratische Machtausübung; das Interesse für Kulturgeschichte stieg und führte unter anderem zu gesteigertem **Interesse für die Antike** Griechenlands und Roms.

3. Schließlich stand das Jahrhundert von 1750 bis 1850 im Zeichen **revolutionärer Bewegungen**.

Drei Revolutionen prägen das Jahrhundert zwischen 1750 und 1850:

- die Französische Revolution von 1789 mit ihren Forderungen „Freiheit, Gleichheit, Brüderlichkeit",
- die französische Julirevolution 1830,
- die bürgerlichen Revolutionen von 1848, die in mehreren europäischen Ländern stattfanden.

Merke:

1. Die **Französische Revolution** von 1789 (14. Juli: Sturm auf die Bastille) löste eine der gewaltigsten Veränderungen in der Weltgeschichte aus. Die Losung der Revolution „Liberté, Égalite, Fraternité" stammt aus der *Deklaration der Rechte des Menschen und des Bürgers* (26. 8. 1789). Die Losung behielt in den späteren Revolutionen ihre Bedeutung und wurde in der Pariser Kommune 1871 wieder aufgenommen. Dass es sich bei den revolutionären Ereignissen in der Folge der Französischen Revolution um einen langfristigen Vorgang handelte, war den Zeitgenossen bewusst; 1852 schrieb H. Hettner: „Jene große Revolution ist ja nur der erste furchtbare Anfang einer welterschütternden Umwälzung, die noch heute zermalmend über unsere Häupter dahinrollt." (*Das moderne Drama*, 1852)
2. Die revolutionären Ereignisse des ausgehenden 18. Jahrhunderts lösten in verschiedenen europäischen Ländern **Befreiungsbewegungen** aus (Griechenland 1821–1829, Polen 1830–1831), die von lebhaften literarischen Entwicklungen, vor allem in der deutschsprachigen Lyrik, begleitet wurden.

Geschichte, Politik, Wirtschaft (1789 bis 1840)

Einige Folgen der Französischen Revolution von 1789 und der Herrschaft Napoleons I.

Merkmalliste:

1. Die absolutistischen Herrschaftsstrukturen in Europa zerfielen.
2. Der **Widerspruch zwischen feudal-aristokratischer Herrschaftsform und bürgerlich-kapitalistischer Produktionsentwicklung** wurde zunehmend größer.
3. Eine zunehmend **bürgerliche Gesetzgebung** unter dem Einfluss des französischen *Code civil* entwickelte sich.
4. Teilweise Aufhebung der Zersplitterung Deutschlands: Von mehr als 300 souveränen Gebilden waren 1815 nach dem Wiener Kongress 40 geblieben.
5. Es kam zu einer **territorialen Neuordnung Europas**, die trotz der vom Wiener Kongress (1814/15) unter Fürst Metternich beabsichtigten und eingeleiteten Restauration nur teilweise zurückgenommen werden konnte.
6. Am 18. Juni 1815 wurde Napoleon bei Waterloo geschlagen. Russland, Österreich und Preußen schlossen sich zur **Heiligen Allianz** zusammen, der fast alle europäischen Herrscher beitraten, um die bürgerlichen Bewegungen und Aktionen einzuschränken.
7. Die Heilige Allianz erschien Dichtern wie Georg Büchner als Hindernis bei der Neugestaltung Europas; sein politisches und soziales Ziel einer gesellschaftlichen Neuordnung, wie er es im *Hessischen Landboten* beschrieben hatte, verlor er deshalb nicht aus den Augen.
8. **Industrielle und soziale Entwicklungen**:
   - In Deutschland, das überwiegend noch ein Agrarland war, zuerst in der Landwirtschaft.
   - Die zunehmende Aufhebung der Leibeigenschaft, die 1781 in Österreich begonnen hatte, 1810 in Preußen fortgesetzt und in beiden Staaten 1848 abgeschlossen wurde.
   - Der Einsatz von Maschinen, meist englischer Herkunft, steigerte die Erträge vor allem bei der Kartoffel- und Zuckerrübenproduktion.
   - 1840 begann Justus Liebig mit der künstlichen Düngung.
   - In der Industrie begann die Veränderung in der Textilindustrie durch den Einsatz von Spinnmaschinen (seit 1785); 1826 entstand die erste Spinnmaschinenfabrik in Chemnitz.
   - Die Handarbeit wurde durch Maschinen abgelöst, die Handweber wurden arbeitslos; es kam deshalb zu Weberaufständen (1831 Lyon, 1844 Schlesien), die Weber waren mit ihrer Manufakturproduktion gegenüber der industriellen Produktion nicht mehr konkurrenzfähig.
   - Diese Aufstände erschütterten Europa, hielten bis zum Ende des Jahrhunderts an und wurden im Verlauf des 19. Jahrhunderts zunehmend zum literarischen Thema.

Entwicklungen gegen den gesellschaftlichen Fortschritt:

- 1819 wurden unter der Führung Metternichs die **Karlsbader Beschlüsse** erlassen, um die bürgerlichen und studentischen Bewegungen einzudämmen: eine verschärfte Pressezensur, Einschränkungen der universitären Freiheiten, Verbote, Behinderungen der Burschenschaften und Kontrolle der Buchproduktion behinderten zehn Jahre die bürgerlichen Entwicklungen.

- 1833: Am 20. Juni hatte der Bundestag die „Centraluntersuchungsbehörde" beschlossen, die auf allen deutschen Universitäten strenge Überprüfungen durchzuführen hatte und viele Studenten in die Prozesse um den Frankfurter Wachensturm (1833) verwickelte. Nach dem Sturm auf die Frankfurter Hauptwache 1833 wurden an allen Universitäten staatliche Unterdrückung und Verbote burschenschaftlicher Tätigkeit durchgesetzt. Attentate verschärften den **Druck auf die Universitäten**.
- Es dauerte Jahre, bis alle Strafen verkündet, Zuchthaus- und Festungsstrafen erteilt und die Anstellungsfähigkeit bzw. das Bleiberecht verkündet oder versagt wurden.
- Erst nach 1840 milderten sich die Verhältnisse an den Universitäten; es begann die Zeit der sogenannten Vormärz-Literatur, womit sich die Revolution von 1848 ankündigte.

Die Auswirkungen der politischen, philosophischen und technischen Veränderungen in der zweiten Hälfte des 18. Jahrhunderts auf die Entwicklung der deutschen Literatur und speziell auf Goethe

Übersicht:

1. prägender geschichtlicher Vorgang: die Französische Revolution. Literaturgeschichtlich entsprechen: die **Aufklärung** (Vorbereitung der Revolution) und der **Sturm und Drang**.
2. Schriftsteller konfrontiert mit der Vorbereitung, Durchführung und dem Umschlag der Französischen Revolution in die napoleonische Herrschaft.
3. Zeitweise Zustimmung zur Revolution: Schiller, Hölderlin, Schelling, Hegel u. a.
4. Viele deutsche Fürsten in Kleinstaaten: geringere finanzielle Mittel, aber ähnliche Ansprüche wie die Bourbonen in Frankreich.
5. **Herzogtum Sachsen-Weimar und Eisenach:** Weimar war ein „Mittelding zwischen Dorf und Stadt" (Herder), das gesamte Herzogtum hatte 100.000 Einwohner, nach 1786 durch Zufälle die Klassik ausgebildet: Wieland, Goethe, Schiller und Herder; statt architektonischen Großbauten, für die das Geld fehlte, dienten gebildete Menschen, die man zur Unterhaltung in die Residenz holte, zur Repräsentanz. Dadurch entwickelte sich ein ungewöhnlicher Kunstsinn. Die Einschränkung und Verletzung der Menschenrechte unterschieden sich nicht von Verhältnissen in anderen deutschen Staaten.
6. Goethe erinnerte sich 1810 ähnlich: „Darstellung des Zustandes des Adels, der Bürgerschaft. Gutmütige Beschränktheit, die sich zur wissenschaftlichen und literaren Kultur emporzuheben sucht." (*Stoffsammlung zu einzelnen Punkten des Karlsbader Schemas*).
   - Das aufklärerische Denken schlug sich auch in Goethes *Iphigenie auf Tauris* nieder, die den Übergang vom Sturm und Drang zur Klassik darstellte. Dass das Vorhaben des aufgeklärten Fürsten letztlich aber scheiterte und der Humanitätsgedanke der *Iphigenie* zur Utopie wurde, zeigt **Goethes Gedicht *Ilmenau***.
   - Ilmenau: Ort der Selbstprüfung Goethes gegenüber dem eigenen Anspruch in Weimar, den er nicht erfüllen konnte: „Nun sitz ich hier, zugleich erhoben und gedrückt, / Unschuldig und gestraft, und schuldig und beglückt." (*Ilmenau*, V. 118 f.)
   - Goethes **Ziel**, als **„Fürstenerziehung"** bezeichnet, prägt die *Iphigenie auf Tauris* durchgehend. Es war eine aus der Aufklärung abgeleitete Zielstellung,

unter dem Eindruck der sozialen Konflikte die absolutistischen Herrscher zur Einsicht und zu sozial verantwortlichem Verhalten zu bringen.

7. Die Zustimmung zur Französischen Revolution von 1789 ging durch alle literarischen Strömungen und Gruppen. Sie schlug bei den meisten Dichtern in Distanz und Ablehnung um, als die Revolution 1793 in die **Jakobinerdiktatur** (der „Terreur") überging. Doch blieben die Forderungen, mit denen die Revolution begonnen worden war, aktuell und wurden immer wieder vorgetragen.

Die Auswirkungen auf Goethe (unter Berücksichtigung der *Iphigenie auf Tauris*)

Goethes Vorstellung vom aufgeklärten Fürsten

- König Thoas in *Iphigenie auf Tauris* wird von Iphigenie erzogen; aus dem Barbaren wird ein versöhnungsbereiter Mensch.
- Voraussetzung ist die **Versöhnungsbereitschaft** aller Beteiligten. Goethes Iphigenie kann tödlich erscheinende Bedrohungen entschärfen; das unterscheidet sie von ihren antiken Vorbildern.
- Das Stück entstand während Goethes erstem Weimarer Jahrzehnt nach 1775, reflektiert Weimarer Erfahrungen, Konflikte und die Freundschaft/Liebe zu Charlotte von Stein. Dadurch flossen zeitgenössische soziale Probleme ins Denken des Dichters, vereinigten sich dort mit privaten Erlebnissen und gingen damit indirekt in das Stück ein.
- Solche Probleme waren die **Sorgen und Nöte der arbeitenden Menschen**, der „Strumpfwirker in Apolda" (Goethes Brief an Charlotte von Stein vom 6. März 1779) und der Rekrutenaushebung, an der Goethe beteiligt war. Die Strumpfwirker waren für den Minister Goethe auch von ökonomischer Bedeutung, ihr Streik 1779 spielte im Tagebuch Goethes eine Rolle: Ökonomische Zwänge boten keinen Spielraum für humane Lösungen. Insofern wurde die Humanisierung des Königs Thoas auch ein Beispiel für die verbesserungsbedürftige Gegenwart und die Erziehung des Herzogs Karl August.
- Die sozialen Ansprüche des Sturm und Drang steigerten sich zu individueller menschlicher Größe und Toleranz. Das bedeutete den Übergang zur Klassik.
- Die **Entscheidungsfreiheit** des Menschen bedeuteten die Selbstbestimmung des Menschen und seine Befreiung aus schicksalhaften Ordnungen.
- Die **Rücksicht auf den anderen Menschen** ist der aufklärerische Kern des Stückes: Das individuelle Handeln sollte zur Grundlage einer allgemeinen Gesetzgebung werden. Das weist auf Immanuel Kants kategorischen Imperativ hin, ohne dass sich Goethe Kants Denken intensiv genähert hätte, aber diese Maxime war zu einem wichtigen Denkansatz geworden.
- Das Handeln des aufgeklärten Menschen und die Berücksichtigung der Vorstellungen der anderen Menschen führten zu einem **Kompromiss**, von dem alle Gestalten des Stückes betroffen sind. Diese wesentliche Botschaft geht von dem Stück *Iphigenie auf Tauris* aus.

Goethes Weltbild (am Beispiel der *Iphigenie auf Tauris*)

Merkmalliste:

- Der Mensch löst sich aus der göttlichen Abhängigkeit und entscheidet über sein sittliches Tun frei und **ohne Fremdbestimmung**. Er tritt an die Stelle der Götter.
- Dadurch kommt der Mensch wieder zu sich selbst und die Welt der Götter verliert an Bedeutung. Das Denken **säkularisiert** sich.

- Voraussetzung für sittliches Handeln ist ein Handeln in Wahrheit und das Verständnis für Veränderungen; alles Leben ist Entwicklung und Bewegung.
- **Vergebung und Sühne** sind menschliche Eigenschaften, die zu den Voraussetzungen einer sittlichen Welt gehören.
- Die Sittlichkeit des Menschen hat stets utopische Züge, die Entwicklung und Veränderungen ermöglichen, aber immer Spannungen zwischen Wirklichkeit und Möglichkeit schaffen.
- Die Voraussetzung für Menschlichkeit in *Iphigenie auf Tauris* ist **Ungehorsam gegen Götter** und ihre Macht. Goethes Bild von Iphigenie ist ein Entwurf, entlehnt aus dem Mythischen und eine Spiegelung von Goethes sittlichem Anspruch. Das sittliche Verhalten ist für Goethe „Hauptteil der menschlichen Natur" und damit wesentliches Merkmal der klassischen Dichtung:

Merke:
Goethes *Iphigenie auf Tauris* stellt einen Übergang vom **Sturm und Drang** zur **Klassik** dar und enthält sogar einige Elemente der **Romantik**. Wichtige Kennzeichen dafür und auch für die Klassik insgesamt sind Humanismus und Sittlichkeit, für die Romantik die Empfindsamkeit. Goethe beantwortete in einem Gespräch über *Iphigenie* die Frage, **„wie das Sittliche in die Welt gekommen" sei,** so:
„Es ist kein Produkt menschlicher Reflexion, sondern es ist angeschaffene und angeborene schöne Natur. Es ist mehr oder weniger dem Menschen im Allgemeinen angeschaffen, im hohen Grade aber einzelnen ganz vorzüglich begabten Gemütern. Diese haben durch große Taten oder Lehren ihr göttliches Innere offenbart, welches sodann durch die Schönheit seiner Erscheinung die Liebe der Menschen ergriff und zur Verehrung und Nacheiferung gewaltig fortzog. Der Wert des Sittlich-Schönen und Guten aber konnte durch Erfahrung und Weisheit zum Bewusstsein gelangen, indem das Schlechte sich in seinen Folgen als ein solches erwies, welches das Glück des Einzelnen wie des Ganzen zerstörte, dagegen das Edle und Rechte als ein solches, welches das besondere und allgemeine Glück herbeiführte und befestigte. So konnte das Sittlich-Schöne zur Lehre werden und sich als ein Ausgesprochenes über ganze Völkerschaften verbreiten." (Goethe im Gespräch mit Eckermann am 1. April 1827)

Die Befreiungskriege 1813–1815

In der Phase des Epochenumbruchs zwischen 1789 und 1848 bedeuten die Befreiungskriege eine **wichtige Zwischenstufe**, die auch für die Literatur Bedeutung hatte.
Höhepunkt: 16.–19. Oktober 1813 Völkerschlacht bei Leipzig; am 18. Juni 1815 wurde Napoleon endgültig bei Waterloo geschlagen.
Einen großen Teil der Befreiungsbewegung von 1813 – Georg Büchners Geburtsjahr – gegen die französische Fremdherrschaft hatte die Bevölkerung von sich aus getragen, so dass sich Herrscher wie der preußische König Friedrich Wilhelm III. genötigt sahen, sich ohne Begeisterung an die Spitze der Bewegung zu stellen. Hatte die Französische Revolution welthistorische politische und soziale Veränderungen ausgelöst, so bedeuteten die Befreiungskriege gegen die napoleonische Fremdherrschaft eine Verschärfung der nationalen Bewegung, die in dem Maße, wie sich ihr große Teile des Volkes widmeten, demokratisch wurde, aber auch nationalistisch-deutschtümelnde Überspitzungen hervorbrachte.

Die Bedeutung der Befreiungskriege:

1. Die **preußischen Reformen** nach 1806 zielten auf eine bürgerliche Entwicklung, allerdings innerhalb der vorhandenen monarchistischen Struktur. Insofern wurde Kleist zu einem geeigneten Repräsentanten. Das Ziel war, „den Kräften der Nation eine freie Tätigkeit und eine Richtung auf das Gemeinnützige zu geben" (H. F. K. Reichsfreiherr vom und zum Stein).
2. Unter dieser Voraussetzung gelang der Zusammenschluss unterschiedlichster Kräfte zur Beseitigung der Fremdherrschaft.
3. Am 16. Oktober 1813 griffen die verbündeten Armeen Preußens, Österreichs, Russlands und Schwedens Napoleon bei Leipzig an, nachdem die französische Armee 1812 in Moskau eine vernichtende Niederlage erfahren hatte. Die Völkerschlacht bei Leipzig veränderte die Welt; die napoleonische Herrschaft über Europa war zu Ende.
4. Dagegen standen allerdings die durch Napoleon durchgesetzten bürgerlichen Rechte, die den ständischen Adel in Preußen in seinen Rechten beschnitten hatten. Auch hatte sich die Bildung um eine neuhumanistische und naturwissenschaftliche Thematik erweitert. Sie war an die Seite der klassischen Fächer getreten, wodurch neue politische und soziale Interessen der Schüler entwickelt wurden.
5. Im Kampf gegen die Fremdherrschaft hatten sich eine patriotische Kraft und eine **Vorstellung von deutscher Nationalität** entwickelt, die sich nicht mehr verdrängen ließen und immer wieder erinnert wurden. Die Vorstellungen waren allerdings zweischneidig: Während das klassische Umfeld die Ausweitung in europäisches Geistesleben unternahm – allen voran Goethe mit seinem Verständnis von Weltliteratur und europäischen Kämpfen –, wurden in den Kreisen, die sich auf den nationalen Befreiungskampf orientierten – an Kleist ist zu denken –, diese Ausweitungen zurückgenommen und auf nationale, teils auch nationalistisch anmutende Ziele konzentriert und beschränkt, zu denen auch eine neue Qualität des Antisemitismus gehörte, vor dem Kleist durch seine gelebte Einsamkeit weitgehend verschont blieb.

Das Ende des Epochenumbruchs vom 18. zum 19. Jahrhundert:

- Die **Julirevolution von 1830** und die **bürgerlichen Revolutionen von 1848**: In dieser Zeit erreichten die Herausbildung bürgerlicher Staaten, die damit verbundene Verfassungsfrage und die Entwicklung kapitalistischer Produktionsmethoden einen ersten Höhepunkt, der zu einem neuen nationalen Bewusstsein führte.
- Damit im Zusammenhang wurde die Unzufriedenheit mit der „Heiligen Allianz" größer, neue soziale Konflikte zwischen dem entstehenden Proletariat und dem Kleinbürgertum einerseits und dem Großbürgertum andererseits führten zu revolutionären Situationen, in denen nicht nur soziale Widersprüche gelöst, sondern **neue Freiheiten** wie die Pressefreiheit errungen werden sollten.
- Begünstigt wurde das durch den seit der napoleonischen Zeit in einigen deutschen Gebieten (Rheinbund) gültigen ***Code civil***, der liberale Bestrebungen im Gerichtswesen und bei der Verwaltung ermöglichte.
- Die Julirevolution 1830 wurde für aufgeschlossene Geister wie Georg Büchner die Fortsetzung des Kampfes um bürgerliche Rechte und Freiheiten.

- Einen Höhepunkt erreichten die Volksbewegungen **1832** beim **Hambacher Fest**, das zur größten Massendemonstration vor der Revolution von 1848 wurde. Gefordert wurden die Einheit Deutschlands, die deutsche Republik und bürgerliche Freiheiten und Grundrechte. Der Bundestag erhöhte seinen Druck auf bürgerliche, kleinbürgerliche und studentische Kräfte durch zahlreiche Verbote – sie betrafen Vereinigungen, Presse und Studentenverbindungen – und verschärfte dadurch die revolutionäre Situation.

Die Auswirkungen der politischen, philosophischen und technischen Veränderungen in der ersten Hälfte des 19. Jahrhunderts auf die Entwicklung der deutschen Literatur (Übersicht)

1. Die politischen Auswirkungen der napoleonischen Herrschaft waren trotz Napoleons Niederlage nicht zu übersehen: Die Zahl der deutschen Staaten ging zurück. Mit dem Reichsdeputationshauptschluss von 1803 waren 100 kleinere staatliche Gebilde in größeren Staaten aufgegangen: Die geistlichen Gebiete wurden säkularisiert, von 52 freien Reichsstädten blieben sechs, die Reichsritter wurden entmachtet. Die mittelalterliche kaiserliche Macht hatte ihre Bedeutung verloren. Das nationale **deutsche Selbstbewusstsein** wurde zu einem wichtigen deutschen Thema (Kleist), das einerseits nationalistisch übersteigert wurde (die These vom Völkischen bei F. L. Jahn), andererseits neue soziale Widersprüche entwickelte (Georg Büchner).
2. Reformen, die vom 1806 gegründeten Rheinbund ausgingen, bedeuteten eine staatliche und wirtschaftliche **Modernisierung Deutschlands**. Die Emanzipation wurde unterstützt durch die Übernahme des *Code civil*, die prinzipielle Anerkennung der Gleichheit, die Bestimmung antifeudaler, bürgerlicher Rechte und eine straff organisierte Verwaltung enthaltend. Aus deutscher Sicht stand dieser Zeitraum im Zeichen der vollständigen Niederlage Preußens 1806 und der Befreiungskriege 1813–15; es war die **Zeit Heinrich von Kleists**.
3. Über die **Widersprüchlichkeit** des Dichters wurden zahlreiche Bücher geschrieben. Die Widersprüchlichkeit seines Schauspiels *Prinz Friedrich von Homburg* zeigt sich bereits in der komplizierten Veröffentlichungs- und Aufführungsgeschichte:
   - 1810 wollte Kleist es der Königin Luise widmen – ihr früher Tod verhinderte das;
   - 1811 sollte das Stück mit einem Bittgesuch an den Prinzen Wilhelm von Preußen, einen Bruder des Königs, ihm eine angemessene Stellung erwerben;
   - 1821 veröffentlichte Ludwig Tieck das Stück, dem er große Anerkennung zollte;
   - 1828 in Berlin aufgeführt und danach sofort vom preußischen König verboten.
4. In diesem Umfeld wirkte auch Georg **Büchner,** um 1836 entstand sein *Woyzeck*. Für Georg Büchner war Freiheit ein nicht zu verhandelnder Wert. Aber sein Begriff von **Freiheit** war determiniert von Fremdbestimmungen, die Georg Büchner als Naturwissenschaftler kennengelernt hatte.
5. **Büchners Begrifflichkeit:**
   - Stammt aus der klassischen deutschen idealistischen Philosophie, die mit der freien Selbstbestimmung und dem bewusst eingesetzten Willen den Unterschied des Menschen zum Tier zu beschreiben versuchte.

   - Büchner erweiterte diese Bestimmung durch einen materialistischen Natur-Begriff, der den Menschen als mindestens teilweise abhängig von seinen Trieben erklärte, und lud ihn sozial auf.
6. Für Büchner gab es einen natürlichen und geschichtlichen **Determinismus**. Büchners Freiheitsbegriff bekam in einem weit höheren Maße als der Freiheitsbegriff der Klassik soziale Inhalte.
7. Im ***Hessischen Landboten*** (1834) entwickelte Büchner einen Staats- und Gesellschaftsentwurf, der von einem geeinten Deutschland in „Freiheit“ [4] ausging, der deutsche Zerrissenheit und föderalistische Sonderwege („der vielen Herrlein, Kleinherzoge und Däumlingskönige“) als größte Hemmnisse überwunden hatte und den Begriff der Freiheit nicht mehr moralisch, sondern politisch begründete.
8. Zwischen Goethes *Iphigenie auf Tauris* und Büchners *Woyzeck* liegt ein Zeitraum, in dem sich **Napoleons Aufstieg und Fall** vollzog, Europa grundsätzlich verändert wurde und die absolutistische Herrschaftsform von bürgerlichen Herrschaftsansprüchen abgelöst wurde.

Die Auswirkungen auf Kleist, sein Freiheitsbegriff und sein Patriotismus

Kleist hat in den verschiedenen politischen Gruppen nirgends seinen Platz gefunden und schied als ein Gescheiterter freiwillig aus dem Leben. Insofern ist auch die Frage nach **Kleists Verständnis von Freiheit** nicht einfach zu beantworten. Bezieht man die Antwort aus dem *Prinzen Friedrich von Homburg*, so kommt darin die Auffassung von Freiheit Immanuel Kant sehr nahe. Sie ist innerhalb der Grenzen möglich, die Gesetz und Befehl einräumen; Gesetz und Befehl dagegen sind durch Überschreitungen veränderbar, wenn die individuell genutzte Freiheit der Festigung und Erweiterung von Gesetz und Befehl dient. In Kleists Schauspiel wird das deutlich, wenn der Oberst Kottwitz dem Kurfürsten erklärt, dass nicht der Herrscher, sondern das Vaterland für das Gesetz stehe: Das Gesetz, „das höchste, oberste, / Das wirken soll, in deiner Feldherrn Brust, / Das ist der Buchstab deines Willens nicht; / Das ist das Vaterland, das ist die Krone“ (5.5., S. 80).
Das Zitat deutet an, dass Kleists Freiheitsbegriff vom **Patriotismus**, dem sich Kleist seit 1808 verschrieben hatte, getragen wurde und nicht sozial begründet war; er bezog sich einzig und allein auf aristokratische preußische Repräsentanten. Kleists Freiheits- und Patriotismusvorstellung waren durch die napoleonische Herrschaft bestimmt und zielten auf die vaterländisch preußische Unabhängigkeit im monarchistischen Kleide, die sich für Kleist zu einem politisch nicht näher bestimmten Deutschland – er plante eine Zeitschrift *Germania* – erweiterte. Dabei war Kleist keineswegs zimperlich und fand für seine Vorstellung vom patriotischen Freiheitskampf teils wüste Bilder, die einen übersteigerten, nationalistisch anmutenden Patriotismus zeigten: „Nur der Franzmann zeigt sich noch / In dem deutschen Reiche; / Brüder, nehmt die Keule doch, / Dass er gleichfalls weiche.“ (*Kriegslied der Deutschen*, 1809)

Kleists Weg zu einem Leben im Dienste der Kunst (von Kant zu Rousseau)

1. Folgte Kleist anfangs noch der bürgerlichen Aufklärung, dem Heraustritt des Menschen aus einer selbstverschuldeten Unmündigkeit, wie **Immanuel Kant** die Aufklärung bezeichnete, orientierte er sich danach an Rousseau und dem naturgemäßen Leben.

---

4 Hier und im Folgenden zitiert nach Georg Büchner: *Lenz. Der Hessische Landbote*. Nachwort von Martin Greiner. Stuttgart: Philipp Reclam jun., durchgesehene Ausgabe 2002 (Universal-Bibliothek Nr. 7955)

2. 1801 hatte Kleist in Paris eine französische Gesellschaft erlebt, die nichts mehr mit Rousseaus natürlichem Leben zu tun hatte, sondern in der Sittenlosigkeit und Skrupellosigkeit regierten und Ausdruck des neuen bürgerlichen Lebensgefühls geworden waren.
3. Kleist wurde dadurch nicht nur zur Flucht aus dem seiner Meinung nach verwahrlosten Frankreich in die Schweiz, sondern auch zur Entscheidung für die in ihm wirkende Kunst getrieben.
4. **Rousseau** brachte Kleist zu einer wesentlichen Erkenntnis: Seine Ideen ließen sich schwer mit einem individuell erkannten künstlerischen Auftrag vereinen. So musste Kleist, als er seine Künstlerschaft erkannte und sich zu ihr bekannte, auf seine Schweizer Lebensplanung im Sinne Rousseaus verzichten.
5. Das Nebeneinander von bäuerlicher Lebensführung und Niederschrift des ersten Dramas (*Die Familie Schroffenstein*, 1802) erzwangen die **Entscheidung zwischen natürlicher Lebensführung** als Bauer **oder Bildungssuche** als Künstler.
6. Diese Entscheidung führte zu einem Leben im Dienste der Kunst, begleitet von zahlreichen **Krisen** auf fast allen Gebieten des Denkens und Fühlens, zu Niederlagen und Enttäuschungen und schließlich zum **Freitod**.

Merkmalliste
für Kleists Weltbild (bezogen auf den *Prinzen Friedrich von Homburg*):

1. Kleists Weltbild bietet **verschiedene**, immer allumfassend verstandene **Lebensentwürfe**, die ideal vollkommen erscheinen:
   - ein Ideal der Wissenschaft,
   - ein Ideal der ländlichen Idylle,
   - ein Ideal der Natürlichkeit im Zeichen Rousseaus und
   - ein Ideal der Kunst.
2. Das Weltbild wird dominiert von der patriotisch verstandenen Freiheit wie im *Prinzen Friedrich von Homburg*. Das Stück bedeutete Kleists Erfüllung und **Vereinigung aller seiner Lebensentwürfe**, „aller Lebensphasen und Bildungselemente seines Dichters: Humanität und natürliches Gefühl des Menschen; der rousseauistische Konflikt zwischen Staatsraison und Gefühlskraft des Einzelnen zur Synthese gebracht; Freiheit und Notwendigkeit in dialektischer Verschränkung; das Vaterländische in eins geschlungen mit den Geboten der Humanität und der Menschenwürde."[5]
3. Im Schauspiel gab Kleist seinem Homburg poetische Worte, die diese **Verdichtung aller Lebenspläne** zu einer Entscheidung enthielten: „Ich will das heilige Gesetz des Kriegs, / Das ich verletzt, im Angesicht des Heers, / Durch einen freien Tod verherrlichen! ... Und frei, auf mütterlichem Grund, behaupte / Der Brandenburger sich; denn sein ist er, / Und seiner Fluren Pracht nur ihm erbaut!" (5.7., S. 87)
4. Die **Reduktion der Freiheit** auf einen militanten Patriotismus bei Kleist wirkte sich auch auf das Schauspiel *Prinz Friedrich von Homburg* aus. Eine moderne Biografie Kleists spitzte diese Beziehung zu: „Der Prinz von Homburg, durch Todesfurcht in reine Kreatur verwandelt, wird im Spiel neu zusammengesetzt. Er unterwirft sich in Freiheit, seine Freiheit ist die Unterwerfung im Namen des Vaterlands."[6] Das war zumindest teilweise eine Zurücknahme des kategorischen Imperativ Kants.

---

5 Hans Mayer: *Heinrich von Kleist: Der geschichtliche Augenblick*. In: Hans Mayer: Das unglückliche Bewusstsein. Berlin und Weimar: Aufbau-Verlag, 1990, S. 390

6 Jens Bisky: *Kleist*. Eine Biografie. Berlin: Rowohlt, 2007, S. 451

Die Auswirkungen auf Georg Büchner

Büchners Freiheitsbegriff:

Die Französische Revolution hatte dazu geführt, dass sich Büchners Freiheitsvorstellung aus dem Umfeld dieser Revolution entwickelte. Büchner und seine Freunde sollen sich „nur mit den Worten ... ‚Bon jour, citoyen!'" (Guten Tag, Bürger) gegrüßt haben.[7]
Georg Büchner **forderte Kampf** und führte ihn auch, deshalb wurde er verfolgt. Seine Schriften galten als unsittlich und mit dem Jungen Deutschland, einer losen Schriftstellervereinigung, geriet er in Verruf. Als am 10. Dezember 1835 die Deutsche Bundesversammlung ihren Verbotsbeschluss gegen das Junge Deutschland beschloss, traf es auch Büchners *Dantons Tod*.

Die jungdeutsche Literatur: Dazu gehörten neben Heine und Börne – sie seien stellvertretend genannt – auch der erst im letzten zurückliegenden Jahrzehnt wiederentdeckte Ernst Ortlepp (1800–1864), aber auch in einem weiteren Umkreis der Westfale F. W. Weber (1813–1894). Wenn Ernst Ortlepp, Georg Büchner und F. W. Weber hier als drei sehr unterschiedliche Vertreter im Umfeld des Jungen Deutschlands genannt werden, so entspricht das der Tatsache, dass die Konturen dieser Bewegung, die weder organisiert noch durch Programmatik gefügt war, unscharf sind. Büchner wollte gar nicht dazu gerechnet werden: „Übrigens gehöre ich für meine Person keineswegs zu dem sogenannten Jungen Deutschland, der literarischen Partei Gutzkows und Heines." (Brief an die Familie vom 1. Januar 1836).

Büchners Ansichten, vor allem sein Freiheitsbegriff, waren durch ihre soziale Begründung **radikaler** als die des Jungen Deutschlands. Büchner warf dem Jungen Deutschland vor, dass nur mit „Tagesliteratur eine völlige Umgestaltung unserer religiösen und gesellschaftlichen Ideen" angestrebt werde. Das sei die Folge eines „völligen Misskennens unserer gesellschaftlichen Verhältnisse". (Brief an die Familie wie oben.) Er forderte stattdessen die Fokussierung auf das unterdrückte Volk und die sozialen Gegensätze als Thema der Literatur und der Publizistik.
Büchners politische Vorstellungen und Ziele wurden im ***Hessischen Landboten***, einer politisch-sozialen Kampfschrift, deutlich.

Büchners soziale Ansichten

Büchner wollte den vierten Stand, so wurde das entstehende **Proletariat** bezeichnet, über einen revolutionären Umsturz **an die Macht** bringen. Das Motto des *Hessischen Landboten* **„Friede den Hütten! Krieg den Palästen!"** war ernst gemeint.
Georg Büchners Flugschrift *Der Hessische Landbote* (1834) ist ein Programm der gesellschaftlichen Veränderung, das in dieser Schärfe und mit dem ihm innewohnenden revolutionären Gestus in jener Zeit einzigartig war. Die Flugschrift ist das politische und erste gedruckte Dokument des Dichters, in dem er seine sozialen Ansichten fixierte und damit den Freundeskreis und im Geheimbund *Gesellschaft der Menschenrechte* begeisterte und erschreckte. Das Dokument gehört in den Umkreis von Georg Büchners *Dantons Tod*, in dem zum ersten Mal die Französische Revolution von 1789 ins deutsche Drama gebracht wurde, und in den Umkreis des

---

7 Henri Poschmann: *Georg Büchner.* Dichtung der Revolution und Revolution der Dichtung. Berlin und Weimar: Aufbau-Verlag, 1983, ^{3}1988, S. 288

Woyzeck, in dem ein Vertreter des vierten Standes die veränderten sozialen Bedingungen erkennbar werden lässt.

Büchners Dramen als Spiegelung seiner sozialen Ansichten

Die drei Texte, die gattungstheoretisch unterschiedlicher nicht sein können – das journalistische Kampfblatt *Der Hessische Landbote*, das Drama *Dantons Tod* und das dramatische Fragment *Woyzeck*, das erst Jahrzehnte später bekannt wird –, gehören zueinander wie ein revolutionäres Programm, das Protokoll seines Scheiterns und die Dokumentation einer neu entstehenden revolutionären Situation. Im *Woyzeck* gestaltete Büchner die **letzte Konsequenz der ungelösten sozialen Frage und die Deformation eines Menschen zum animalischen Wesen**, wenn ihm Besitz, soziale Anerkennung und lebensnotwendiges Geld fehlen: Als ultimativen Widerstand gegen seine Rückbildung zum Tier begeht er einen Mord. Die Ursachen dafür sah Büchner im „gesetzlichen Zustand", im „Gesetz, das die große Masse der Staatsbürger zum fronenden Vieh macht, um die natürlichen Bedürfnisse einer unbedeutenden und verdorbenen Minderzahl zu befriedigen" (Brief Georg Büchners vom 5. April 1933 an die Familie).

Merke:

Georg Büchner war mit widersprüchlichen Denk- und Anschauungsweisen im Elternhaus aufgewachsen, hatte aber auch gegenseitige Toleranz erlebt. Seine philosophischen und politischen Ansichten waren radikaldemokratisch und nahmen frühsozialistische Anschauungen vorweg. Zwischen Wissenschaft und Kunst nahm er keine grundsätzliche Trennung vor, sondern ließ ihre Übergänge fließend werden. Das machte ihn zu einem modernen Künstler und Wissenschaftler, der die prinzipiellen Überlegungen des fünfzig Jahre später sich durchsetzenden europäischen Naturalismus (Zola, Ibsen, Leo Tolstoi, Gerhart Hauptmann) vorwegnahm. Damit war er seinen Zeitgenossen voraus.

Zeitleiste

1914	Beginn des Ersten Weltkrieges
1913	**Aufführung des *Woyzeck***
1878	**Erstveröffentlichung des *Woyzeck* in „Mehr Licht!"**
1875	Gründung der Sozialistischen Arbeiterpartei Deutschlands in Gotha
1871	März–Mai Pariser Kommune 18. Januar: Gründung des Deutschen Reiches
1870	Deutsch-Französischer Krieg
1848	Revolutionen in Europa Deutsche Nationalversammlung in Frankfurt am Main Karl Marx/Friedrich Engels: *Manifest der Kommunistischen Partei*
1844	schlesischer Weberaufstand
1836	*Woyzeck*
1830	Julirevolution in Frankreich, polnischer Aufstand gegen Russland
1821	griechischer Freiheitskampf gegen die Türken
1821 ff.	**Veröffentlichung und Aufführungen des *Prinzen Friedrich von Homburg***
1819	Karlsbader Beschlüsse, sog. 1. Demagogenverfolgung

1814/5	Wiener Kongress
1813	Befreiungskriege, Völkerschlacht bei Leipzig
1811	*Prinz Friedrich von Homburg*
1806	Ende des Heiligen Römischen Reiches Deutscher Nation, Schlacht bei Jena und Auerstedt
1800 ff.	**Aufführungen von *Iphigenie auf Tauris***
1799	Napoleon Bonaparte wird Erster Konsul
1798	2. Koalitionskrieg bis 1801 (Frieden von Luneville)
1793	Mainzer Republik; Beginn der „Terreur" in Frankreich
1792	1. Koalitionskrieg bis 1797
1789	Französische Revolution
1787	***Iphigenie auf Tauris* (Vers) in der ersten Werkausgabe von Goethes Dichtungen**
1779	*Iphigenie auf Tauris* (Prosa)
1776	Nordamerika: Unabhängigkeitserklärung, „Erklärung des Menschenrechte"

3. Grundstrukturen des Dramas und der Beispiele Goethes, Kleists und Büchners

Das Drama unterscheidet sich durch zwei Besonderheiten von den beiden anderen Grundgattungen der Literatur Lyrik und Epik:

1. Das **Drama** hat immer eine **Handlung**, die sich **gegenwärtig** und zwischen **Personen** vollzieht.
2. Das Drama wird erst durch die **Inszenierung** zum vollwertigen Kunstwerk, das sich als gemeinsames einmaliges Erlebnis vollzieht (Theater, Publikum); der Text ist nur ein Teil des Kunstwerkes (Handlungsanweisung, Textvorgabe).

Die Begriffe Drama und Schauspiel[8] werden synonym verwendet; beide betreffen die Gesamtheit des gesprochenen Theaters. Historisch gab es zwischen beiden Begriffen bedingt durch die Ständeklausel Unterschiede, die sich aber durch die Entwicklung des bürgerlichen Schauspiels (Dramas) allmählich ausgeglichen haben.

Diese Unterscheidungen sind insofern wichtig, weil ohne sie die Grenzen zwischen den Gattungen fließend würden. So bezeichnete man Goethes *Faust* auch als „dramatischen Roman", das Werk Shakespeares als dramatisierte Epik und selbst die strenge Form der Griechen erschien Johann Gottfried Herder und Wilhelm von Humboldt als episch.[9]

Die beiden Unterscheidungen bedeuten im Einzelnen:

1. Das Drama ist die „Darstellung des vollkommen Gegenwärtigen" (Goethe an Schiller vom 23. 12. 1797). Symbolische Vorgänge bzw. Beschreibungen werden oft **personifiziert**. Die Handlung wird nicht beschrieben – das ist nur in einzelnen Ausnahmesituationen möglich (Botenbericht, Mauerschau) –, sondern vollzieht sich durch Personen, deren Handlungen und den zwischen ihnen gesprochenen **Dialog**.

2. Das Drama wird erst durch die **Inszenierung** zum vollständigen und einmaligen Kunstwerk (jede Aufführung ist anders) und durch die Bühnengegenwart rezipierbar, die sich meist als Gemeinschaftserlebnis (Publikum) vollzieht. Der gedruckte Text ist nur ein Teil und bildet eine Art Redevorlage und Handlungsanweisung für die Inszenierung. (Dadurch kommt es in einzelnen geschichtlichen Abschnitten zur Form des sogenannten „Regietheaters", bei dem der Regisseur mehr Bedeutung gewinnt als der Dichter, die Einfälle der Inszenierung mehr Gewicht bekommen als der Text.)

Trotz aller Abweichungen, Variationen und besonderen Ausbildungen haben sich nur **zwei Typen des europäischen Dramas** seit der Antike herausgebildet:

8 „Schauspiel" hat innerhalb der Bühnenstruktur eine zweite Bedeutung und steht für die Sparte des Sprechtheaters.
9 Vgl. dazu: Reinhold Grimm (Hrsg.): *Episches Theater*. Köln. Berlin: Kiepenheuer & Witsch, 1966, S. 29

1. das **geschlossene Drama**, also das **drei- bzw. fünfaktige aristotelische Drama**, das auch die Grundform für das aufklärerische, klassische und klassizistische deutsche Drama wurde, der ältere der beiden Typen und bis in die Gegenwart aktuell ist;
2. das **offene Drama**, zu dem das **Stationendrama** (*Woyzeck*) zählt, und in seiner Fortsetzung das epische Drama. Es bildete sich im 19. Jahrhunderts heraus und blieb seither aktuell.

Beachte:
Die **Dramen Shakespeares** (1564–1616) bedienten den aristotelischen Dramentyp (*Die Komödie der Irrungen* gilt als mit der Einheit von Ort, Zeit und Handlung als perfektes aristotelisches Stück; *Macbeth, Hamlet*), gaben aber auch Beispiele für seine Veränderung hin zu einem Drama der Szenenfolge (*Troilus und Cressida, Was ihr wollt*), das die Zeitgenossen als ungewohnt, ja chaotisch empfanden, weil es bereits Elemente des epischen Theaters und des Stationendramas enthielt, die man nicht kannte. Auch Shakespeares Historienstücke werden mit ihren epischen Elementen manchmal in die Nähe des Stationenstücks gerückt.

Merkmalliste für das aristotelische Drama:

Die von **Aristoteles** (384–322 v. Chr.) vorgenommene Bestimmung des Dramas in der ***Poetik*** (330 v. Chr.) wurde die folgenreichste der gesamten Literaturgeschichtsschreibung und hat sich prinzipiell bis heute nicht geändert. Sie hat allerdings unterschiedliche Dramenmodelle hervorgebracht. Nicht nur das hier interessierende klassische Drama gehört in diese Tradition, sondern auch das von Lessing entwickelte bürgerliche Trauerspiel, das jedoch bis 1800 bereits verflachte und in die Trivialdramatik mündete, die aber ebenfalls aristotelisch angelegt war.

- Aristoteles gliederte die in sich **abgeschlossene Handlung** eines Dramas in **drei Teile: Anfang – Mitte – Ende.**
- Diese drei Teile entwickelten sich logisch einer aus dem anderen, beschleunigt durch Szenen des Umschlags vom Glück zum Unglück.
- Dieser Umschlag, ein unerwarteter Schicksalswechsel, wurde von Aristoteles als **Peripetie** bezeichnet. Sie ereignete sich plötzlich, war aber durch die zurückliegende Handlung begründet.
- Die aristotelische und klassische Dramenstruktur ist an der **Dreieinheit (Ort, Zeit, Handlung)** der Antike zu erkennen. Sie ergab sich durch den besonderen Theaterraum des Amphitheaters und den Einsatz des Chores während des gesamten Geschehens:
  - Die Einheit des Ortes ergab sich aus der Bühnenanlage des Amphitheaters, dessen Bühne vorgegeben und unveränderlich war;
  - die Einheit der Zeit sollte sich auf einen Sonnenumlauf (Tageslicht!) konzentrieren und Zeitsprünge vermeiden;
  - die Einheit der Handlung betonte eine Haupthandlung und den Verzicht auf Nebenhandlungen.
- Aus der Dreiteiligkeit der Handlung (Schürzung des Knotens – Peripetie – Lösung des Knotens) entwickelte sich eine **Fünfteiligkeit**; beide Gliederungen (Drei- und Fünfteiligkeit) haben sich nebeneinander erhalten:

- **1. Akt:** Einleitung/Exposition (Einführung in Situation und Personen), erregendes Moment (erstes vorwärtstreibendes Moment des Konflikts);
- **2. Akt:** Steigerung/Entwicklung (Intrige);
- **3. Akt:** Höhepunkt/Umschlag (Peripetie = Wendung der Handlung zu einer Lösung) mit dem tragischen Moment (Konfrontation unvereinbarer Haltungen/ Entscheidungen);
- **4. Akt:** mit fallender Handlung, retardierenden Momenten (Verzögerung, Intrige und mögliche andere Lösung), dem Moment der letzten Spannung (letzte Möglichkeit zur Verhinderung der Katastrophe);
- **5. Akt:** Katastrophe (Wende- und Schlusspunkt der Handlung, Lösung des Konflikts zum Schlimmen oder Guten).

Nach der klassischen deutschen Literatur unternahm es der Schriftsteller Gustav Freytag (1816–1895) in *Die Technik des Dramas* (1863), aus dem antiken und dem klassischen Drama einen Regelkanon abzuleiten, der im sogenannten Freytag'schen **Dramendreieck** gipfelte, auch als „geschlossenes Drama" bezeichnet:

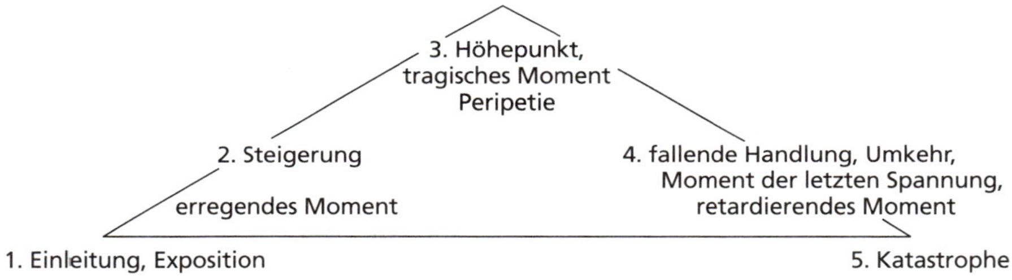

Dramendreieck

Das Dramendreieck kann gelten:
- für Einakter (1.–5. spielt sich in einem Akt ab);
- für Dreiakter (1.–2.: 1. Akt, 3.: 2. Akt, 4.–5.: 3. Akt)
- für Fünfakter (für jeden Abschnitt des Dramendreiecks einen Akt).

Die Zahl der Szenen in den einzelnen Akten ist gleichgültig, auch die Aufteilung in Monologe und Dialoge.

Für ein fünfaktiges Stück dieser Struktur stellt Goethes *Iphigenie auf Tauris* ein geeignetes Beispiel dar:

Der Aufbau der *Iphigenie* als Beispiel für ein vollkommenes klassisches Schauspiel (Drama)

3. Aufzug
Höhepunkt, Peripetie, unerwartete Wendung

Orest und Iphigenie erkennen einander. Orest ist dem Wahnsinn, der Raserei verfallen, aber er kann durch Iphigenie geheilt werden. Iphigenie begreift, dass sie sich in einen schwierigen Konflikt begibt, bei dem sie sich zwischen dem Bruder und dem vertrauten und edlen Thoas, der sie zudem liebt, entscheiden muss.

2. Aufzug
Steigerung
erregende Momente
Verhandlungen

Als erste Opfer sind ihr Bruder Orest und sein Freund vorgesehen (3. erregendes Moment). Iphigenie erfährt vom Untergang Trojas und dem Tod ihres Vaters. Orest sieht sich dem Tantalidenfluch verfallen. Nun wird die Zeit nach dem Trojanischen Krieg bekannt.

4. Aufzug
retardierende (verzögernde) Momente, Umkehr der Handlung

Iphigenie soll die Opferung Orests beschleunigen, da Thoas Verdacht schöpft. Sie schwankt, ob sie Thoas betrügen oder ihm die Wahrheit sagen soll. Es sind deutlich retardierende Momente. Thoas hat wie Iphigenie zwei Entscheidungsmöglichkeiten.

1. Aufzug
Exposition

Durch Iphigenie erfährt man von der Lage vor dem Trojanischen Krieg. Iphigenie ist Priesterin der Diana auf Tauris. Sie fühlt sich dort gefangen. Thoas kennt ihre Herkunft nicht. Um sich vor seinem Heiratsantrag (1. erregendes Moment) zu schützen, gibt sie sich als Tantalidin und reagiert mit Zorn darauf, indem er die von ihr abgeschafften Menschenopfer wieder einführt (2. erregendes Moment).

5. Aufzug
Katastrophe, Lösung

Thoas erkennt den geplanten Betrug. Er zwingt Iphigenie zur Entscheidung. Diese vertraut der Menschlichkeit Thoas'; Iphigenie sagt Thoas die Wahrheit. Orest will den Weg in die Freiheit erkämpfen. Aber Iphigenie befiehlt, die Hand vom Schwert zu nehmen. Thoas lässt die Griechen ziehen, Iphigenie hofft auf gegenseitige Gastfreundschaft in Zukunft.

Beachte:
Diese klare aristotelische Gliederung lässt sich allerdings auch anders lesen. Betrachtet man Iphigenies Aufbegehren gegen den Tantalidenfluch im Zusammenhang mit dem gesamten, im Stück umfangreich erinnerten Geschehen seit Tantalus, erscheint das geschlossene fünfaktige Schauspiel Goethes insgesamt als der letzte (5.) Akt einer antiken Familiengeschichte, deren fünf Generationen fünf Akte einer Tragödie repräsentieren. Das Stück ist dadurch auch ein **Vorläufer der modernen Enthüllungsdramen** (analytischen Dramen), wie sie seit Hebbel und vor allem seit Henrik Ibsen an der Tagesordnung waren.

Höhepunkte des aristotelischen Dramas in der deutschen Klassik:
Goethes *Iphigenie auf Tauris* und *Torquato Tasso* sowie Schillers *Don Karlos* und *Maria Stuart*, aber auch Kleists *Prinz Friedrich von Homburg* entsprechen formal einem klassischen Schauspiel. Mit der *Braut von Messina* schuf Schiller ein vollkommenes Drama nach aristotelischen Normen, indem er einen Chor einbezog.

Weitere Kennzeichen dieser Form:
- treibendes Element der Handlung sind **Konflikte und Widersprüche**, denen die handelnden Personen ausgesetzt sind, gegen die sie sich zur Wehr setzen und die sie zu lösen versuchen;
- **unerwartete Lösung**, bei der alle Widersprüche, oft auch gegen die vorhandene Logik, aufgehoben werden = Happy End = meist Lustspiel/Komödie.
- **Untergang** der Personen im Kampf gegen die Widersprüche, Aufgabe der Lebensziele = Trauerspiel/Tragödie.
- Zwischen Tragödie und Komödie wird die **Tragikomödie** angesiedelt, ohne dass sie eine besondere Form ausgebildet hat. Unter dem Begriff wird von Beginn des Dramas an Vielgestaltiges subsumiert. Bereits Lessing sah im Tragischen Elemente des Komischen und im Lustspiel Elemente des Traurigen und Unlustigen.
- Ob es sich um eine Tragödie oder eine Komödie handelt, wird am Ausgang der Handlung deutlich, nicht an der sprachlichen Gestaltung oder dramaturgischen Gliederung.

Der zweite Typ ist das offene Drama, das Stationendrama.

Merkmalliste für das Stationendrama
- Beginn des modernen Dramas, nachdem das religiöse Stationendrama in den mittelalterlichen Mysterienspielen die Stationen des Leidensweges Christi gereiht und gezeigt hatte.
- völlig offene Raum-, Zeit- und Handlungsstruktur.
- Zufälligkeit der **Szenenfolge** nur scheinbar gegeben, denn Autor ist letztlich Organisator der Abfolge und des Geschehens.

Beginn meist zufällig	**Stationen** folgen entweder als chronologische Folge oder als simultan nebeneinander verlaufende Szenen, scheinbar keine aus den Szenen entwickelte Handlung, Abläufe scheinbar zufällig	**Ende** meist zufällig

KÖNIGS ABI-TRAINER

Inhaltlicher Schwerpunkt:
Epochenumbruch 18./19. Jahrhundert
unter besonderer Berücksichtigung der Entwicklung des Dramas
Goethe: Iphigenie auf Tauris,
Büchner: Woyzeck,
Kleist: Prinz Friedrich von Homburg (nur LK)
Abitur Nordrhein-Westfalen 2012 und 2013
ISBN: 978-3-8044-3208-6

Korrekturseiten 154 bis 158 des Abi-Trainers: Text 1 (Goethe, Auszug aus *Iphigenie*, V. 220 bis 447) der Abituraufgabe II C

Leider sind in der Druckerei aufgrund einer Spaltenverschiebung die Sprecherangaben „Iphigenie“ und „Thoas“ verrutscht, sodass die Textpassagen nicht mehr mit den Sprechern übereinstimmen.
Verwenden Sie bitte deshalb folgenden korrigierten Auszug:

Text 1

Johann Wolfgang von Goethe
Iphigenie auf Tauris (1. Aufzug, 3. Auftritt)

Iphigenie. Thoas.

Iphigenie.
Mit königlichen Gütern segne dich
Die Göttin! Sie gewähre Sieg und Ruhm
Und Reichtum und das Wohl der Deinigen
Und jedes frommen Wunsches Fülle dir!
Dass, der du über viele sorgend herrschest,
Du auch vor vielen seltnes Glück genießest.

Thoas.
Zufrieden wär ich, wenn mein Volk mich rühmte:
Was ich erwarb, genießen andre mehr
Als ich. Der ist am glücklichsten, er sei
Ein König oder ein Geringer, dem
In seinem Hause Wohl bereitet ist.
Du nahmest Teil an meinen tiefen Schmerzen,
Als mir das Schwert der Feinde meinen Sohn,
Den letzten, besten, von der Seite riss.
Solang die Rache meinen Geist besaß,
Empfand ich nicht die Öde meiner Wohnung;
Doch jetzt, da ich befriedigt wiederkehre,
Ihr Reich zerstört, mein Sohn gerochen ist,
Bleibt mir zu Hause nichts das mich ergetze.
Der fröhliche Gehorsam, den ich sonst
Aus einem jeden Auge blicken sah,
Ist nun von Sorg und Unmut still gedämpft.
Ein jeder sinnt, was künftig werden wird,
Und folgt dem Kinderlosen, weil er muss.
Nun komm ich heut in diesen Tempel, den
Ich oft betrat, um Sieg zu bitten und
Für Sieg zu danken. Einen alten Wunsch
Trag ich im Busen, der auch dir nicht fremd,

Noch unerwartet ist. Ich hoffe, dich
Zum Segen meines Volks und mir zum Segen
Als Braut in meine Wohnung einzuführen.

Iphigenie. Der Unbekannten bietest du zu viel,
O König, an. Es steht die Flüchtige
Beschämt vor dir, die nichts an diesem Ufer
Als Schutz und Ruhe sucht, die du ihr gabst.

Thoas. Dass du in das Geheimnis deiner Abkunft
Vor mir wie vor dem Letzten stets dich hülltest,
Wär unter keinem Volke recht und gut.
Dies Ufer schreckt die Fremden: das Gesetz
Gebietet's und die Not. Allein von dir,
Die jedes frommen Rechts genießt, ein wohl
Von uns empfangner Gast, nach eignem Sinn
Und Willen ihres Tages sich erfreut,
Von dir hofft ich Vertrauen, das der Wirt
Für seine Treue wohl erwarten darf.

Iphigenie. Verbarg ich meiner Eltern Namen und
Mein Haus, o König, war's Verlegenheit,
Nicht Misstraun. Denn vielleicht, ach wüsstest du,
Wer vor dir steht und welch verwünschtes Haupt
Du nährst und schütztest: ein Entsetzen fasste
Dein großes Herz mit seltnem Schauer an,
Und statt die Seite deines Thrones mir
Zu bieten, triebest du mich vor der Zeit
Aus deinem Reiche; stießest mich vielleicht,
Eh zu den Meinen frohe Rückkehr mir
Und meiner Wandrung Ende zugedacht ist,
Dem Elend zu, das jeden Schweifenden
Von seinem Haus Vertriebnen überall
Mit kalter, fremder Schreckenshand erwartet.

Thoas. Was auch der Rat der Götter mit dir sei,
Und was sie deinem Haus und dir gedenken;
So fehlt es doch, seitdem du bei uns wohnst
Und eines frommen Gastes Recht genießest,
An Segen nicht, der mir von oben kommt.
Ich möchte schwer zu überreden sein,
Dass ich an dir ein schuldvoll Haupt beschütze.

Iphigenie. Dir bringt die Wohltat Segen, nicht der Gast.

Thoas. Was man Verruchten tut, wird nicht gesegnet.
Drum endige dein Schweigen und dein Weigern;
Es fordert dies kein ungerechter Mann.
Die Göttin übergab dich meinen Händen;
Wie du ihr heilig warst, so warst du's mir.
Auch sei ihr Wink noch künftig mein Gesetz:
Wenn du nach Hause Rückkehr hoffen kannst,
So sprech ich dich von aller Fordrung los.
Doch ist der Weg auf ewig dir versperrt,
Und ist dein Stamm vertrieben, oder durch
Ein ungeheures Unheil ausgelöscht,
So bist du mein durch mehr als Ein Gesetz.
Sprich offen! Und du weißt, ich halte Wort.

Iphigenie. Vom alten Bande löset ungern sich
Die Zunge los, ein langverschwiegenes
Geheimnis endlich zu entdecken. Denn
Einmal vertraut, verlässt es ohne Rückkehr

Des tiefen Herzens sichre Wohnung, schadet,
Wie es die Götter wollen, oder nützt.
Vernimm! Ich bin aus Tantalus' Geschlecht.

Thoas. Du sprichst ein großes Wort gelassen aus.
Nennst du Den deinen Ahnherrn, den die Welt
Als einen ehmals Hochbegnadigten
Der Götter kennt? Ist's jener Tantalus,
Den Jupiter zu Rat und Tafel zog,
An dessen alterfahrnen, vielen Sinn
Verknüpfenden Gesprächen Götter selbst,
Wie an Orakelsprüchen, sich ergetzten?

Iphigenie. Er ist es; aber Götter sollten nicht
Mit Menschen wie mit ihresgleichen, wandeln;
Das sterbliche Geschlecht ist viel zu schwach,
In ungewohnter Höhe nicht zu schwindeln.
Unedel war er nicht und kein Verräter,
Allein zum Knecht zu groß, und zum Gesellen
Des großen Donners nur ein Mensch. So war
Auch sein Vergehen menschlich; ihr Gericht
War streng, und Dichter singen: Übermut
Und Untreu stürzten ihn von Jovis Tisch
Zur Schmach des alten Tartarus hinab.
Ach und sein ganz Geschlecht trug ihren Hass!

Thoas. Trug es die Schuld des Ahnherrn oder eigne?

Iphigenie. Zwar die gewalt'ge Brust und der Titanen
Kraftvolles Mark war seiner Söhn und Enkel
Gewisses Erbteil; doch es schmiedete
Der Gott um ihre Stirn ein ehern Band.
Rat, Mäßigung und Weisheit und Geduld
Verbarg er ihrem scheuen düstern Blick;
Zur Wut wards ihnen jegliche Begier,
Und grenzenlos drang ihre Wut umher.
Schon Pelops, der Gewaltig-Wollende,
Des Tantalus geliebter Sohn, erwarb
Sich durch Verrat und Mord das schönste Weib,
Des Önomaus Tochter, Hippodamien.
Sie bringt den Wünschen des Gemahls zwei Söhne,
Thyest und Atreus. Neidisch sehen sie
Des Vaters Liebe zu dem ersten Sohn,
Aus einem andern Bette wachsend an.
Der Hass verbindet sie, und heimlich wagt
Das Paar im Brudermord die erste Tat.
Der Vater wähnet Hippodamien
Die Mörderin, und grimmig fordert er
Von ihr den Sohn zurück, und sie entleibt
Sich selbst –
....

Thoas. .... Es sei genug
Der Gräuel! Sage nun, durch welch ein Wunder
Von diesem wilden Stamme du entsprangst.

Iphigenie. Des Atreus ältster Sohn war Agamemnon;
Er ist mein Vater. Doch ich darf es sagen,
In ihm hab ich seit meiner ersten Zeit
Ein Muster des vollkommnen Manns gesehn.
Ihm brachte Klytämnestra mich, den Erstling
Der Liebe, dann Elektren. Ruhig herrschte

Der König, und es war dem Hause Tantals
Die lang entbehrte Rast gewährt. Allein
Es mangelte dem Glück der Eltern noch
Ein Sohn, und kaum war dieser Wunsch erfüllt,
Dass zwischen beiden Schwestern nun Orest,
Der Liebling wuchs, als neues Übel schon
Dem sichern Hause zubereitet war.
Der Ruf des Krieges ist zu euch gekommen,
Der, um den Raub der schönen Frau zu rächen,
Die ganze Macht der Fürsten Griechenlands
Um Trojas Mauern lagerte. Ob sie
Die Stadt gewonnen, ihrer Rache Ziel
Erreicht, vernahm ich nicht. Mein Vater führte
Der Griechen Heer. In Aulis harrten sie
Auf günst'gen Wind vergebens: denn Diane,
Erzürnt auf ihren großen Führer, hielt
Die Eilenden zurück und forderte
Durch Kalchas' Mund des Königs ältste Tochter.
Sie lockten mit der Mutter mich ins Lager;
Sie rissen mich vor den Altar und weihten
Der Göttin dieses Haupt. – Sie war versöhnt;
Sie wollte nicht mein Blut und hüllte rettend
In eine Wolke mich; in diesem Tempel
Erkannt ich mich zuerst vom Tode wieder.
Ich bin es selbst, bin Iphigenie,
Des Atreus Enkel, Agamemnons Tochter,
Der Göttin Eigentum, die mit dir spricht.

Thoas. Mehr Vorzug und Vertrauen geb ich nicht
Der Königstochter als der Unbekannten.
Ich wiederhole meinen ersten Antrag:
Komm, folge mir und teile was ich habe.

Iphigenie. Wie darf ich solchen Schritt, o König, wagen?
Hat nicht die Göttin, die mich rettete,
Allein das Recht auf mein geweihtes Leben?
Sie hat für mich den Schutzort ausgesucht,
Und sie bewahrt mich einem Vater, den
Sie durch den Schein genug gestraft, vielleicht
Zur schönsten Freude seines Alters hier.
Vielleicht ist mir die frohe Rückkehr nah;
Und ich, auf ihren Weg nicht achtend, hätte
Mich wider ihren Willen hier gefesselt?
Ein Zeichen bat ich, wenn ich bleiben sollte.

(Aus: Johann Wolfgang von Goethe: *Iphigenie auf Tauris. Ein Schauspiel.* V. 220–349, 397–447)

Informationen zu Text 1:

Tantalus, Pelops usw. Namen aus dem Geschlecht der Tantaliden, dem auch Iphigenie angehört. Zu seinem Stammbaum s. S. 49.

- Das Stationendrama folgt teils dem shakespearisierenden offenen Geniedrama des Sturm und Drang, aus dem allerdings auch die sich aristotelischer Mittel bedienende Schauer- und Schicksalsdramatik hervorgegangen ist. Während das Stationendrama die formal-ästhetischen Mittel weiterentwickelte, folgte die Schauerdramatik den inhaltlichen Vorgaben.
- Im Stationendrama gibt es keinen handlungsbestimmenden Konflikt, sondern einen **handlungsbestimmenden Zustand**, der oft sozialer Natur ist. Bereits deutlich ausgeprägt findet es sich in Georg Büchners *Dantons Tod*, es wurde erstmals in Georg Büchners *Woyzeck* durchgestaltet (idealtypisches Stationendrama).
- Die **Szenen** werden **wie Stationen aneinandergereiht**. Beispiel *Woyzeck*: Sie folgen einem geradlinig fallenden Weg bis zu Maries Tod und Woyzecks Untergang:

Handlungsablauf in *Woyzeck*

Woyzecks Wahnideen (im Gespräch mit Andres und Marie) weisen auf seinen sozialen Zustand hin
Woyzecks Erlebnis der unmoralischen Welt (Maries Hurenlohn: die Ohrringe)
Woyzecks Unmoral (im Gespräch mit dem Hauptmann: uneheliches Kind)
Woyzeck als Wortbrüchiger (im Gespräch mit dem Doktor)
Woyzeck als Betrogener (im Gespräch mit Hauptmann und Doktor)
Woyzeck als Besiegter (im Ringen mit dem Tambour-Major)
Woyzeck als Rächer (der Tod Maries)
Woyzeck als Sterbender/Entschwindender

- Durch aneinandergereihte Bilder entsteht eine chronologische, simultane oder auch nur exemplarische Zusammengehörigkeit.

Merke:

1. Geschlossenes Drama (aristotelisches Drama):
- die Szenen dienen der Durchführung einer in sich vollständigen Handlung, die mit der letzten Szene abgeschlossen wird,
- die Szenen sind miteinander verknüpft, bedingen und ergeben sich gegenseitig,
- die aristotelische Dreieinheit (Ort, Zeit, Handlung) wird möglichst genau eingehalten und
- streng nach dem Drei- oder Fünfaktschema aufgebaut.

2. Offenes Drama (Stationendrama):
- häufig im modernen Drama, fälschlicherweise auch als realistisches Drama bezeichnet,
- der zusammenhängende Handlungsverlauf wird durch eine Reihung unterschiedlicher, oft nicht aufeinander angewiesener Szenen abgelöst,
- die Handlung wird auf mehrere Spielorte verteilt und verläuft in zeitlichen Sprüngen, die Zeit dehnt sich.

Varianten des aristotelischen Dramas:

a) Das analytische Drama, das nur den letzten Vollzug einer Handlung auf die Bühne bringt, nicht ganz treffend auch „Drama des 5. Aktes" genannt. Die ersten vier Akte werden retrospektiv im 5. Akt als Vorgeschichte aufgedeckt (Beispiel: Sophokles: *Oidipus tyrannos*, Kleist: *Der zerbrochene Krug*, Ibsen: *Gespenster*). Dabei spielt die Anzahl der Akte keine Rolle, auch der 5. Akt kann nochmals in Akte aufteilt werden.

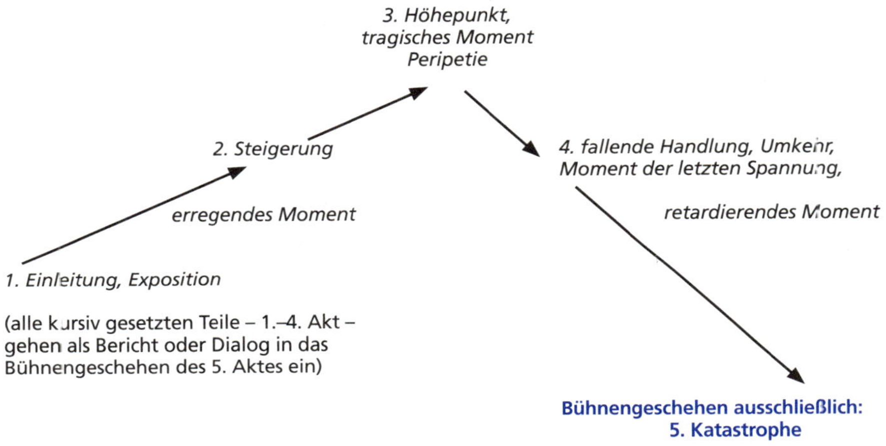

b) Theater des Absurden: entstand erst nach dem Zweiten Weltkrieg und stellt eine radikale Form des analytischen Dramas dar, indem ein Endzustand (Tod) ausgestellt wird (Wartezustand), bei dem es keine Enthüllung und keine Bewegung mehr gibt. Deshalb oft als Anti-Theater bezeichnet (Beispiel: Beckett: *Warten auf Godot, Endspiel*).

c) Monolog: eigentlich Bestandteil des Dramas, seit dem modernen Drama (Naturalismus) in Verruf geraten, da unnatürlich und wirklichkeitsfremd. Doch gibt es Beispiele, in denen ein Monolog an die Stelle eines Dramas und seiner Dialoge tritt (Beispiel: Goethe: *Proserpina*, Rolf Hochhuth: *Tod eines Jägers*, Peter Hacks: *Ein Gespräch im Hause Stein über den abwesenden Herrn von Goethe*). Dann organisiert sich der Monolog nach dem Dramendreieck des aristotelischen Dramas.

d) Übergänge zwischen äußerer Erscheinungsform (aristotelisches Drama) und inneren Szenenfolge (Stationendrama), Beispiel: Kleists *Prinz Friedrich von Homburg*:

- Form: aristotelisches Drama, erscheint klassisch;
- die fünf Akte unterliegen dem Auf- und Abbau der Handlung;
- der Blankvers treibt die Ähnlichkeit weiter; zudem auffallende personelle Entsprechungen zwischen Kleists Schauspiel und Schillers *Wallenstein* – Homburg und Max Piccolomini, Natalie und Thekla, die Dragoner Kottwitz' und die Pappenheimer u. a. – zwingen geradezu zum Vergleich mit einem klassischen Vorbild,

- Friedrich von Homburgs Weg im Stück gleicht sich zwar äußerlich den klassischen Abläufen an und führt ihn in das Gemeinwesen zurück, aber aufgrund des Rahmenschlusses durch den Traum zu Beginn und am Ende wird er zu einem Einsamen und nur formal Eingeordneten.

e) Das romantische Drama wird selten erwähnt und beschrieben, muss aber im Zusammenhang mit Kleists *Prinz Friedrich von Homburg* als Variante erwähnt werden, die grundsätzlich den aristotelischen Regeln folgt, aber auch Anzeichen der offenen Form Shakespeares zeigt. Dem Drama liegt eine romantische dramaturgische Konzeption zu Grunde, die vor allem auf August Wilhelm Schlegel (1767–1845; *Vorlesungen über dramatische Kunst und Literatur*, 1809–11) zurückgeht. Er forderte für diesen Dramentyp das „Streben nach dem Unendlichen", zielend auf ein Gesamtkunstwerk. Dieser Typ fiel nicht durch eine bestimmte Struktur des Stückes auf – sie blieb dem klassischen Drama verpflichtet –, nahm aber bereits locker eingefügte Szenen auf. Das Besondere war die Mischung verschiedener Elemente: Spiel im Spiele, Visionen, Traumhandlungen, die Vermischung von Gattungen, Einbeziehung von Musik. Geeignete Gegenstände des romantischen Schauspiels waren für Schlegel historische Stoffe von nationaler Bedeutung, wozu „die Reste unsrer alten National-Poesie und Überlieferung auf mancherlei Weise wieder zu beleben (seien). Diese könnten dem Dichter eine Grundlage für das wundervolle Festspiel geben; die würdigste Gattung des romantischen Schauspiels ist aber die historische."[10] Dabei rechnete er die religiösen und die mythischen Stoffe zu den historischen Stoffen hinzu.

Kleists *Prinz Friedrich von Homburg* hat inhaltlich Ähnlichkeit mit diesen Vorstellungen, bietet aber auch formal Entsprechungen:
- die Traumszenen des Prinzen,
- das Spiel im Spiele, die Inszenierung auf der Rampe,
- die Beschäftigung mit dem Sieger-Kranz,
- Musik- und Marscheinschübe,
- Verwendung romantischer Requisiten wie „Königsschloss", Marmor, „Gold und Silber" (V. 141 ff.)

Variante:
Mischung von Stationendrama und aristotelischem Drama:

In Dramen, die sich der klassischen Struktur entzogen, werden oft einzelne Handlungsstränge fünfteilig „klassisch" montiert, um der stationenartig verlaufenden Handlung ein inneres Gerüst und Gegengewicht zu geben und den Zuschauer in seiner Erwartungshaltung, die bis in das späte 19. Jahrhundert hinein fast ausschließlich von der klassischen Dramenstruktur bestimmt wurde, zu bestätigen. In Büchners *Woyzeck* stellt die Szene „Straße" ein einmontiertes aristotelisches Element dar:

10 August Wilhelm von Schlegel: *Vorlesungen über dramatische Kunst und Literatur*. Kritische Ausgabe, eingeleitet von Giovanni Vittorio Amoretti. Bonn und Leipzig: Kurt Schroeder Verlag, 1923, 2. Band, S. 309

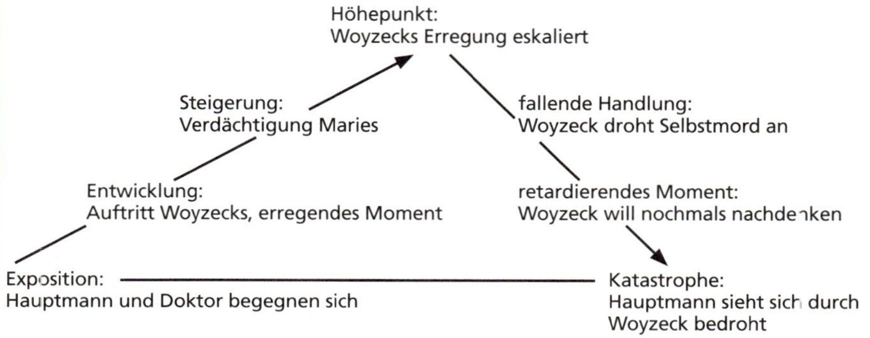

Dramendreieck innerhalb einer Szene

Übergänge:

Das Stationendrama tendiert zum epischen Theater, ohne mit diesem identisch zu sein, einer modernen Form des Theaters, die die Grenzen zwischen den Gattungen aufhebt. Das epische Theater (Brecht!) ist der Versuch, dramatische Handlungen zu „episieren", also berichtend zu zeigen.

Vorläufer:

- Fastnachtsspiele (Hans Sachs);
- einige Dramen Shakespeares, die sich streng an die historischen Chroniken hielten (Shakespeare: *Richard III.*).

Weitere spezielle Formen (Tendenzdrama, Groteske, Volksstück usw.) werden nicht beschrieben, da sie alle auf die Grundtypen zurückgeführt werden können und für die vorliegenden Beispiele keine Bedeutung haben.

4. Einführung in die Dramen

4.1 Einführung in das Drama *Iphigenie auf Tauris* von Johann Wolfgang von Goethe

Zeitgeschichtlicher und historischer Hintergrund

7. November 1775: Goethe kam in Weimar an; ein musenfreundlicher Hof dank der Herzogin-Mutter Anna Amalia empfing ihn. Für Karl August war der neue Mann in Weimar ein trinkfester Kumpan.
Goethe trat als Geheimer Legationsrat mit Sitz und Stimme im Geheimen Conseil bald in den Staatsdienst ein (11. Juni 1776). Goethes Verwaltungsarbeit, seine amtlichen Entscheidungen beschäftigten ihn voll und stehen gleichberechtigt neben der künstlerischen Tätigkeit.

3. September 1786: Zehn Jahre später brach Goethe aus Karlsbad heimlich nach Italien auf. Die Flucht war der Bruch mit Frau von Stein und mit dem Weimarer Jahrzehnt. 1775 bis 1786 war der zeitliche Umkreis von Goethes Wirken, Weimar vorwiegend die Räumlichkeit, in der sich Goethes Leben während der Entstehung der *Iphigenie auf Tauris* vollzog.

Goethe im ersten Weimarer Jahrzehnt:

- Der Jurist Goethe machte gerade während der Entstehung der *Iphigenie auf Tauris* völlig neue soziale Erfahrungen.
- Er betrachtete sein Wirken als nützlich und förderlich, die Dichtung setzte er als eine Gegenwelt dagegen. Während der Entstehung der *Iphigenie auf Tauris* beschrieb er das Stück als „Burg der Poesie", die er aufsuchte, wenn ihn die Wirklichkeit aufzureiben drohte.
- Einerseits war er konservativ und gegen grundsätzliche Reformbemühungen,
- andererseits bemühte er sich um Veränderungen: Steuererleichterungen, neue Arbeitsplätze, Verkleinerung der Armee, Armenbetreuung usw.
- Einerseits setzte er sich für die Weimarer absolutistische Ordnung ein und war vielseitig politisch und verwaltungstechnisch tätig; er ergriff in Zensurfragen die Partei Karl Augusts oder entschied selbst noch schärfer,
- andererseits glaubte er an die Macht des guten Beispiels: Ein solches sah er in Herders Humanitätsideal und entwickelte die Vorstellung vom „aufgeklärten Fürsten".

Todesstrafe und Menschenopfer:
Der gleiche Goethe, der eine Kindsmörderin in der Dichtung als Opfer der gesellschaftlichen Zustände vorführte, entschied sich für die Todesstrafe, wenn ihm im Geheimen Conseil ein vergleichbarer Fall vorgelegt wurde und er als hoher Beamter juristisch, nicht poetisch zu entscheiden hatte. Das galt vor allem für den Fall der Kindsmörderin Anna Catharina Höhn, einer ledigen Magd aus Tannroda. Entschieden hatte das Todesurteil der 34-jährige Minister Goethe. Da lag *Iphigenie auf Tauris* in Prosa vor; Menschenopfer waren ihr Thema, das Ziel Iphigenies war ihre Verhinderung.

Die politischen und geistigen Grundlagen des Stückes:

1. Die **politische Alltäglichkeit** in Weimar und Goethes **utopische Entwürfe** in den literarischen Arbeiten stehen sich alternativ und gegenseitig beeinflussend gegenüber.
2. Die utopische und letztlich einmalige Handlung des Stückes entsprach einerseits den **geistigen Entwürfen des klassischen Idealismus** und führte zur ästhetischen Vollkommenheit, brachte aber andererseits für Leser und Zuschauer ein Wohlgefallen im Sinne Winckelmanns (1717–1768), der die „edle Einfalt und stille Größe" als Wesen des antiken Griechentums bezeichnete (*Gedanken über die Nachahmung der griechischen Werke in der Malerei und Bildhauerei*, 1755). Dieses Griechenbild bestimmte sowohl Opern als auch Schauspiele des 18. Jahrhunderts.
3. Goethes Schauspiel personifiziert das Reformprogramm Winckelmanns, enthält aber auch vom Dichter Erlebtes, das zum Ideal stilisiert wurde. Goethe hat das gegenüber Eckermann (4. Februar 1829) treffend beschrieben:
   „Meine Iphigenie *und mein* Tasso *sind mir gelungen, weil ich jung genug war, um mit meiner Sinnlichkeit das Ideelle des Stoffes durchdringen und beleben zu können. Jetzt in meinem Alter wären so ideelle Gegenstände nicht für mich geeignet, und ich tue vielmehr wohl, solche zu wählen, wo eine gewisse Sinnlichkeit bereits im Stoffe liegt."*
4. Goethe lebte in der **Spannung zwischen eigener Sinnlichkeit** – Liebe zu Frau von Stein – **und der Idealität eines Frauenbildes** (Idealität des antiken Vorbildes Iphigenie, der utopische Entwurf), das ihm sinnliche Erfüllung verwehrte und durch Asexualität auffiel.

Der Anlass und Ausgangspunkt für das Stück war fast belanglos:
Anlässlich der Geburt einer Prinzessin wollte der Hof ein mit einer weiblichen Hauptfigur besetztes Stück haben. Es war für die Feier des ersten Kirchganges der Herzogin vorgesehen. Goethes berühmtes Stück über Humanität, Sittlichkeit und Entsühnung war für eine aristokratische Gesellschaft in Fest- und Feierlaune gedacht.

Die Bedeutung Charlotte von Steins und anderer Frauen für das Stück:
Im Januar 1776 überreichte Goethe als Bauer verkleidet auf dem Schloss der Steins Großkochberg, das lag im Herzogtum Sachsen-Gotha und galt als Ausland, seinem Herzog ein Gedicht, scheinbar von diesem Bauern geschrieben und den Herrn zu sozialer Verantwortung für den Bauernstand aufrufend. Es enthält neben der Betrachtung des Bauernstandes **die früheste Huldigung an Charlotte von Stein**: „Dies reich ich Euch im fremden Land, / Bliebe auch übrigens gern unbekannt. / Zieht ein und nehmet Speis und Kraft / Im Zauberschloss in der Nachbarschaft, / Wo eine gute Fee regiert, / Die einen goldnen Zepter führt / Und um sich eine kleine Welt / Mit holdem Blick beisammenhält."[11] Die einem fiktiven „Seb. Simpel" zugesprochenen Verse beschreiben bei aller Schlichtheit ein **Iphigenien-Modell**: Der unbekannt bleibende Sprecher der Bauern im fremden Land empfiehlt dem Herrscher menschlichen Umgang als „bestes Gut" und verweist dazu auf eine Fee (Göttin), die die kleine Welt mit einem „goldenen Zepter führt" und „mit holdem Blick bei-

11 Goethe: *Dem Durchlauchtigsten Fürsten und Herrn.* In: Goethe: Berliner Ausgabe. Poetische Werke. Berlin und Weimar: Aufbau-Verlag, 1966, Bd. 2, S. 207 f. Im weiteren Verlauf wird diese Ausgabe zitiert mit BA und Bandnummer, also hier BA 2, S. 207 f.

sammenhält". Diese Texte sind nur Bruchstücke aus einer Vielzahl von Bekenntnissen zu Charlotte von Stein als einer modernen Iphigenie:

- **Vorbild der Iphigenie** war für Goethe **Charlotte von Stein**, die besondere Beziehung zu ihr schlug sich im Text nieder.
- Die Macht, die Goethe von dieser Frau ausgehen spürte, erklärte er durch „Seelenwanderung", denn „wir waren einst Mann und Weib" (Goethe an Wieland im April 1776). Vom 14. April 1776 stammt das Gedicht *An Charlotte von Stein,* das verwirrte lyrische Subjekt sieht sich auch als **Bruder** der Bedichteten: „Ach, du warst in abgelebten Zeiten / Meine Schwester oder meine Frau ... Tropftest Mäßigung dem heißen Blute, / Richtetest den wilden irren Lauf, / Und in deinen Engelsarmen ruhte / Die zerstörte Brust sich wieder auf."[12] Ähnliche Worte findet der vom Wahnsinn genesende Orest gegenüber seiner Schwester Iphigenie (V. 1341 ff.).
- Voraussetzung für die geistige Qualität der Beziehung Iphigenie – Charlotte von Stein war die nicht ausgelebte Sinnlichkeit zwischen Goethe und der Stein, die Goethe wünschte, zu der aber die Stein nicht oder kaum bereit war. Ein erfülltes erotisches Leben zwischen beiden gab es nicht.
- Goethe bot für Charlotte die andere Lebensmöglichkeit, die für die Stein den Ausbruch aus der Befangenheit, aber auch den sozialen Absturz bedeutet hätte.
- Goethe nannte sein Schauspiel ein „Schmerzenskind". Er hat unter den privaten Ereignissen, die er in das poetische Gewand kleidete, gelitten.
- Im Frühjahr 1776 war Goethe ein Getriebener und Gepeinigter. Zwar gab es im März 1776 ein Liebeserlebnis mit Corona Schröter, die 1779 die Iphigenie spielte, aber anstatt Goethe zu beruhigen, machte sie ihm sein Leiden noch deutlicher. An Charlotte von Stein schrieb er am 25. 3. 1776 in kaum überbietbarer **Eindeutigkeit**: „Die Schröter ist ein Engel – wenn mir doch Gott so ein Weib bescheren wollte, dass ich euch könnt in Frieden lassen – doch sie sieht dir nicht ähnlich genug."

Neben Charlotte von Stein hatten auch andere Frauen Einfluss auf die Gestalt Iphigenies,

- so die genannte Schauspielerin **Corona Schröter** („ein Engel"), eine sinnliche Variante der Frau, die sich vorwiegend antikisch kleidete,
- **Goethes Schwester Cornelia** (1750–1777), deren Tod ihn erschütterte, der ihm aber, wie er in Briefen mitteilte, ungelegen kam. Die Bruder-Schwester-Beziehung des Stücks ist auch ein Spiegel von Goethes Beziehung zu Cornelia. Nur war Cornelia kaum mit Iphigenie zu vergleichen. Zwar wurde Goethe von seiner Schwester wie von einem Magneten angezogen, aber er fühlte sich auch als ihr Herr und behandelte sie so. Von Cornelia könnte die Asexualität Iphigenies stammen. Die Schwester ekelte sich vor dem Geschlechtsakt. Iphigenie, die Priesterin, kennt keine Sexualität.
- 2002 tauchte eine Lesart auf, nicht Charlotte von Stein sei die Geliebte Goethes gewesen, sondern die **Herzogin-Mutter Anna Amalia**, die, um das Verhältnis geheim zu halten, Frau von Stein vorgeschoben habe. Anna Amalia habe auf sich als Iphigenie hingewiesen.

12 Goethe: *An Charlotte von Stein*. In: BA 2, S. 210 f.

Kommentar:
Diese These wird mit großem Engagement, aber wenig haltbaren Belegen vertreten. Iphigenie betreffend heißt es: „Mit der Auswahl dieses Stoffes konnte Goethe am besten Anna Amalias Rolle zum Ausdruck bringen, die die Wandlung vom planlosen Stürmer und Dränger, der sich wie sein Romanheld Werther am Rande des Abgrunds bewegte, zum einzigartigen klassischen Dichter. (sic!) Im Gemälde *Anna Amalia in Pompej* weist die Fürstin nicht nur auf sich als Goethes Iphigenie hin. Nun, da ihre Liebe von der Notwendigkeit der Täuschung gereinigt werden muss, will sie ihr Leben, wie bei einer Priesterin, Höherem weihen: Als Hüterin von Goethes poetischem Genie."[13]
Nichts in dieser Behauptung ist belegbar, das genannte Bild von Tischbein weist nirgends auf Iphigenie hin und der antikische Hintergrund auf dem Bild ist ein typisches Requisit für Tischbein, findet sich auf vielen seiner Bilder und nicht speziell auf Gemälden Anna Amalias und Goethes. Vielmehr ist Mam(m)ia, vor deren Grabmal Anna Amalia sitzt, eine Oberpriesterin der Venus, fern jeder Beziehung zu Diana und fern der Asexualität Iphigenies und Charlotte von Steins.

Inhaltsangabe

Vorgeschichte:

Die Handlung um Iphigenie ist der letzte Teil eines Fluches, der von den Göttern gegen die **Familie des Tantalus** ausgestoßen wurde. Insofern kann man das Schauspiel auch als **den letzten Akt einer welthistorischen Auseinandersetzung** zwischen Menschen und Göttern lesen, die von grausamen Verbrechen geprägt ist. Während Iphigenies Familiengeschichte – vor allem das Schicksal ihres Vaters Agamemnon und der von ihm gegen Troja geführten Griechen – in Homers *Ilias* behandelt wird, gibt es Iphigenie darin nicht. Deshalb wird ihr „im Raum der Atridensage und ihrer dramatischen Gestaltungen … eine Sonderstellung" zugebilligt: „Sie ist in mythologisch-literarischer und problemgeschichtlicher Hinsicht völlig losgelöst von der Orestie, obwohl sie ja stofflich, als ein wichtiger Teil ihrer Vorgeschichte, mit dieser zusammenhängt."[14]

Methodischer Hinweis:
1. Der von Goethe behandelte Stoff stammt aus einem Gesamtkomplex, der zu den grausamsten der antiken Mythologie gehört. Eine wesentliche Besonderheit des Stückes ist, dass Goethe die barbarischen Details (Muttermord) nur am Rande erwähnt, an dem barbarischen Beispiel höchste Sittlichkeit und Humanität gestalten und durch sittliches Verhalten die Verbrechen und Grausamkeiten aus der Welt verbannen will.

13 Ettore Ghibellino: *Goethe und Anna Amalia. Eine verbotene Liebe?* Weimar: Dr. A. J. Denkena Verlag, ³2007, S. 96
14 Käte Hamburger: *Von Sophokles zu Sartre. Griechische Dramenfiguren antik und modern*. Stuttgart, Berlin, Köln, Mainz: W. Kohlhammer Verlag, 1962, S. 95

2. Andererseits gehört das Geschehen um Iphigenie zum **Komplex des Trojanischen Krieges**: Es spricht einiges dafür, dass der Krieg etwa im 12. oder 13. Jahrhundert v. Chr., am Ausgang der Bronzezeit, zwischen Griechen und Trojanern stattgefunden hat, falls er nicht der Sage angehört und sich im Trojanischen Krieg Homers zahlreiche Kriege zu einem Vorgang verdichtet haben. Es war ein Kampf Europas gegen den Orient, Attikas gegen Anatolien, ein Angriff der Griechen auf das an den Dardanellen gelegene Troja, der Kampf zwischen mykenischen Griechen und einer von Hethitern geführte Allianz, der Troja angehörte. Er ist eines der am meisten behandelten Themen in der Weltliteratur (Homer *Ilias* und *Odyssee*, Vergil, Goethe usw.) und der Weltkunst. Alle Gattungen der Kunst nahmen sich seiner an, von der Oper bis zur Operette (Offenbach). Kein Vorgang der Weltgeschichte hat so nachhaltigen Eindruck auf die Kunst gemacht wie der Trojanische Krieg und der thematische Umkreis; er hat aber auch die Forschung vor gewaltige Probleme gestellt, die bis heute nicht gelöst sind. – **Mythischer Anlass** war der Raub der Helena, der Frau des Königs von Sparta Menelaos, durch Paris, den Sohn des trojanischen Königs Priamos, nachdem Paris in einem Streit der Göttinnen Hera, Athene und Aphrodite entschieden hatte: Er gab den Apfel mit der Aufschrift „Der Schönsten", den die Göttin der Zwietracht Eris unter die Götter geworfen hatte, Aphrodite, nachdem die ihm Helena versprochen hatte.

Iphigenie, von ihrem Vater Agamemnon, König und Oberbefehlshaber der griechischen Flotte, auf dem Weg in den Trojanischen Krieg bei Aulis (Böotien) zum Opfer bestimmt, weil das Orakel es befahl, und nach einigen Berichten auch geopfert, wurde nach anderen Berichten von der Göttin Diana gerettet, durch eine Hirschkuh als Opfer ersetzt und in das barbarische Land Tauris entführt. Warum Diana über Agamemnon erzürnt gewesen ist, lässt Goethe offen: Neben der „herrlichen Hindin" (Gustav Schwab), die Agamemnon verbotenerweise gejagt haben soll, hatte Agamemnon der Diana einst die schönste Frucht versprochen, die in seinem Reich zu finden sei. Im gleichen Jahr wurde Iphigenie geboren, die er der Göttin aber vorenthielt und die sie sich nun zur Priesterin holte.

Das Trojanische Pferd

Nach zehn Jahren endete der Krieg durch eine List des Odysseus: Die Griechen verließen scheinbar den Kampfplatz und ließen ein hölzernes Pferd zurück, in dem sich Griechen versteckt hatten. Die Trojaner glaubten, das Pferd sei ein Heiligtum, und holten es in die Stadt. In der Nacht verließen die Griechen das Pferd und öffneten die Tore Trojas. Agamemnon kehrte nach dem siegreich beendeten Trojanischen Krieg in sein Königreich Mykene zurück, die Seherin Kassandra als Kriegsbeute mit sich führend. Er und seine Geliebte Kassandra werden nach der Heimkehr von seiner Frau Klytämnestra und deren Geliebten Aigisthos erschlagen. Klytämnestra erklärt es in Aischylos' *Agamemnon* (458 v. Chr.) als gerechte Vergeltung für die geopferte Iphigenie. Orest muss nun seinerseits den Fluch erfüllen, der auf der Familie lastet, und zwiespältige Vergeltung üben: Er tötet die Mutter und verfällt, von den Erinnyen (Rachegöttinnen) verflucht, in Wahnsinn wegen Muttermord. Apollo verspricht Erlösung von der Schuld des Muttermordes und aus dem Wahnsinn, wenn er die Schwester von Tauris nach Griechenland bringe (vgl.

V. 2113 ff.). Orest muss annehmen, es sei damit das Bild der Schwester Apolls Diana gemeint, das er aus dem Tempel der Barbaren entführen solle, denn vom Aufenthalt seiner eigenen Schwester Iphigenie auf Tauris kann er nichts wissen. Aber der Spruch des Gottes, dem der Aufenthalt Iphigenies bekannt ist, kann sich auch auf Orests Schwester beziehen.

Aus dem Schicksal der Iphigenie haben sich drei Muster der literarischen Behandlung entwickelt:

1. **die aulische Iphigenie**: Iphigenie wird von Agamemnon der Göttin Diana (Artemis) geopfert, um die griechische Flotte aus der Windstille zu befreien. Diana unterschiebt als Opfer statt der Königstochter eine Hirschkuh und entrückt Iphigenie nach Tauris.
   Werke u. a. von: Aischylos, Euripides, Gerhart Hauptmann;
2. **die taurische Iphigenie**: Von Diana vom Opfertisch gerettet, wirkt Iphigenie als Priesterin Dianas auf Tauris und ist dort für Menschenopfer zuständig: Die Diana auf Tauris (Artemis Tauropolos) war eine finstere, grausame Gottheit. Iphigenie gelingt es, das Wirken dieser Göttin zu humanisieren; dabei rettet und heilt sie ihren Bruder Orest.
   Werke u. a. von: Euripides, Goethe;
3. **die delphische Iphigenie**: In Delphi vereinigen sich die Geschwister Iphigenie, Orest und Elektra wieder.
   Werke u. a. von: Sophokles, nicht ausgeführter Entwurf Goethes, Gerhart Hauptmann.

Aus der ungeheuerlichen und spektakulären **Familiengeschichte der Tantaliden** stammt der Stoff des Stückes. Iphigenies Schicksale vom nicht vollzogenen Opfer bis zur Rolle der Priesterin auf Tauris bringt eine Art Abschluss und Lösung des Fluchs der Tantaliden mit sich. Der Götterliebling Tantalus, der die Götter zu prüfen versucht hatte und dafür grausam bestraft wurde, löste den Fluch der Götter, damit Tantalus' Schicksal und das aller folgenden Generationen dieser Familie aus.

Der Fluch der Tantaliden

Es ist einer der spannendsten und folgenreichsten Kriminalfälle seit der Antike. In der Tabelle stehen die einander in direkter Linie folgenden Herrscher der Tantaliden. Ausgewählt wurde jeweils das Verbrechen, das zu neuem und verstärkendem Fluch führt.

1. Generation		
Der Ahnherr	**Tantalus**	schlachtet seinen Sohn Pelops und setzt ihn seinem Freund Zeus und den übrigen Göttern vor. Diese merken das Verbrechen. Tantalus wird bestraft mit ewigen Qualen und dem FLUCH der Götter.
2. Generation		
Tantalus' Sohn	**Pelops**	wird durch die Götter wieder lebendig gemacht. Er bringt seinen Schwiegervater und seinen Helfer Myrtilos um. Später hackt er den König von Arkadien in Stücke, so wie es ihm durch Tantalus geschehen war. FLUCH des Schwiegervaters Oinomaos.

3. Generation Pelops' Sohn	**Atreus**	schlachtet die Söhne seines Bruders Thyestes und setzt sie diesem als Speise vor. Wird von Aigisthos getötet. FLUCH des Thyestes.
4. Generation Atreus' Sohn	**Agamemnon**	tötet den ersten Mann seiner späteren Frau Klytämnestra und beider Kind. Er ist bereit, seine Tochter ***Iphigenie*** der Göttin Diana/Artemis zu opfern. Stirbt durch Aigisthos, den Sohn des Thyestes, und Klytämnestra. FLUCH des Thyestes.
5. Generation Agamemnons Sohn	**Orest**	tötet seine Mutter Klytämnestra und deren Geliebten Aigisthos, der auch sein Großonkel und Onkel ist, da Aigisthos der Sohn des Thyestes und dessen eigener Tochter ist. FLUCH der Erinnyen. Zum Zeitpunkt der Tat hat Orest keine Kinder; der Fluch kann sich nicht fortsetzen. Auch über Iphigenie gibt es keine Fortsetzung. Der Fluch erlischt mangels Gegebenheiten. Die Lösung des Fluches durch Iphigenie wird zu einem ausgesprochen moralischen Vorgang.

Die fünf Generationen wirken wie eine fünfaktige Tragödie des Fluchs der Tantaliden, deren letzter Akt die Lösung des Fluchs darstellt.

1. Aufzug:

Auf der Insel Tauris ist Iphigenie Priesterin der Diana. Herrscher der dort wohnenden Skythen ist König Thoas. (Bei Goethe wird die Halbinsel Taurien zur Insel Tauris und zwischen Taurern und Skythen wird nicht unterschieden, V. 164 und 800.) Iphigenie hat ihn als Priesterin überzeugen können, die Menschenopfer, die bisher Diana gebracht worden sind, abzuschaffen. Obwohl sie Anerkennung und Zuneigung gefunden hat, sehnt sie sich nach ihrer Heimat Griechenland und ihrer Familie. Sie weiß nicht, dass inzwischen der Fluch, der auf der Familie des Tantalus lastet, weitere Wirkung getan hat (Agamemnon ermordet, Klytämnestra getötet).

Thoas ist vereinsamt. Er hat seinen Sohn im Kampf verloren, sich aber dafür gerächt und einen Sieg über seine Feinde errungen. Aus dem Krieg zurückkehrend begehrt er Iphigenie, die er schon lange liebt, einmal mehr zur Frau (Iphigenie: „Oft wich ich seinem Antrag mühsam aus.", V. 155). Sie weigert sich trotz aller Zureden des Vertrauten Arkas. Iphigenie gesteht Thoas ihre Herkunft aus verfluchtem Geschlecht, um sich vor seinem Eheverlangen zu retten: „Vernimm! Ich bin aus Tantalus' Geschlecht." (V. 306) Thoas kündigt auf Iphigenies Ablehnung hin an, die Menschenopfer wieder einzuführen und zwei Fremde, die auf der Insel gelandet sind, dafür vorzusehen. Das aber sind, Iphigenie weiß es noch nicht, ihr Bruder Orest und dessen Freund Pylades.

2. Aufzug:

Orest sieht sich dem Tode nah und damit weiter verflucht. Pylades indessen will noch nicht ins Schattenreich, das Reich der Toten, eintreten und sinnt auf Rettung. Im Gespräch beider erinnert man sich an die Vergangenheit. Pylades versucht, Orest von der Last des Fluchs zu befreien: „Die Götter rächen / Der Väter Missetat nicht an dem Sohn" (V. 713 f.). Durch Pylades und Orest erfährt Iphigenie vom Ausgang des Trojanischen Krieges und dem Tod ihres Vaters sowie ihrer Mutter. Auch von ihrem vermeintlichen Tod als Opfer erfährt sie von Pylades, der nicht weiß, wen er vor sich hat, aber Iphigenies Anteilnahme spürt.

3. Aufzug:

Iphigenie löst im Heiligtum Dianas Orests Fesseln. Orest bestätigt ihr nochmals die Wirkungen des Fluchs. Sie ist über diese Unerbittlichkeit erschüttert: „So haben Tantals Enkel Fluch auf Fluch / Mit vollen wilden Händen ausgesät!" (V. 968 f.). Die Geschwister erkennen sich, nachdem Orest seinen berühmten Satz gesprochen hat: „… zwischen uns / Sei Wahrheit! / Ich bin Orest!" (V. 1080 ff.) Aber Orest misstraut Iphigenie und sucht den Untergang, den nun Iphigenie zu betreiben hat: Brudermord hat den bisherigen Fluch bestimmt. Orest sinkt in Ermattung, getrieben von zunehmender Verwirrung. Iphigenies Flehen zu Diana, den Bruder zu retten, findet eine erste Erfüllung: Orest erwacht „aus seiner Betäubung" (V. 1257) und seinen Wahnvorstellungen (V. 1258 ff.). Ihm erscheinen die Tantaliden, „ein versammelt Fürstenhaus" (V. 1270), als erlöstes und vom Fluch befreites Geschlecht. Orest sieht sich ebenfalls erlöst, die Eumeniden ziehen zum Tartarus und „schlagen hinter sich / Die eh'rnen Tore fernabdonnernd zu" (V. 1361). Pylades drängt auf schnelle Flucht.

Die Beschäftigung des Sturm und Drang mit Shakespeare wirkt nach:
Shakespeare mit seinen vielfältigen Varianten des aristotelischen Dramas und seinen bewusst vorgenommenen Auflösungen desselben – Zeichen der Auflösung der geschlossenen zur offenen Form des Dramas – hat nachdrücklich auf die Dramen des Sturm und Drang gewirkt, so auf Goethes *Götz von Berlichingen*. Aber Spuren sind auch in der klassisch-aristotelischen Struktur der *Iphigenie auf Tauris* zu finden: Der Wahnsinn des Orest (V. 1223 ff.) ähnelt dem der Ophelia in Shakespeares *Hamlet;* Orests Muttermord erinnert an Hamlets Onkelmord. Wenn Orest Iphigenie als „Schöne Nymphe" (V. 1201) anspricht, ist das der Anrede Hamlets an Ophelia ähnlich: „Nymphe, schließ / In dein Gebet all meine Sünden ein!" (Hamlet III,1.).

4. Aufzug:

Iphigenie betet zu den „Himmlischen" (V. 1369) und erfleht einen Freund in der Stunde der Not. Gleichzeitig lehnt sie Lügen ab. Die Gefahr vergrößert sich, als Arkas in Thoas' Namen auf Beschleunigung des Opfers drängt. Iphigenie versucht, mit einer List den Bruder und Pylades zu retten und das Orakel Apolls zu erfüllen: Sie verkündet, das Bild der Göttin sei durch einen Mörder besudelt worden, der „nahverwandtes Blut" vergossen habe (V. 1432). Das ist ein Hinweis auf Orest. Sie eile, um „… an dem Meere / Der Göttin Bild mit frischer Welle netzend, / Geheimnisvolle Weihe zu begehn" (V. 1437 ff.). Aber beim Nachdenken über die Flucht mit dem Götterbildnis verstärken sich die Zweifel, ob dieser Weg richtig ist, denn sie würde „auch Menschen hier" auf Tauris verlassen, die sie schätzt, wie Thoas und Arkas. In einem großen Monolog, dem sich das Parzenlied (V. 1726 ff.) anschließt, wägt sie alle Entscheidungen ab, auch die, an den Hass der Titanen auf die olympischen Götter anzuknüpfen, seien doch die Götter unberechenbar und selbstherrlich. Damit aber wäre die Verfluchung der Tantaliden eine Willkür des obersten Gottes. Geholfen hätten ihr neben Diana vor allem Menschen wie Thoas, „Dem ich mein Leben und mein Schicksal danke" (V. 1711). Im Parzenlied erinnert sie den Sturz der Titanen, die Tantalusqualen und die Unerbittlichkeit der Götter, deren Flüche nicht mit Recht verbunden sind, denn die Verdammten „harren vergebens, / Im Finstern gebunden, / Gerechten Gerichtes" (V. 1741 ff.).

5. Aufzug:
Arkas beargwöhnt gegenüber Thoas die Gefangenen und die Priesterin. Thoas wird zweifelnd. Als er Iphigenie zum Opfer drängt, beruft die sich auf das Gebot, „Dem jeder Fremde heilig ist" (V. 1836). Als Thoas sie als Priesterin zum Opfer zu zwingen versucht, beruft sie sich auf ihre Entscheidungsfreiheit: „Ich bin so frei geboren als ein Mann." (V. 1858) Da Orest und Pylades drängen, das Bild der Göttin zu rauben, tritt Iphigenie, unfähig zur Lüge, vor König Thoas hin und gesteht ihm den beabsichtigten Betrug. Sie vertraut seiner edlen Gesinnung. Thoas scheint dem zu entsprechen. Inzwischen stehen sich aber Griechen und Skythen kampfbereit gegenüber. Orest fordert Thoas auf, ihm einen Gegner für den Zweikampf zu geben. Iphigenie greift wiederum beruhigend und schlichtend ein: „Lasst die Hand / Vom Schwerte!" (V. 2065 f.). Sie erreicht von Thoas die Erlaubnis zur Rückkehr in ihre Heimat, Orest und Pylades dürfen sie begleiten. Das Orakel erfüllt sich, indem Orest nun seine Schwester und nicht das Bildnis der Schwester Apolls aus Tauris führt. Diese Wandlung geschieht schnell und überraschend. Sie ist nicht die Folge eines Kampfes, wie ihn Männer pflegen, sondern der gewaltlosen Tat Iphigenies, die überzeugend wirkt und Thoas sogar zu einem segnenden Abschied überredet. Zwischen Griechen und Taurern soll in Zukunft „ein freundlich Gastrecht" (V. 2153) walten. Statt Thoas' männlicher Liebe will sie in ihm die Vaterähnlichkeit („wie mir mein Vater war", V. 2156) ehren. (Dass bei dieser Erklärung die Zwiespältigkeit Agamemnons mitgedacht werden muss, der seine Tochter Iphigenie zu opfern bereit war und seine Frau mit Kassandra betrog, wird in Analysen grundsätzlich übersehen.) Entsagung trifft alle, den Barbaren Thoas am heftigsten. Er verliert die Priesterin, die geliebte Frau, den gefangenen Prinzen Orest samt Partner sowie die allumfassende Macht des Herrschers. Von Menschenopfern ist keine Rede mehr, indessen gibt es keinen Hinweis, wie sich Thoas nach Iphigenies, Orests und Pylades' Weggang verhalten wird. Zwar hat er das Schlusswort „Lebt wohl!", aber das sagt nichts über Wiederbegegnung, freundliches Gastrecht oder gar Humanisierung auf Tauris aus.

Analyse

Interpretatorischer Ansatz unter Beachtung des antiken Themas; Goethes Beziehungen zu antiken Autoren (Euripides):

Euripides (484–407 v. Chr.):
Euripides gab mit *Iphigenie bei den Taurern* die Vorlage für Goethes Schauspiel: Iphigenies Rettung bei der Opferung und Entführung nach Tauris und der Auftrag Apolls an Orest, das Bild der Schwester aus Tauris zu entführen, sind Erfindungen Euripides'. Diese Fassung kam Goethe entgegen, da Euripides versuchte, die Beziehung der Götter zu den Menschen auf einen rationalen Grund zu stellen und, bei aller Unerkennbarkeit göttlichen Wirkens, der zugehörigen Vielgestaltigkeit göttlicher Beschlüsse eine menschliche Gegenwelt zu schaffen, in der der Heroismus des Trojanischen Krieges wenig Raum hat.

1776 Die **Idee zu *Iphigenie auf Tauris*** entstand, als Goethe in die Oberschicht des Herzogtums aufgenommen wurde. Er löste Verwaltungsaufgaben, lernte regieren und war bei Rekrutenaushebungen dabei, die Entwürfe zur *Iphigenie* im Gepäck. Er hatte Kenntnisse der griechischen Mythologie; das gehörte zur Allgemeinbildung und war für die Zeitgenossen selbstverständlich. Dass er sich des Stoffes bediente, entsprach seinen Kenntnissen und der künstlerischen Methode, bevorzugt bekannte Stoffe zu verwenden.
1778 verstärkte **Beschäftigung mit der griechischen Antike**, die Epen Homers von Bodmer übertragen, Goethes Freund Graf Stolberg übersetzte die *Ilias* im gleichen Jahr und bald darauf erschien die maßstabsetzende Übersetzung der *Odyssee* von Johann Heinrich Voss.
1778 Monodrama ***Proserpina:*** Veränderungen in Goethes Verhältnis zur Antike deuteten sich an. Aus dem prometheischen titanischen Trotz des Sturm und Drang wurde tantalidisches göttliches Leid der Klassik.
Die **Familiengeschichte der Tantaliden**, also auch Iphigenies, wird von Proserpina bei einer Auflistung von bestraften Verwandtenmördern erwähnt. Szenerie und Proserpinas Beschreibung der „tiefen Haine" lassen die Nähe zur bald darauf entstehenden *Iphigenie auf Tauris* erkennen. Parallel dazu wurden, auch unter dem Einfluss Herders, die Konturen eines idealisierten Griechenbilds und veredelter mythischer Gestalten entwickelt. Vor allem aber verwendete Goethe in seiner ersten Fassung der *Iphigenie* die gleiche rhythmische Prosa wie in *Proserpina.* Iphigenies Eröffnungsmonolog ist dem Text der Proserpina ähnlich. Für Goethe waren antike Themen präsent.
1779 In kurzer Zeit entstand zwischen dem 14. Februar und Ende März die **erste Prosafassung *Iphigenie auf Tauris***, die bereits am 6. April aufgeführt wurde. Goethe spielte den Orest.
1781 Übersetzungen von **Sophokles** (von Georg Christoph Tobler) und anderer Autoren reicherten das Bild an.
Goethe hat den **Tantalidenmythos im Alter nochmals aufgenommen**, als wolle er Abschließendes hinzufügen. Anklänge an die *Iphigenie* sind im *Faust II* zu finden. In der Szene „Vor dem Palaste des Menelas zu Sparta", in der Helena auftritt, wird eine typische griechische Dramensituation benutzt, die bereits in *Iphigenie auf Tauris* variiert worden war: „Hain vor Dianens Tempel". Der Auftritt Helenas mit dem „Chor gefangener Trojanerinnen" ist eine Variation nach Euripides' *Troerinnen.*

Helena in *Faust II* erscheint wie die sinnliche Variante zur geistigen Iphigenie in Goethes antiker Welt.

Interpretatorischer Ansatz unter dem Aspekt des klassischen Humanismus Antike, Humanität und Freiheit; Einfluss Winckelmanns:

Die römische Antike begeisterte Goethe, Winckelmann vermittelte sie ihm als Urbegriff der Schönheit. Aus den Vorstellungen Goethes von der Antike, wie sie von Winckelmann abgeleitet wurden, entstand der **Begriff der Humanität**. Er wurde zum wichtigsten Begriff der deutschen Klassik. Iphigenie und Humanität wurden bei Goethe fast gleichgesetzt. Iphigenie verkündet durch Selbstbehauptung und Selbstbestimmung ihr Humanitätsideal, das an die Geschichtlichkeit des Menschen, nicht an den Mythos gebunden ist, damit wird Iphigenie zu einer modernen Gestalt und ihrer mythischen Herkunft enthoben.

Antike bei Goethe:

- Gesamtheit einer Epoche der Alten im Mittelmeerraum mit gemeinsamen Kunst- und Kulturtraditionen, dadurch keine grundsätzliche Unterscheidung zwischen römischer und griechischer Antike;
- Dauer von 1200 v. Chr. bis ca. 600;
- Goethes römische „kolossale Juno", der Kolossalkopf Juno Ludivisi, den er aus Italien mitgebracht hatte, war ihm Beispiel für die „Beruhigung", die von den Griechen ausgehe. (Gespräche mit Eckermann am 15. Februar 1824);
- die Verbrechen der mythischen Geschehen spielten für Goethe keine Rolle, er suchte die Schönheiten der Kunst und Literatur und sah sich auf seiner italienischen Reise durch Bauwerke bestätigt;
- Winckelmann ist für Goethe ein Suchender nach dem Geheimnis der vollkommenen Schönheit, die er in der Antike gefunden zu haben glaubte;
- Goethes Freund Johann Heinrich Meyer hat darauf aufgebaut und mit seiner *Geschichte der Kunst* ein „ewiges" Werk geschaffen (Gespräche mit Eckermann am 16. Februar 1827);
- Goethe folgte den antiken Kunstwerken als ästhetisch vollkommenen Kunstwerken; ihn interessierte weniger das abgebildete Ereignis. Ebenso schrieb Meyer seine Kunstgeschichte: Er lobte die figurenreichen, üppigen, reicheren Kompositionen von Bildern und nannte nur nebenbei das Thema („das Opfer der Iphigeneia"[15]), das immerhin eine Tötung war.

Goethe verwendete, obwohl es sich um einen griechischen Stoff handelte, Götternamen der römischen Antike (Jupiter/Jovis neben Zeus; V. 43, Diana statt Artemis). Goethe unterschied kaum zwischen römischer und griechischer Antike, sondern nahm alles als eine **Epoche der „Alten"**. Literarische Vorbilder waren ihm griechische Schauspiele. In Aischylos' *Agamemnon* wurde Iphigenie auf göttliche Weisung geopfert. Die *Iphigenie bei den Taurern* des Euripides (etwa 412 v. Chr. in Athen aufgeführt) wurde vom göttlichen Schicksal bestimmt, aber von Göttern vor der Opferung bewahrt und blieb deshalb ein Objekt der Götter. Die Macht hatten in

15 Johann Heinrich Meyer: *Geschichte der Kunst*, bearbeitet und hrsg. von Helmut Holtzhauer und Reiner Schlichting. Weimar: Hermann Böhlaus Nachfolger, 1974, S. 53

beiden Stücken die Götter. Bei Goethe wurde Iphigenie zwar auch durch die Göttin Diana gerettet, bestimmte dann aber ihr Schicksal selbst, wobei das Untergang oder Rettung bringen konnte: **Die Macht hatte sich zum Individuum verlagert und die Bedeutung der Götter aufgehoben.**

Die Idealität der Gestalten und ihre Folgen

1. Die Idealität Iphigenies **verhindert sinnliche Lebensfülle** und verdrängt auch sinnliche Ansprüche anderer (Thoas). Die Reinheit und Größe des Denkens verdrängt das befreiende Ausleben der Menschen.
2. Diese Reinheit steht auch dem barbarischen antiken Mythos entgegen, aus dem Goethe seinen Stoff nahm.
3. Erst wenn der Betrachter die antiken Vorlagen einbezieht, wird Goethes Konzeption von Humanismus und Sittlichkeit als ein **moderner Entwurf des Zusammenlebens** deutlich. In Euripides' *Iphigenie bei den Taurern* war Iphigenie keine human argumentierende Priesterin, sondern listenreich ersinnt sie den Diebstahl des Götterbildes, belügt Thoas u. a. Der Konflikt wird durch das Eingreifen der Götter gelöst.
4. Die **Humanisierung des Mythos** bis zur Idealisierung Iphigenies geschah unter dem Einfluss einer **sozial widersprüchlichen Gegenwart**, die Goethe erlebte. Iphigenies Humanität wirkt sich aus auf die sozialen Verhältnisse der Taurer. Thoas' Herrschaft ist gekennzeichnet durch Gesetze und Gesetzestreue und durch Entscheidungen zum „Segen" seines Volkes. Wenn Thoas früher die Menschenopfer befahl, so tat er das „unbefangen in dem Glauben", sein gutes Recht durchzusetzen. Nun aber rückten neue Kräfte in den Blick.
5. Das **Problem der Freiheit und des selbstverantwortlichen menschlichen Handelns** wird von allen Gestalten des Stückes bedacht und ist eine **moderne Zutat** zum antiken Stoff. Iphigenie beschreibt in ihrem Eröffnungsmonolog eine Zwangslage, die ihr nur geringe Handlungsfreiheit und diese nur innerhalb ihrer priesterlichen Aufgaben lässt: „Ein hoher Wille, dem ich mich ergebe" (V. 8). Damit kann sie die Werbung Thoas' ablehnen: „So ruf ich alle Götter und vor allen / Dianen, die entschlossne Göttin an, / Die ihren Schutz der Priesterin gewiss / Und Jungfrau einer Jungfrau, gern gewährt" (V. 197 ff.).
6. Indem Iphigenie zur Wahrheit findet, überschreitet sie die von der Göttin gesetzten Grenzen und **emanzipiert sich** zum selbstbestimmten Menschen, Thoas damit die Möglichkeit zum „aufgeklärten" Fürsten verschaffend.

> ***Merke:***
> Die **Dialektik** triumphiert: Die Unfreiheit, in der sie sich als Priesterin gegenüber der Göttin befindet, verhilft ihr zur Freiheit als Frau, die sich nicht binden will. Iphigenie löst sich schließlich aus dem Schutz der Determination und findet zu einer aus eigenem Denken begründeten Entscheidungsfreiheit, wodurch sie anfälliger und hilfloser wird.

Gesetz – Gebot – Selbstbestimmung

Als Thoas das alte Gesetz der Menschenopfer wieder anwenden, also entstandene Menschlichkeit einschränken will, stellt Iphigenie ihre Erfahrung („... folgsam fühlt ich immer meine Seele / Am schönsten frei" V. 1827 f.) und das von daher begründete Gebot entgegen:

„*Thoas:* *Ein alt **Gesetz**, nicht ich, gebietet dir.*
Iphigenie: *Wir fassen ein **Gesetz** begierig an,*
*Das unsrer **Leidenschaft** zur Waffe dient.*
Ein andres spricht zu mir, ein älteres,
*Mich dir zu widersetzen: das **Gebot,***
*Dem jeder Fremde **heilig** ist.*" (V. 1831 ff., Hervorhebung R. B.)

Gesetz (politische Macht) und Gebot (göttliche Handlungsanleitung) umgeben das Wort „Leidenschaft". Beide stehen in unauflöslicher Spannung dazu. Freiheit als Leidenschaft ist nur im Rahmen der herrschenden Normen möglich, soll sie nicht in Anarchie umschlagen. Iphigenies Familie hat sich von Leidenschaften bestimmen lassen und sie ausgelebt: Hass, Neid, Begier (V. 334) führten zu Verrat, Mord und Rache. Deshalb ist sie aus den Machtsystemen der irdischen Macht (Orest herrscht nicht über Mykene, wie er eigentlich müsste) und der göttlichen Ordnung (die Familie leidet unter einem Fluch, sie sitzt nicht am Tische des Zeus) ausgeschlossen worden. Diese Unabhängigkeit erweitert Iphigenies Möglichkeit der individuellen Entscheidung, lässt sie aber andererseits schutzloser werden: Sie kann sich nicht als Königstochter oder Götterfreundin präsentieren. Heute würde man sagen: Sie hat keine Lobby.

Im antiken Mythos bestimmten Götter das eherne Schicksal. Sie beherrschten die Welt und nach ihrem Sieg über die vorolympischen Ordnungen auch diese. Bei Goethe nimmt der zur Selbstbestimmung fähige Mensch sein Schicksal in die Hand und vertraut dem Menschen. Iphigenie könnte als Priesterin dem fatalistischen Schicksalsglauben ohne Komplikationen folgen. Da sie aber selbst gerettet worden ist, indem eine Göttin den mythischen Opferritus aufgehoben hat, überwindet sie die Versuchung, sich dem Schicksal zu fügen, und begibt sich in Gefahr.

Merke:
Das Stück beschreibt den **Übergang** vom ehernen Schicksal, dem man nur mit „Gewalt und List" (V. 2142) entgehen kann, zur freien Gewissensentscheidung des Menschen („Wahrheit dieser hohen Seele" V. 2143) als Voraussetzung für eine humane irdische Ordnung, deren wesentliche Kennzeichen unter anderem „reines, kindliches Vertrauen" (V. 2144) und „ein freundlich Gastrecht" (V. 2153) werden sollen.

Die Schluss-Szene (5. Aufzug, 6. Aufzug) steht im Zeichen unterschiedlicher Freiheits-Vorstellungen: Orest will um seine Freiheit kämpfen, Thoas beruft sich auf die „alte Sitte". Es setzt sich Iphigenies Vorstellung von der „edeln Tat" (V. 2149) durch, in die Freiheit entlassen zu werden, aber die „alte Freundschaft" (V. 2173), das bedeutet vor allem gegenseitige Rücksichtnahme, zu wahren.

Bedeutung Winckelmanns

1. Goethe war durch seinen Zeichenlehrer Oeser (1717–1799) während der Leipziger Studienzeit auch mit den Ideen Johann Joachim Winckelmanns (1717–1768) bekannt geworden.
2. Dessen Ansichten gipfelten im Schlagwort von der „edlen Einfalt und stillen Größe". Für Winckelmann waren in diesem Ideal gleichermaßen Schönheit und Polisdemokratie verwirklicht. Daraus folgerte er, Kunst könne erzieherisch wirken.

3. Goethes *Iphigenie auf Tauris* verwendet Winckelmanns Ideen:
   - im Thema (es geht um Menschlichkeit und den eigenen Entschluss dazu),
   - in der Handlungsführung (das Stück läuft ruhig und wenig aufregend, also „still", ist argumentativ gefügt, nicht handlungsorientiert)
   - und in den ethischen Qualitäten (die Menschen denken „sittlich", also „edel" und geradlinig, also in „Einfalt", das bedeutet Einfachheit).
   - Das wird etwa in Orests Abkehr von der Lüge erkennbar (vgl. III,1.), wenn er erklärt, „zwischen uns / Sei Wahrheit".

Interpretatorischer Ansatz unter Beachtung der Entstehungszeit; Einwirkung der sozialen Situation:

Während der Arbeit hörte Goethe vom **Elend der Strumpfwirker in Apolda**, dem einzigen Industriestandort des Herzogtums. In Apolda war es schon 1760 und 1773 zu Auseinandersetzungen gekommen. Zuletzt hatte man Husaren zur Niederschlagung eingesetzt. Verleger stellten den Strumpfwirkern Garn zur Verfügung und verkauften anschließend die Strümpfe. Die Verleger verdienten ein Mehrfaches von dem, was ein Minister wie Goethe bekam (Goethe bekam 1200 Taler, die Verleger verdienten 5000 Taler; die Wirker bekamen 78 Taler im Jahr, die Spinnerinnen 21). Goethe war entsetzt: „Leben aus der Hand in den Mund." An Charlotte von Stein schrieb er am 6. März die oft zitierten Worte: „Hier will das Drama gar nicht fort, es ist verflucht, der König von Tauris soll reden, als wenn kein Strumpfwürker in Apolda hungerte". Eine soziale Wirklichkeit drängte ins Bild, mit der die königlichen Gestalten seines Schauspiels nichts zu tun hatten, für die er aber als Minister zuständig war.
Das Stück war in einer Zeit heftiger Betriebsamkeit entstanden; Goethe war viel unterwegs, beim Straßenbau und mit der Kriegskommission. Statt am Schreibtisch entstanden die Szenen im zermürbenden Alltag des Ministers, der in den Wirtshäusern der Dörfer und Städte wohnte. Ohne den ständigen Blick auf diese Erfahrungen ist das Stück nicht zu verstehen: Es wurde der ideale Entwurf zu einer misslichen Wirklichkeit, es wurde auch ein befriedigendes soziales System entwickelt, dem Thoas vorsteht und das er mit seiner sittlichen Entscheidung veredelt. Goethe spürte, dass den Weimarer Verhältnissen ein harmonischer Text wie ein Spiegel entgegengehalten werden musste. Ein Jahr später wurde die Distanz noch größer: Er beschäftigte sich damit, „ihr noch mehr Harmonie im Stil zu verschaffen." (Brief an Johann Kaspar Lavater vom 13. Oktober 1780).

Die politisch-soziale Entwicklung auf Tauris spielt für Thoas eine wesentliche Rolle:
- Sein Land soll sicher und zukunftsoffen bleiben, deshalb möchte er Iphigenie heiraten, um die Thronfolge zu sichern.
- Iphigenie als Königin wäre „zum Segen meines Volks" (V. 249); damit würde sich Thoas sogar der göttlichen Weisung Dianas widersetzen.
- Er möchte gemeinsam mit seinem Volk ein Leben in Frieden genießen, nachdem er den Tod seines Sohnes gerächt und den äußeren Gegner besiegt hat.
- Sichere Gegenwart und hoffnungsvolle Zukunft mit gewährleisteter Thronfolge wären die Voraussetzung, dass das Volk ihn rühmen und „fröhliche(n) Gehorsam" (V. 239) üben würde.

Interpretatorischer Ansatz unter Beachtung der Figurenkonstellation:

Um den Konflikt, der sich um Iphigenie entwickelt, zuordnen und Iphigenies Geständnis gegenüber Thoas „Vernimm! Ich bin aus Tantalus' Geschlecht" (V. 306) in seiner Tragweite erkennen zu können, ist die Kenntnis des zugehörigen Stammbaumes notwendig:

Stammbaum der Tantaliden[16]

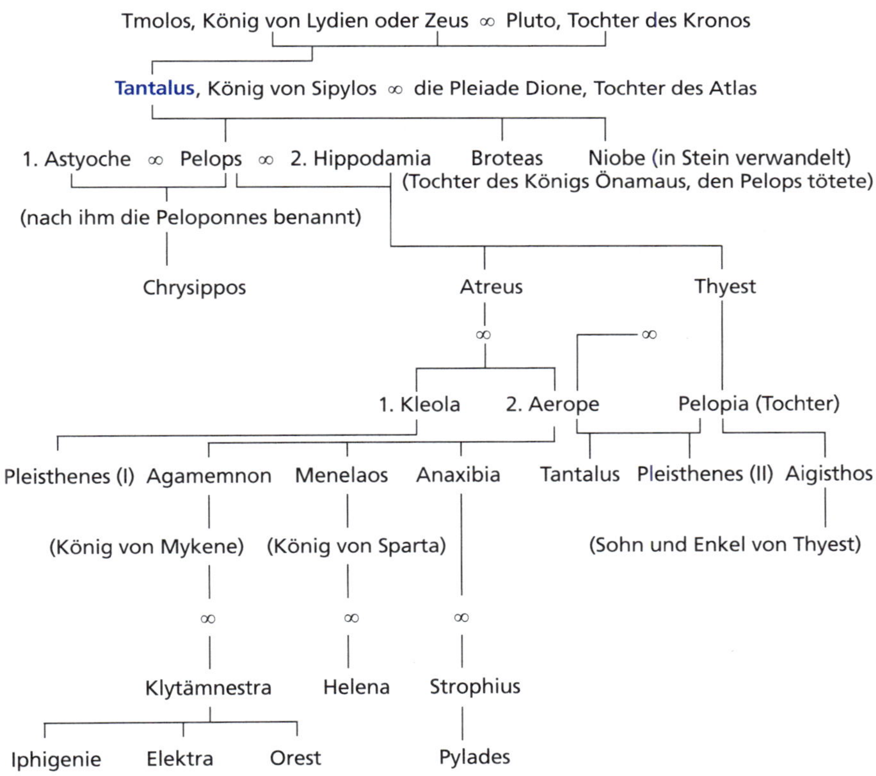

Die Figuren des Stückes sind in ihrer Beziehung zueinander symmetrisch geordnet, für antike Dramen oder Dramen nach antikem Vorbild typisch. **Zwei Zweiergruppen** stehen sich gegenüber:

- Thoas und Arkas einerseits,
- Orest und Pylades andererseits.

16 Übersichten und Lexika der Antike sind zahlreich; alle bieten eine Auswahl aus einer Vielzahl vorhandener Möglichkeiten. Gründlich, vielfältig und belegt sind die Darstellungen in: Robert von Ranke-Graves: *Griechische Mythologie. Quellen und Deutung.* rowohlts deutsche enzyklopädie, Bd.115/116, Reinbek bei Hamburg, erstmals 1955.

Die Begleiter sind ihren Herrschern stets untergeordnet. Beiden Gruppen geht es um Iphigenie; ihr Unterschied besteht in den Interessen: Thoas begehrt sie als Frau, Orest sucht Hilfe bei der Schwester:

Barbar		Zivilisation
aus edler Familie		aus verbrecherischer Familie
Taurier, Skythe	(Griechin), in göttlichem Dienst, Frau von reiner Idealität	Grieche
König (Herrscher)	Priesterin Dianas (Gefangene)	gefangener Königssohn
Thoas *begehrt sie als Frau*	**Iphigenie** *soll dem Bruder helfen*	Orest
Ethik:	Ethik:	Ethik:
\	/ \	/
Entscheidet über Menschenopfer	Entscheidet über Lüge und Diebstahl	
Arkas		Pylades
Stratege der Verteidigung Tauris'		Stratege des Angriffs auf das Götterbild

Das Schicksal Orests (Merkmalliste):

- Orest, Sohn des Agamemnon und der Klytämnestra, ist die **bedrohteste Figur** des Stückes; die Bedrohung ist eine zwangsläufige Folge des göttlichen Fluchs: Er musste seine Mutter töten, weil diese seinen Vater ermordet hatte; hätte er es nicht getan, wäre es eine Pflichtverletzung des Thronfolgers gewesen. Der Grund für den Vatermord war, dass Agamemnon die Tochter Iphigenie der Göttin Diana geopfert hatte (V. 904 ff.). Folge des Fluchs, der auf den Tantaliden liegt, ist Orests tragische Schuld, die ihn in den Wahnsinn treibt.
- Orest erlebt eine **vollkommene tragische Situation**: Wie er sich auch entscheidet, er gerät in Schuld. So ist der Wahnsinn eine glückliche Fügung, die die Schuld überlagert.
- Orests Tat geschieht in einer mythischen Welt, die mit **doppelter Moral** versehen ist: Die Tat wird durch den göttlichen Fluch gerechtfertigt, ja gefordert, aber von den Rachegöttinnen (Erinnyen) verurteilt.
- Trotzdem wird er unter Menschen zurückkehren, obwohl er sich schon mit dem Totenreich abgefunden hatte. Durch die Begegnung mit der sich befreienden Iphigenie wird Orest wieder lebensfähig und **auf neue Weise sozialisiert**: Er sehnt sich nach irdischer Tätigkeit („Die Erde dampft erquickenden Geruch / Und ladet mich auf ihren Flächen ein, / Nach Lebensfreud und großer Tat zu jagen." V. 1362 ff.)
- Nach gerade erfolgter Heilung vom Wahnsinn („Ermattung"; vor V. 1255) kann sich Orest auch **geistig aus dem mythischen Denken lösen**: „Es löset sich der Fluch, mir sagt's das Herz. / Die Eumeniden ziehn, ich höre sie, / Zum Tartarus und schlagen hinter sich / Die eh'rnen Tore fernabdonnernd zu." (V. 1358 ff.) Diese Verse führen semantisch von Orest weg: *ziehen zum, hinter sich, fernab*. Der Prozess der Heilung wird als Distanzierung von den Göttern beschrieben. Orest hatte Schuld auf sich laden müssen. Daraus ist ein Leidensdruck entstanden, der ihn in den Wahnsinn und in Todessehnsucht getrieben hat.
- Höhepunkt von Orests Bedrohung ist seine **Hades-Vision** („Komm, folge mir ins dunkle Reich hinab!", V. 1234), die ihn in Wahnsinn verfallen lässt.
- Zur Rettung wird, dass Orest in den **geschichtlichen Raum** – die Rückkehr in das Griechenland nach dem Trojanischen Krieg – eintritt, nachdem er geheilt den mythischen verlassen hat.

- Die Heilung des Orest ist **Metapher der Selbstgesundung Goethes**. Es ist Goethes Problem auf der italienischen Reise und seine Methode danach: Einbildungskraft und Gefühle werden zurückgedrängt, um „das Objekt so rein als nur zu tun wäre in mich aufzunehmen“[17].
- Dieser Vorgang, das **Gefühl durch Vernunft** zu ersetzen, verschafft einen veränderten Umgang mit der Wirklichkeit. Es ist der Übergang vom Sturm und Drang zur Klassik.

Thoas ist für das sittliche Anliegen des Stückes am auffälligsten:
- Thoas ist seiner Denkweise nach ein Mensch des 18. Jahrhunderts: der Alleinherrscher, dem vom Dichter die Fähigkeit des sozialen Denkens mitgegeben wird („Zufrieden wär ich, wenn mein Volk mich rühmte“, V. 226). So wird er **der „aufgeklärte“ Fürst**, den die aufklärerische und die klassische deutsche Literatur zu entwickeln versuchte.
- Nichts will er für sich, sondern alles für sein **Volk**, mit dem er sich in Übereinstimmung weiß: „Ein jeder sinnt, was künftig werden wird …“ (V. 242).
- Der aufklärerische Mensch hat die Fähigkeit zu einer **Liebe** erworben, die Standesschranken überwindet und dem Gefühl Raum gibt. Thoas hat dieses Gefühl aus Iphigenies Vertrauen entwickelt („Du nahmest Teil an meinen tiefen Schmerzen“, V. 231).
- Er trägt deshalb Iphigenie die Ehe aus **privater Neigung *und* gesellschaftlichem Erfordernis** an: „… ich hoffe, dich / Zum Segen meines Volks und mir zum Segen / Als Braut in meine Wohnung einzuführen.“ (V. 248 ff.).
- Sein Handeln wird von **gesellschaftlichen Notwendigkeiten** bestimmt. Damit repräsentiert er bürgerliches aufgeklärtes Denken und modernes Geschichtsbewusstsein.
- Die Zeitgenossen sahen im Verhältnis zwischen Iphigenie und Thoas ein aktuelles Beispiel für den aufgeklärten Fürsten, mit dem man gern die Humanitätsvorstellungen verbunden hätte. 1784 hatte Immanuel Kant in seiner Antwort auf die Frage *Was ist Aufklärung?* die bekannte Maxime geprägt: „Habe Mut, dich deines eigenen Verstandes zu bedienen.“

Merke:
Kant beschrieb den „aufgeklärten Fürsten“, der bei ihm deutlich die Züge Friedrich des II. von Preußen trägt; bei Goethe heißt er Thoas:
„Ein Fürst, der es seiner nicht unwürdig findet zu sagen, dass er es für Pflicht halte, in Religionsdingen den Menschen nichts vorzuschreiben, sondern ihnen darin volle Freiheit zu lassen, der also selbst den hochmütigen Namen der Toleranz von sich ablehnt, ist selbst aufgeklärt und verdient von der dankbaren Welt und Nachwelt als derjenige gepriesen zu werden, der zuerst das menschliche Geschlecht der Unmündigkeit, wenigstens von seiten der Regierung, entschlug und jedem frei ließ, sich in allem, was Gewissensangelegenheit ist, seiner eigenen Vernunft zu bedienen.“[18]

17 Goethe: *Annalen 1789.* In: BA 16, S. 13
18 Immanuel Kant: *Was ist Aufklärung?* In: Ausgewählte kleine Schriften. Leipzig o. J. (Taschenbuchausgaben der „Philosophischen Bibliothek“ Heft 24), S. 7

Interpretatorischer Ansatz unter Beachtung der Titelfigur: Iphigenie

ist die zentrale Gestalt des Stückes; sie vereint menschliche und göttliche Merkmale (Königstochter, Priesterin) und Fähigkeiten. In die Handlung tritt sie als Opfer ein, einmal als von Diana gefordertes Opfer in Aulis, zum anderen als von Diana gerettetes Opfer auf Tauris; beide Situationen schränken ihre Handlungsmöglichkeiten entscheidend ein. Insofern ist es auch eine Selbstbefreiung aus dieser Opferrolle, wenn sie den Menschen aus der göttlichen Bestimmung befreit. Sie hat dabei die Gabe, unlösbar erscheinende Konflikte, den göttlichen Fluch, mit ihrer Menschlichkeit zu lösen. Sie ist als Priesterin frei von Sinnlichkeit. Goethe hat dieser Tatsache große Aufmerksamkeit geschenkt. Auf seiner italienischen Reise sah er in Bologna am 19. Oktober 1786 ein Gemälde, die Heilige Agatha, damals noch dem Maler Raffael zugeschrieben, die zum Vorbild seiner Iphigenie wurde:

„Er (Raffael, R. B.) hat ihr eine gesunde, sichere Jungfräulichkeit gegeben ohne Reiz, doch ohne Kälte und Rohheit. Ich habe mir sie wohl gemerkt und werde diesem Ideal meine ‚Iphigenie' vorlesen und meine Heldin nichts sagen lassen, was diese Heilige nicht sagen könnte." (Tagebuch der italienischen Reise für Frau von Stein, Bologna, 19. Oktober 1786) Als er dieses Tagebuch für die *Italienische Reise* bearbeitete, also nicht mehr Frau von Stein der Adressat war, ließ er „ohne Reiz" fort.

Reizlosigkeit der Priesterin oder Reiz der Frau:

- Aus dem Gegensatz von jungfräulicher Reizlosigkeit als Priesterin und dem sinnlichen Reiz der Frau entsteht ein wesentlicher **Konflikt**;
- Thoas, in dessen Land sie Priesterin ist, möchte sie zur Ehefrau, um dem Land einen Thronfolger zu schenken: Sein Sohn ist im Kampf gefallen, sein Tod wurde nun gerächt und jeder aus dem Volk wartet, „was künftig werden wird. / Und folgt dem Kinderlosen, weil er muss" (V. 242 f.). Die Veränderung ist deutlich: In der Prosafassung hieß es noch: „Mein Volk scheint nur mit Unmut einem Einsamen zu folgen." (1.3.) In der endgültigen Versfassung wird das soziale Profil von Taurien deutlicher.
- Iphigenie würde ihre Priesterschaft aufgeben, zur Mutter eines Thronfolgers werden und damit die **gesellschaftlichen Verhältnisse** festigen.
- Damit verlöre sie die **Möglichkeit, ihre Familie zu entsühnen** und den Fluch der Götter von ihr zu nehmen.
- Bliebe sie Priesterin, ginge die **soziale Möglichkeit verloren**, die sich ihr als Königin bietet, denn Thoas legt Wert auf die Lebensumstände seines Volkes, die Iphigenie, würde sie Königin, beeinflusste; das Volk würde ihn rühmen, „fröhliche(n) Gehorsam" (V. 239) üben und Iphigenie als Königin wäre „zum Segen meines Volkes" (V. 249).

Daraus entsteht ein tragischer Konflikt:

Bliebe Iphigenie sich als Priesterin treu, würde sie vielleicht ihre Familie entsühnen und damit auch sich befreien, aber sie würde die Macht in Tauris gefährden.	⟷	Würde sie die Frau des Königs, könnte die Struktur auf Tauris gesichert und gefestigt werden. Dafür müsste sie die priesterliche Möglichkeit, die Familie zu retten, preisgeben.
Priesterin	⟷	Königin
Ohne sinnlichen Reiz als Priesterin	⟷	Sinnlichkeit als Voraussetzung einer Mutter
Rettung der Familie	⟷	Rettung des Landes Taurien

Merke:
Dieser Konflikt wird nicht gelöst, sondern **dialektisch aufgehoben**, d. h. auf eine Ebene gehoben, wo es diesen Konflikt nicht gibt: Die Priesterin Iphigenie entsühnt ihre Familie und kann sich dadurch aus ihrer Priesterschaft lösen und nach Griechenland zurückkehren; als Griechin bleibt sie Thoas freundschaftlich verbunden und „nicht auf ewig / Getrennt und abgeschieden" (V. 2154 f.). Thoas' Öffnung in die Welt schafft die Voraussetzung, dass ihm und seinem Land „die Götter deiner Taten / Und deiner Milde wohlverdienten Lohn" (V. 2166 f.) geben werden. Auch hier ist die Versfassung deutlicher gegenüber der Prosafassung, wo es hieß: „O geben dir's die Götter leuchtend, wie du's verdienst!" (5.7.)

Die Interpretation ist offen:
Die Möglichkeiten sind unbegrenzt und schaffen auch für Spekulationen Raum. Selbst eine außergewöhnliche Lösung lässt sich denken: Eine spätere Bindung zwischen Iphigenie und Thoas wird im Text nicht abgelehnt oder ausgeschlossen. Iphigenie ist, wenn sie Tauris verlässt, in ihren Handlungen frei, selbst göttlichem Fluch oder Einspruch nicht mehr unterworfen, im Gegensatz zur Iphigenie des Euripides, die zwar auf Athenes Weisung hin nach Griechenland zurückkehren darf, dort aber das Priesteramt der Diana weiterhin betreiben muss.

Iphigenie tritt auf Tauris in die Geschichte ein – die Kämpfe der Skythen um Tauris sind überliefert –, reicht aber durch ihre Abstammung von Tantalus in den Mythos zurück; die Götter haben sich von den Menschen zurückgezogen. Sie ist die Tochter Agamemnons und Klytämnestras, die Schwester Orests und Elektras. Iphigenie kennt den Aufbruch der Griechen nach Troja, bis sie in Aulis der Göttin Diana geopfert wurde. Es ist jene Phase in der Weltgeschichte, in der die mythischen Bilder in die Geschichtsschreibung übergehen. Der Trojanische Krieg spielt an der Grenze von Mythos und Geschichte eine entscheidende Rolle.
Sie kommt aus dem mythischen Raum, in dem Götter und Menschen miteinander verkehrten (Parisurteil – das Urteil eines Menschen über Göttinnen – als Kriegsursache). **Dreimal wird an den Mythos erinnert:**

- Iphigenie erzählt Thoas vom Fluch der Atriden,
- Orest berichtet vom Muttermord als Folge des Fluchs,
- Iphigenie erinnert sich an die Parzen und ihren sowie Orests Ahnherrn.

Alle drei Berichte betreffen die furchtbare Gewalt des Mythos, aber alle drei Berichte betreffen Vergangenheit. Der Mythos hat an Gewalt verloren; der letzte ernsthaft Betroffene ist Orest. Von der Göttin zur Priesterin gemacht hat Thoas Iphigenie selbstbewusst werden lassen, denn er möchte sie zu seiner Königin erheben, obwohl er ihre Herkunft nicht kennt. Dass sie „Fürstin" (V. 1824) ist, betont sie. Andererseits ist Iphigenie als Priesterin der Diana fast selbst zur Göttin aufgestiegen: So wie diese Göttin Iphigenie rettete, rettet sie nun Menschen vor der Opferung.

***Goethes Leistung*:**

1. **Die sozial-gesellschaftliche Leistung:** Iphigenie tritt an die Stelle der Göttin „und vertraut der Wahrheit in ihr selbst, in des Menschen Brust"[19], wie Hegel schreibt. Durch ihre Menschlichkeit wird Thoas ebenfalls für menschliches Verhalten gewonnen und zum „aufgeklärten" Fürsten. Ihm ist die Haltung des Barbarischen und Unmenschlichen bereits zuvor fremd; er ist schon vor Iphigenies Wirken von einer ähnlich vollkommenen Menschlichkeit, nur mit anderem Götterauftrag. Dass er ein roher Wilder sei, wie die Sekundärliteratur oft verkündet, ist eine Unterstellung, die durch den Text, außer ironischen Selbstbezichtigungen (Thoas bezeichnet sich „als einen erdgebornen Wilden" V. 501, später als „Barbar" V. 1937), nicht bestätigt wird.
2. **Die sittliche Leistung:** Goethe verdrängte während der Arbeit an diesem Schauspiel die unerfüllte Liebe zu Charlotte von Stein. So kann Iphigenie zur Inkarnation „reiner Menschlichkeit" werden. Die Gestalt wird ohne ihren ursprünglichen Hintergrund, der nur noch rudimentär im Text zu erkennen ist, widerspruchsfrei und edel. Aber sie wird, auch für Goethe selbst, zunehmend ideal, fast unwirklich utopisch.
3. **Die individuell-emotionale Leistung:** Goethe bewältigt auch seine Beziehung zu der Schwester Cornelia, die 1777 stirbt. Beide verband eine merkwürdig diffuse Geschwisterliebe, die auch sinnliche Züge hatte. Orest wünscht geradezu die Hinrichtung durch die Schwester, als wäre es ein Akt der Befriedigung: „Seit meinen ersten Jahren hab ich nichts / Geliebt, wie ich dich lieben könnte, Schwester. / Ja, schwinge deinen Stahl, verschone nicht, / Zerreiße diesen Busen, und eröffne / Den Strömen die hier sieden einen Weg." (V. 1250 ff.)

Interpretatorischer Ansatz unter Beachtung der Form; Schauspiel, Prosa und Vers:

Antike Tragödie und modernes Schauspiel

Goethes Figuren kommen aus der antiken Tragödie, in diesem Fall des Euripides, und treten in das moderne Schauspiel ein. Goethe schrieb mit seiner *Iphigenie auf Tauris* keine Tragödie, wohin der Stoff drängte, sondern ein Schauspiel. Der Unterschied ist beträchtlich. Beim Übergang von der antiken Tragödie zum modernen Schauspiel dominiert nicht mehr das Schicksal, sondern die **menschliche Entscheidung**. Diese Veränderung ergab sich aus der Konzentration auf eine Idee unter Verzicht auf Stoffliches:

19 Georg Wilhelm Friedrich Hegel: *Ästhetik*. Bd. I, Berlin und Weimar: Aufbau-Verlag 1965, S. 225

1. Iphigenie steht bei Goethe bis zum Beginn des 5. Aktes vor einem tragischen Konflikt, der auch ein gesellschaftlicher zwischen Griechen und Barbaren ist: Sie kann die Rettung des Bruders betreiben, also seine Flucht und den Diebstahl des Götterbildes, oder Thoas die Wahrheit sagen, womit sie den Bruder der Opferung aussetzt.
2. Es ist aber auch ein Konflikt zwischen privater und gesellschaftlicher Verantwortung. Iphigenie ist fast bis zum Schluss bereit, der familiären Bindung zu gehorchen und Thoas zu belügen, den privaten Konflikt vor dem gesellschaftlichen zu lösen.
3. Erst als sie die Besonderheit der Frau bedenkt, die nicht durch Kampf und Krieg, sondern durch das Vertrauen auf Wahrheit und Menschlichkeit Konflikte löst, kann sie den Konflikt für beide Seiten befriedigend lösen, seine tragische Konstellation aufheben.

Merke:
Iphigenies Gefährdung steigert sich zunehmend und erreicht eine nicht mehr zu überbietende Qualität:
- der von ihr abgewiesene Thoas will sie zu Menschenopfern zwingen;
- sie erfährt von der Ermordung ihres Vaters und ihrer Mutter;
- sie trifft ihren Bruder als Muttermörder wieder;
- mit der Wiedereinführung der Menschenopfer steht ihre moralische Lauterkeit auf dem Spiel („O enthalte vom Blut meine Hände!" V. 549);
- eines der Menschenopfer soll der eigene Bruder sein.
- Iphigenies moralische Aufträge werden unvereinbar: Sie sieht sich zwischen die gegensätzlichen Forderungen von Arkas und Pylades gestellt (4. Akt: Zwischen drei Monologe der Iphigenie sind die Dialoge mit den beiden gefügt.)
- Ende des 4. Aktes: Empörung Iphigenies gegen die Götter: Parzen-Lied (V. 1726 ff.)

Goethes *Iphigenie* ist die **Verbindung von Antikem und Modernem** und die Aufhebung des Antiken im Erstrebten, das auch als Zukünftiges oder besser als Utopisches bezeichnet werden kann. Antik ist das Stück durch die Geradlinigkeit des Aufbaus, die auch die antiken Drei-Einheiten bedient. Antik ist das Schauspiel durch die Klarheit der Figurenanlagen. Aber die Charaktere der Figuren sind modern, die Humanität Iphigenies ebenso wie die Kompromissfähigkeit Pylades', die Toleranz des Griechen Orest gegenüber den Skythen ebenso wie das staatspolitische Denken Thoas'. **Die Figuren erheben sich durchweg über ihre Ausgangssituation:**
- Iphigenie will weder Diebstahl noch Lüge, weder Menschenopfer noch Geheimnis;
- Thoas beendet die Menschenopfer in seinem Land der Barbaren;
- Orest verzichtet auf den Diebstahl eines Heiligtums und bekennt sich zur Wahrheit.

Prosa und Vers
Die erste Fassung wurde in rhythmisierter Prosa (klangvollere Prosa als in früheren Werken wie *Götz von Berlichingen*) geschrieben. Das Stück tendierte zum Vers, Wieland und Herder drängten Goethe, das Stück in Verse umzuschreiben.

Das Schwanken zwischen Prosa und Vers war typisch für die Zeit. Lessing hatte in Abwehr eines falschen Pathos vorwiegend in seinen Dramen die Gestalten Prosa reden lassen. Er kehrte im *Nathan dem Weisen* zum Jambus zurück, für den er sich 1755 schon einmal entschieden hatte. Schiller ging den gleichen Weg im *Don Karlos:* 1783 wurde das Stück in Prosa begonnen, zwei Jahre später begann der Dichter, es in Jamben umzuschreiben. Goethe schrieb *Iphigenie auf Tauris* zuerst in einer rhythmischen Prosa – in dieser Form wurde das Stück 1779 uraufgeführt –, ehe es 1786 in Karlsbad und dann in Italien in Verse umgeschrieben wurde.

Blankvers:
Goethe setzte bis auf wenige Teile den Blankvers ein, den reimlosen (deshalb „blank") Jambus oder auch jambischer Pentameter; bei den betont endenden Versen („männlich") sind es zehn Silben, bei den unbetont endenden Versen („weiblich") sind es elf Silben.

Goethe las das Stück am 22. August 1786 dem Herzog und seiner Begleitung vor: „Dem Herzog wards wunderlich dabei zu Mute. Jetzt da sie in Verse geschnitten ist, macht sie mir neue Freude, man sieht auch eher, was noch Verbesserung bedarf. Ich arbeite dran und denke morgen fertig zu werden." Wieder war es Charlotte von Stein, der er, wie hier am 23. August 1786, über die Umarbeitung berichtete. Nach der Beendigung der Überarbeitung sollte für beide ein neues Leben beginnen, das er als Utopie im gleichen Brief entwarf: „... dann werde ich in der freien Welt mit Dir leben, und in glücklicher Einsamkeit, ohne Namen und Stand, der Erde näher kommen, aus der wir genommen sind."
Es verging „ein völliges Vierteljahr", genauer: fünf Monate, ehe Goethe am 10. Januar den Abschluss in der *Italienischen Reise* niederschrieb. Die **endgültige Fassung in fünffüßigen Jamben** entstand während dieser Reise: „... sogar Iphigenien nehm ich noch auf die Reise mit", hatte er an Frau von Stein am 1. September 1786 geschrieben. Herder hatte ihm geraten, das Stück konsequent **aus der „poetischen Prosa" in Jamben** zu übertragen.

Veränderungen durch den Vers
Merkmalliste:

1. Während der Umarbeitung in Verse wurden keine dramaturgischen Eingriffe vorgenommen. Aber es veränderten sich **Akzentsetzungen**;
- Die **Gedanken** wurden **präzisiert** und auf den passenden Begriff gebracht: Das wichtige Geständnis Iphigenies („Vernimm! Ich bin aus Tantalus' Geschlecht!", V. 306) lautete in der ersten Prosafassung weniger präzis: „Ich bin aus Tantals merkwürdigem Geschlecht."
- Zahlreiche Einzelheiten verschwanden, **Drang zur Maxime** wurde größer.
- Kunstvolle Form, ethisches Anliegen und ästhetische Schönheit näherten sich an.

2. Akzentsetzungen fallen beim **Parzenlied** auf. 1779 hatte es geheißen: „In meiner Jugend sangs eine Amme uns Kindern vor." Die Formulierung „uns Kindern" stand auch 1781. Erst in der endgültigen Fassung von 1787 wurde aus dem unbestimmten „uns Kindern" das sehr bestimmte und die Situation des Stückes reflektierende „In unsrer Jugend sang's die Amme mir / Und den Geschwistern vor" (V. 1724 f.).

3. Bei der Erinnerung an von den Parzen beschriebene Verdammte hieß es 1779: „... aus der Tiefe dampft ihnen des Riesen erstickter Mund gleich andern Opfern ein leichter Rauch". So blieb es 1781. Erst 1787 trat eine neue Formulierung ein: „Aus Schlünden der Tiefe / Dampft ihnen der Atem / Erstickter Titanen, / Gleich Opfergerüchen, / Ein leichtes Gewölke." (V. 1749 ff.) Die **mythische Ordnung** war wieder hergestellt: Die Titanen wurden von den Göttern verbannt.
4. Der **4. Auftritt des 4. Aktes** in der Prosafassung unterscheidet sich in der Motivation und Gesprächsführung von dem der endgültigen Versfassung.
5. Der **6. und 7. Auftritt des 5. Aktes** der Prosafassung wurde in der Versfassung zu einem Auftritt zusammengezogen. Wortänderungen wurden vorgenommen, Riesen wurden zu Titanen, „ewig" bekam eine endgültige Bedeutung. Beschreibungen der Gestalten veränderten sich: In der Versfassung bezeichnet Orest Iphigenie als „Heilige" (V. 2119), in der ersten Prosafassung stand diese ungewöhnliche Bezeichnung für die heidnische Priesterin nicht. Aber inzwischen hatte Goethe Charlotte von Stein zur Idealgestalt erhoben und sie in seinen Briefen als „Heilige" bezeichnet.
6. Immer mehr wurde die Versfassung auch zur **Erinnerungsarbeit** über die schwierige Beziehung zwischen Goethe und Frau von Stein.
7. Die beiden Prosafassungen waren rhythmisiert und drängten nach dem Rhythmus. Einerseits trägt die endgültige Versfassung Goethes noch Härten und **Brüche aus der Prosafassung**, die dem Stoff durchaus angemessen sind, weil sie nicht alles in sprachliche Harmonie zwängten. Variationen, wie die Verse mit anderen Versfüßen im 4. Akt (V.1726 ff.), deuten beim Vergleich mit der Prosafassung an, dass neben den behandelten Idealen auch Widersprüchliches, wenn auch verdeckt, vorhanden ist. Andererseits sind **Aussagen** in der schrofferen Prosa **deutlicher** als später im Vers: „Segen ist erblich, nicht Fluch." (Prosafassung 2. Akt, 1. Auftritt) – „Es erbt der Eltern Segen, nicht ihr Fluch." (V. 717)

Die Rolle des Parzenliedes

Das Lied fällt durch die andere, wenn auch ebenfalls strenge Form aus dem jambisch gestalteten Gesamttext heraus (V. 1726 ff.).

> ***Merke:***
> Jeder Vers weist einen Auftakt, einen Daktylus und einen Trochäus aus und ähnelt dem Adonischen Vers, der allerdings auf den Auftakt verzichtet. Der Adonische Vers wiederum bildet den jeweils letzten (vierten) Vers in den Strophen der Sapphischen Ode.

Um dieses Versmaß zu sichern, musste Goethe **Wörter mit Vorsilben** (Ge-) suchen, um den Akzent zu verschieben („Gerechten Gerichtes" = Auftakt, Daktylus, Trochäus), und erreichte dadurch einen statuarischen Charakter, denn es gelangten dabei mehrere Partizipien 2 in den Text (geschmäht, geschändet), durch die der Eindruck des Abgeschlossenen, Vollendeten entsteht.

Iphigenie erinnert mit dem Lied an die Zeit der völligen Abhängigkeit des Menschen von den Göttern, eine archaische Zeit, die weit zurückliegt und die sie aus Erzählungen kennt („In unsrer Jugend sang's die Amme mir", V. 1724). Diese Zeit ist abgelöst worden und wird nun auch auf Tauris endgültig überwunden. Erst durch die Befreiung aus der archaischen Bestimmung durch die Götter (Fremdbestimmung) wird dem Menschen Humanismus möglich. Durch das Parzenlied werden **Archaisches und Modernes** konfrontiert. Es steht auch an der Grenze, die Iphigenie überschreitet: Aus der Göttergeschichte, in die sie durch ihre Zugehörigkeit zu den Tantaliden ohne eigenes Tun geraten ist, gelangt sie in die menschliche Geschichte des Königreichs Tauris, in dem sie durch die eigene Tat Schicksale zu bestimmen beginnt.

Das „Schmerzenskind"

Goethes entscheidende Eintragung über die Fertigstellung der *Iphigenie auf Tauris* in der *Italienischen Reise* (10. Januar 1787) lautete: „Hier folgt denn also das Schmerzenskind, denn dieses Beiwort verdient ‚Iphigenia' aus mehr als einem Sinne." Am 13. Januar 1787 schickte Goethe das Stück mit einem ausführlichen Brief an Herder: „Hier, lieber Bruder, die Iphigenia … Du hast nun auch hier einmal wieder mehr, was ich gewollt, als was ich getan habe! Wenn ich nur dem Bilde, das Du Dir von diesem Kunstwerke machtest, näher gekommen bin. Denn ich fühlte wohl bei Deinen freundschaftlichen Bemühungen um dieses Stück, dass Du mehr das daran schätzest, was es sein könnte, als was es war."

> ***Merke:***
> Für die klassische deutsche Dramatik entstand mit *Iphigenie auf Tauris* ein **maßstabsetzendes Beispiel**, das Drama des Sturm und Drang wurde zum klassischen Drama und gleichzeitig wurde die Tür zur Moderne aufgestoßen.
> Goethe sah einen „Teil der Wirkung" auf Gestalten zurückgehen, die für das Personenensemble wichtig waren, ohne selbst aufzutreten:
> *„… auch die kühneren jenes Geschlechts, Tantalus, Ixion, Sisyphus, waren meine Heiligen … ich bemitleidete sie, ihr Zustand war von den Alten schon als wahrhaft tragisch anerkannt, und wenn ich sie als Glieder einer ungeheuren Opposition im Hintergrunde meiner ‚Iphigenie' zeigte, so bin ich ihnen wohl einen Teil der Wirkung schuldig, welche dieses Stück hervorzubringen das Glück hatte."*[20]

Die Sprache

Die Sprache des Schauspiels macht heutigen, vor allem jungen Lesern, die an Kurzmitteilungen und Symbole, Bruchstücke und unvollständige Sätze gewöhnt sind, **Schwierigkeiten**. Das liegt am umfangreich ausgebreiteten Wortmaterial, das zum Teil archaisch zu werden beginnt („Hain" (V. 2) u. a.), einer hohen Stilebene entstammt, die heute selten Verwendung findet („Das Land der Griechen mit der Seele suchend", V. 12), emphatisch oder übersteigert wirkt („mit schauderndem Gefühl", V. 4; „Ins Innerste des Busens", V. 73) und durch zahlreiche antike Namen und Ortsangaben, die kaum noch zum aktiven Wissen gehören, durchsetzt ist. Es ist leicht, die Sprache deshalb als überholt abzutun.
Bedacht werden sollte allerdings, dass diese Sprache die bedeutendste geistige Bewegung der Neuzeit beschrieben und begleitet hat – die Zeit der Aufklärung bis zur Klassik –, dass sie Träger bedeutender Wissens- und Werturteile ist und dass sie menschliche Beziehungen ermöglicht, die durch geistige Qualität, Toleranz, Menschlichkeit und Sittlichkeit gekennzeichnet sind. Der Verzicht auf diese Spra-

20 Goethe: *Dichtung und Wahrheit. Aus meinem Leben.* In: BA 13, S. 688

che ist ein Verzicht auf Menschlichkeit. Diese Sprache ist gleichzeitig **Ausdruck der Würde des Menschen**; sie zu verwenden, heißt würdig leben und sich verständigen zu wollen, sie zu verstehen heißt, die Würde eines Menschen zu akzeptieren.
Um die Sprache zu verstehen, wird man sich mit der semantischen Vielfalt der Wörter beschäftigen müssen. Das beginnt beim ersten Vers: „Heraus in eure Schatten, rege Wipfel" (V. 1). Iphigenie beschreibt nicht den durch die Bäume entstehenden Gesamtschatten, sondern sieht die vielen Schatten, die die Bäume werfen, also Einzelschatten. „Schatten" hat mehrere Bedeutungen: Einmal werfen die Bäume Schatten, zum anderen werfen in Platos (427–347 v. Chr.) **Höhlengleichnis** Menschen und Dinge Schatten, die man – im Gegensatz zu den Menschen – sehen kann und die als die wirkliche Welt erscheinen. Schließlich werden die Menschen, treten sie ins Reich des Todes und des Vergessens ein, zu Schatten. In diesem Sinne findet sich der Begriff auch im Stück wieder und nimmt dabei die Eröffnung wieder auf: Orest, zwischen Wahnsinn und Gesundung stehend, sieht die Mitglieder seiner Familie in der Unterwelt, im Vergessen, in das er eintreten will, „Zu euch, ihr Schatten, in die ew'gen Nebel ... Welch ein Gelispel hör ich in den Zweigen" (V. 1263 ff.). „Schatten" ist also nur bedingt ein Naturschauspiel, sie sind vor allem der Hinweis auf die Vergänglichkeit des Menschen im Gegensatz zur Dauer der Götter. So ist auch Iphigenies erster Vers im Stück zu verstehen.

Das Höhlengleichnis
Es ist ein berühmtes Lehrbeispiel für die Einführung in die Erkenntnistheorie. Es steht in Platons *Der Staat (Politeia)*, im 7. Buch. Nach diesem Beispiel sind Menschen in einer höhlenartigen Wohnung festgebunden und schauen auf eine Höhlenwand. Hinter ihnen brennt ein Feuer, das Licht gibt. Zwischen dem Feuer und ihnen werden Menschenstatuen und Bilder von anderen lebenden Wesen aus Holz, Stein und anderen Stoffen vorbeigetragen, die auf die Höhlenwand Schatten werfen. Diese Schatten, die diese Menschen lebenslang sehen, erscheinen den Gefangenen, die darauf blicken, als die wahre Welt.

4.2 Einführung in das Drama *Woyzeck* von Georg Büchner

(Die abweichende Orthografie der Zitate folgt der Studienausgabe von Georg Büchners *Woyzeck*.)

Zeitgeschichtlicher und historischer Hintergrund

Büchners Leben und literarisches Schaffen wurde nachdrücklich von zeitgenössischen Vorgängen bestimmt:

Merkmalliste
- Die Französische Revolution von 1789, Siegeszug und Niederlage Napoleons von 1794 bis 1815 und die Julirevolution 1830 in Paris wirkten nach, sie beeinflussten zeitgleiche Vorgänge im Großherzogtum **Hessen**.
- Mit der Rückkehr der Bourbonen 1814 auf den französischen Thron – der Bruder des hingerichteten Ludwig XVI. bestieg ihn als Ludwig XVIII. – wurden in Frank-

reich die feudalen Verhältnisse **restauriert**. Das stand im Gegensatz zu den Interessen der nichtaristokratischen Schichten, vom Bürgertum bis zu den Bauern.

- 1824 folgte Karl X. auf den französischen Königsthron. Da die Emigranten der Revolutionszeit hoch entschädigt werden sollten, stieg die Unzufriedenheit im Volke an und brachte 1827 eine bürgerliche Opposition in die Deputiertenkammer. Als Karl X. 1830 die Kammer auflöste, kam es zur **Julirevolution** in Paris. Arbeiter, Handwerker, Studenten und Bürger siegten am 29. Juli; Karl X. dankte ab und floh nach England.
- Den Thron bestieg **Louis Philipp**. (Sein Vater Herzog Louis Philippe von Orléans, 1747–93, war in der Französischen Revolution bekannt geworden als Bürger Philippe Egalité.) 1830 wurde Louis Philippe mit Unterstützung des Großbürgertums Herrscher in einem **liberalen französischen Königtum**.
- Die Erinnerung an die Französische Revolution war bei Georg Büchner durch die Julirevolution von 1830 verstärkt geworden; er hatte frühzeitig sein Leben in den Dienst **revolutionärer Veränderungen** gestellt. Die Forderungen der Französischen Revolution sah er nach der Julirevolution 1830 und durch das Junge Deutschland erneut auf die Tagesordnung gestellt. Auch im Großherzogtum Hessen-Darmstadt gab es **Unruhen**, gegen die die Regierung mit aller Schärfe vorging.
- Büchner erlebte während seiner **Studien in Straßburg** (Wintersemester 1831/32 bis Sommersemester 1833) die Auseinandersetzungen der gegensätzlichen Kräfte in Frankreich unmittelbar, denn es fand unter den fortschrittlichen Studenten heftiger **Streit über den Weg zu einer Republik** statt. Die unterschiedlichen Vorstellungen galten
  1. dem amerikanischen, föderalistischen System,
  2. der französischen Verfassung von 1791,
  3. radikale Demokraten, zu denen Büchner gehörte, favorisierten die Jakobinerrepublik von 1793/94.
- Büchner hatte wichtige politische Begegnungen in Hessen. **Hessen** galt als das **rückständigste** der 34 deutschen Fürstentümer. In der gespannten Zeit mit innen- und außenpolitischem Druck ließ sich Georg Büchner als Student an der Landesuniversität Gießen (Oktober 1833 bis Herbst 1834) auf politische Diskussionen und aktive revolutionäre Arbeit ein. Anteil daran hatte seine Bekanntschaft mit dem Rektor und Pfarrer in Butzbach, **Friedrich Ludwig Weidig** (1791–1837).
- Für Büchner entsprachen die Reformbemühungen der Geheimbünde bis hin zum Jungen Deutschland zu wenig den gesellschaftlichen Verhältnissen. An Karl Gutzkow, einen der Führer des „Jungen Deutschlands", schrieb er 1836, er glaube, dass Gutzkow und seine Freunde „nicht gerade den klügsten Weg gegangen" wären: „Die Gesellschaft mittels der Idee, von der gebildeten Klasse aus reformieren? Unmöglich! Unsere Zeit ist rein materiell; wären Sie je direkter politisch zu Werke gegangen, so wären Sie bald auf den Punkt gekommen, wo die Reform von selbst aufgehört hätte." (An Gutzkow, Straßburg 1836)
- Aus der Erkenntnis, dass die angestrebten Ziele nicht erreicht werden konnten, zog sich Büchner für den Augenblick vom aktiven Kampf zurück und hoffte auf die Zeit: Von seinen politisch-revolutionären Zielen ließ er nicht ab, wie er Karl Gutzkow 1835 aus Straßburg, wohin er geflohen war, mitteilte: **„Das Verhältnis zwischen Armen und Reichen ist das einzige revolutionäre Element in der Welt."**

- Georg Büchner wollte kämpfen und führte den Kampf, deshalb wurde er **verfolgt**. Seine Schriften galten als **unsittlich** und mit dem „Jungen Deutschland", zu dem er nicht unbedingt gerechnet werden wollte, weil es ihm nicht revolutionär genug war, geriet er in Verruf. Seine Ansichten waren **radikaler** als die des Jungen Deutschlands. Er forderte die Fokussierung auf das unterdrückte Volk und die sozialen Gegensätze. Am 10. Dezember 1835 verbot der Deutsche Bundestag die Schriften des Jungen Deutschlands.

Bei den literarischen Arbeiten Georg Büchners sind zwei spezielle Voraussetzungen zu beachten:

1. ein naturwissenschaftlich, politisch und literarisch interessierter und entsprechend gebildeter Mensch hat das Thema ausgewählt, abgegrenzt und geschrieben;
2. die Zeit wurde zunehmend aufnahmebereiter für das Nebeneinander von Wissenschaft und Kunst. Es bereitete sich jene Entwicklung in der zweiten Hälfte des 19. Jahrhunderts vor – unter dem Begriff „Naturalismus" bekannt –, die beide ineinander aufgehen lassen und sie gleichermaßen in gesetzmäßigen Abläufen verlaufen sah.

1836: Parallel zu *Leonce und Lena* arbeitete Büchner vom Juni bis zum Herbst 1836 am *Woyzeck*. Er berichtete Karl Gutzkow von seinen Arbeiten; dieser bat, ihm alle Texte zu schicken: **„Von Ihren ‚Ferkeldramen' erwarte ich mehr als Ferkelhaftes."** (Gutzkow am 10. Juni 1836 an Büchner). Damit waren vermutlich *Leonce und Lena* sowie *Woyzeck* gemeint. Mit „Ferkelhaftem" (so dürfte Büchner an Gutzkow geschrieben haben), könnte er das Obszöne im *Woyzeck* – von den medizinischen Untersuchungen an Woyzeck bis zur Triebhaftigkeit Maries –, gemeint haben, denn das war einmalig in der Literatur um 1836. Aber es wurde nicht wirksam, denn das Stück wurde in dieser Zeit nicht veröffentlicht.
1875 ff.: Die 27 Szenen wurden von dem österreichischen Schriftsteller Karl Emil Franzos (1848–1904) 1875 mit chemischen Mitteln lesbar gemacht, 1875 auszugsweise und 1878 erstmals vollständig veröffentlicht. Das Fragment hatte keinen Titel, und so wurde es, nachdem die Hauptgestalt falsch entziffert wurde, zuerst und **bis 1920 *Wozzeck*** genannt.
Büchner stützte sich auf vorhandene Quellen. Sie betreffen das Schicksal des in Leipzig hingerichteten Mörders Johann Christian Woyzeck. Andere ähnliche Schicksale waren für Büchner weniger wichtig.[21] Die Gutachten des Hofrats Dr. Johann Christian August Clarus in Leipzig hat Büchner bis zu wörtlichen Entsprechungen in seinem Stück als Material genutzt und mit dem Fragment eine Polemik gegen diese Gutachten geschrieben, die Woyzeck als normal, nur als Ergebnis seiner eigenen Unzulänglichkeiten, seiner Haltlosigkeit, seiner Unrast und damit voll zurechnungsfähig einschätzten. Georg Büchner war grundsätzlich anderer Meinung.

Georg Büchners Ansatz:
Büchner machte die sozialen Verhältnisse für Woyzecks Zustand und Handlungen verantwortlich. Die Verhältnisse wurden durch eine Mischung aus Verwirrung, Wahnsinn und Halluzinationen wegen Hungers bzw. einseitiger Ernährung wegen

21 Nach wie vor ist die Dokumentation, bis in die Gegenwart aufgelegt, für den Zusammenhang von historischem Ereignis und Büchners Fragment maßstabsetzend: Hans Mayer: *Georg Büchner, Woyzeck. Vollständiger Text und Paralipomena. Dokumentation*. Frankfurt a. M., Hamburg: Verlag Ullstein, 1963

Menschenversuchs verschärft. Die **soziale Ungleichheit** war für Büchner die entscheidende Ursache des Fehlverhaltens und der Kriminalität der Menschen.

Merke:
Die in diesem Schauspiel ausgestellte Wirklichkeit, die zugehörigen Menschen und ihre Sprache sind der völlige Gegensatz zu Stoffen und Themen, die in den bisherigen literarischen Epochen behandelt wurden. Themen wie diese hat es zuvor auf der Bühne und in der Literatur nicht gegeben. Büchners große Leistung besteht darin, Menschen wie Woyzeck und Marie, die sozial einen großen Teil der Bevölkerung ausmachten, auf die Bühne gebracht zu haben.
Der ethische Grundgedanke des *Woyzeck* steht in einem Brief Georg Büchners vom Februar 1834 an die Eltern: „Ich verachte niemanden, am wenigsten wegen seines Verstandes oder seiner Bildung, weil es in niemands Gewalt liegt, kein Dummkopf oder kein Verbrecher zu werden – weil wir durch gleiche Umstände wohl alle gleich würden und weil die Umstände außer uns liegen."

In dieser Zeit fanden merkwürdige Verbrechen das Interesse der Öffentlichkeit: E. T. A. Hoffmann wurde mit seinen Schauergeschichten diesem Bedürfnis gerecht, aber auch Anselm von Feuerbach, der 1828 die *Aktenmäßige Darstellung merkwürdiger Verbrechen* veröffentlichte. Es war das gleiche Jahr, in dem der seltsame und geheimnisvolle Kaspar Hauser, der gleichaltrig mit Georg Büchner war, eine gesamte Generation erregte.

Die Fakten, die dem *Woyzeck* zugrunde liegen:
Am 21. Juni 1821 erstach der 41-jährige Perückenmachergeselle Johann Christian Woyzeck (3. 1. 1780–27. 8. 1824) in Leipzig seine 46-jährige Geliebte Johanna Christiane Woost, geborene Otto, Witwe des Chirurgen Woost. Woyzeck war seit langem ohne Arbeit und obdachlos. Er wurde nach der Tat verhaftet; es begann ein langwieriger Rechtsstreit um die Zurechnungsfähigkeit Woyzecks. Erstmals wurde er 1821 zum Tode durch das Schwert verurteilt, 1822 ein zweites Mal und die Hinrichtung wurde auf den 13. November 1822 angesetzt. Neue Zeugenaussagen, die auf eine Geisteskrankheit Woyzecks schließen ließen, führten zur Aussetzung der Hinrichtung. Eine weitere Begutachtung befand Woyzeck wiederum verantwortlich für seine Tat; die Einwendungen der Verteidigung wurden, wie auch ein Gnadengesuch, abgelehnt und nach einem dreijährigen Prozess richtete man Woyzeck am 27. August 1824 öffentlich auf dem Leipziger Marktplatz hin. Danach ging die Auseinandersetzung der Gutachter erst richtig los. In den nächsten beiden Jahren führten sie ihren Streit weiter und veröffentlichten ihre Untersuchungen und Ergebnisse in Broschüren und einer Zeitschrift. Büchners Vater, ein Arzt, hatte diese Zeitschrift abonniert und in seiner Bibliothek stehen, wo sie der Sohn vermutlich kennengelernt hat. Der Vater hatte darin zwei medizinische Abhandlungen veröffentlicht; auch dadurch war die Zeitschrift dem Sohn wahrscheinlich bekannt.

Woyzeck und die unterschiedliche Sicht auf die menschliche Seele:

Das Fragment ging nicht nur von den **biografischen** Vorgängen um den Perückenmacher Woyzeck aus, sondern bezog, wie bei Büchner üblich, die **wissenschaftlichen** Unterlagen des Falles ein. Der Fall wurde so bekannt, weil in dieser Zeit zwei wissenschaftlich gegensätzliche Betrachtungen der menschlichen Seele aufeinandertrafen und auf den Fall angewendet wurden:

1. Einerseits wurde die **Seele als ein Geheimnis** betrachtet, das nicht enthüllt werden könne, dem man beschreibend folgen müsse, das okkultisch verstanden werden solle und der Ort idealistischer Träume sei. Das Vorbild war Justinus Kerners *Die Seherin von Prevost. Eröffnungen über das innere Leben des Menschen und über das Hereinragen einer Geisterwelt in die unsere* (Leipzig: Reclam, 1830), eine außergewöhnlich erfolgreiche Schrift, die 1846 bereits ihre 4. Auflage erlebte.
2. Andererseits führte man die **Seele auf Stoffwechsel und Blutkreislauf**, Woyzecks Gesichte auf Sinnestäuschungen durch Trunksucht usw. zurück. Es war eine konzentriert naturwissenschaftliche Sicht, die schon in Friedrich Schillers *Der Verbrecher aus verlorener Ehre* (1786) eine erste Behandlung erfahren hatte. Büchner und Schiller waren nicht nur Dichter, sondern auch Mediziner.

In einem Brief an den Bruder Wilhelm vom 2. September 1836 berichtete Büchner von seinen philosophischen Vorhaben und schloss den Hinweis an, der auf literarische Vorhaben wie Woyzecks Mord und Leonce und Lenas Ehe bezogen werden kann: „Dabei bin ich gerade daran, sich einige Menschen auf dem Papier totschlagen oder verheiraten zu lassen, und bitte den lieben Gott um einen einfältigen Buchhändler und ein groß Publikum mit so wenig Geschmack als möglich." Der Brief zeigt, für wie **modern** und **außergewöhnlich** Büchner seine beiden Werke hielt:

1. Der „einfältige Buchhändler" war der, der diese Modernität nicht spürte und deshalb die Bücher vertreiben sollte.
2. Das erwünschte Publikum war eines, das nicht dem „Geschmack" der herrschenden Kunst verfallen war, also der Klassik und Romantik, sondern nicht festgelegt und also aufnahmefähig für Neues war.
3. Andere Briefe lassen sich ähnlich verstehen. Als Büchner am 18. Oktober 1836 nach Zürich reiste, war das Stück weit gediehen und stand kurz vor dem Abschluss.

Weitere geistige Beziehungen Georg Büchners im Umfeld des ‚Woyzeck':

Zu den Ereignissen, die den Mörder Woyzeck betrafen, und dem Spannungsverhältnis zwischen Wissenschaft und Kunst, das die Zeit zu bestimmen begann, kamen ständig erweiterte **soziale Erkenntnisse** und **literarische Beispiele**, an denen sich Büchner orientierte:

1. Dazu gehörten Jakob Michael Reinhold **Lenz' *Die Soldaten*** (1776). Büchner beschäftigte sich mit Lenz und gestaltete in der Novelle *Lenz* das Schicksal des Dichters psychologisch überzeugend. Er fühlte sich dem Dichter des Sturm und Drang wesensverwandt. An die Familie schrieb er 1835 aus Straßburg: „Ich habe mir hier allerhand interessante Notizen über einen Freund Goethes, einen unglücklichen Poeten namens Lenz, verschafft, der sich gleichzeitig mit Goethe hier aufhielt und halb verrückt wurde. Ich denke darüber einen Aufsatz in der

Deutschen Revue erscheinen zu lassen." Karl Gutzkow erkannte früh, dass es zwischen *Woyzeck* und Büchners Beschäftigung mit Lenz Verbindungen gab.

2. Die Marie in Büchners *Woyzeck* hat ähnliche Erlebnisse und macht ähnliche Erfahrungen wie Mariane, in Lenz' *Soldaten* die Tochter des „Galanteriehändlers" Wesener, die am Ende zur Hure und im tiefsten Elend von ihrem Vater gefunden wird. Ihr Schicksal wird erklärt mit der Ehelosigkeit der Soldaten, das Beispiel Woyzecks ist ähnlich. Andere Züge Maries erinnern an das Gretchen aus Goethes *Faust I*.
3. Georg Büchner wählte als Vorbild für die dramatische Technik William **Shakespeare**: Die Gebildeten kannten seit dem Sturm und Drang die Dramen Shakespeares, nochmals übersetzt und gepriesen durch die Romantik. Da auch Lenz ein genauer Kenner Shakespeares war und sich mit ihm dramentheoretisch beschäftigt hatte, trafen sich Büchner und Lenz auch hier, wie die Novelle *Lenz* zeigt. Den Freunden und Bekannten war Büchners Leidenschaft für Shakespeare bekannt. Zitate aus Shakespeares *Hamlet, Othello, Viel Lärm um nichts* und *Wie es euch gefällt* wurden variiert und verwandelt von Büchner in die eigenen Werke eingebaut. Vieles davon ist unbewusst geschehen, es war als Zitat oder Konstellation abrufbar.
4. Zwar sind die literarischen Beziehungen gegenüber der Bedeutung der dokumentarischen Quellen eher bescheiden, aber keineswegs bedeutungslos. Als Erbe der **Romantik** bekamen **Lieder** hessischer und elsässischer Herkunft und **Märchen** im *Woyzeck* eine leitmotivische Funktion. Büchners soziales Gewissen fand weitere Beispiele wie das anzügliche Lied *Das Wirtshaus an der Lahn*. Büchner muss es geschätzt haben, wie er überhaupt Freude an Obszönitäten hatte, denn er verwandte es auch in Entwürfen zu *Leonce und Lena*. Märchenelemente wurden umfunktioniert: Aus den glücklichen Lösungen wurden die unglücklichsten und schaurigsten Möglichkeiten: Das arme und elternlose Kind (*Die Sterntaler*) hat am Ende kein neues Hemd, das sich mit Talern füllt, sondern „gerrt (weint laut, R. B.) und da sitzt es noch und ist ganz allein" (35, 22). Es ist ein Märchen der Hoffnungslosigkeit, die der realen Hoffnungslosigkeit Maries und Woyzecks entspricht. Das bekannte Märchen wurde so ein Anti-Märchen und entsprach wiederum der sozialen Realität.
5. Es gehörte zu Büchners gestalterischen Methoden, dass er literarische Formen einbezog, die traditionell Hoffnungen vermitteln und Illusionen schaffen (Märchen, Volkslied), um mit ihnen Hoffnungslosigkeit und Trostlosigkeit darzustellen. Dazu gehören auch Zauber und Magie der Schaubude.
6. Die **Schaubude** wird zum Gegentheater, zum Belustigungsort des einfachen Volkes, wo dessen niedrigste Bedürfnisse befriedigt werden: Nicht zufällig geraten Marie und der Tambour-Major, der entgegen seinem Dienstgradnamen kein Offizier ist, sondern einen Mannschaftsdienstgrad hat (25, 12), dort zueinander, wo nicht Liebe, sondern Sex gehandelt wird.
7. Schließlich finden sich im *Woyzeck* auch Entsprechungen zu Jean Paul, dessen Romane zu Büchners Lieblingslektüre gehörten. In **Jean Pauls *Titan*** nimmt der Landphysikus Sphex, der mit dem Trommler Manz ähnliche Menschenversuche macht wie Büchners Doktor mit Woyzeck, besagten Manz in Kost, um ihn nach seinem Tod zerlegen zu können und mit den dann angefertigten Bildern einen Traktat belegen zu können.

Inhaltsangabe

Die Szenen in den verschiedenen Handschriften sind unterschiedlich geordnet. Die Inhaltsangabe folgt der Studienausgabe, die meistens verwendet und nach der zitiert wird.

Übersicht über die Szenenfolge
der Lese- und Bühnenfassung

1. Freies Feld. Die Stadt in der Ferne
2. Marie mit ihrem Kind. Margreth
3. Buden. Lichter. Volk
4. Marie sitzt, Kind, Spiegel
5. Der Hauptmann. Woyzeck
6. Marie. Tambour-Major
7. Marie. Woyzeck
8. Woyzeck. Doktor
9. Hauptmann. Doktor
10. Die Wachtstube
11. Wirtshaus
12. Freies Feld
13. Nacht
14. Wirtshaus
15. Woyzeck. Der Jude
16. Marie. Der Narr
17. Kaserne
18. Marie, Kinder
19. Marie und Woyzeck
20. Es kommen Leute
21. Das Wirtshaus
22. Kinder
23. Woyzeck, allein
24. Woyzeck an einem Teich
25. Gerichtsdiener usw.

Methodischer Hinweis:

1. Da es sich um ein Stationenstück handelt, also jede Szene ihren eigenen in sich geschlossenen Wert hat, und Büchner Symbole in diesen Szenen umfänglich verwendet, werden die Symbole im Verlauf der Inhaltsangabe sofort erklärt, um das entstehende Geflecht von Bestimmung und Schicksal, Determiniertheit und Selbstbestimmung verfolgen zu können. –
2. Dieses Verfahren ist auch deshalb notwendig, weil es sich bei Woyzeck um eine gespaltene Person (ein Mensch mit der „doppelten Natur" 22, 21) handelt: Er ist einmal ein soziales Wesen und steht in der gesellschaftlichen Hierarchie auf einer der untersten Stufen. Zum anderen hat er aufgrund seiner sozialen Lage, seiner Armut und seines Hungers Halluzinationen, hört Stimmen usw., wodurch eine visionäre mystische Welt entsteht, die fortlaufend mit der sozialen Welt zusammenstößt.
3. Die Inhaltsangabe dient deshalb notwendigerweise bereits als Teil der Analyse.

1. Freies Feld, die Stadt in der Ferne:
Woyzeck und Andres schneiden Stöcke. Woyzeck erlebt dabei Unheimliches und glaubt eine himmlische Vision aus Feuer und Posaunen zu sehen und zu hören. Hier erinnert Woyzecks Vision an den Untergang Sodom und Gomorrhas sowie an das Jüngste Gericht: Der hohle Boden, auf den er stampft, lässt an sich öffnende Gräber denken (Matthäus 24, 31, Offenbarung 20, 1–14). Bestrafung und Sühne sind Merkmale dieser Vision. – Trommeln rufen zum Zapfenstreich und weisen Woyzeck und Andres als Soldaten aus.
2. Marie (mit ihrem Kind am Fenster). Margreth:
Marie sitzt mit Woyzecks Kind am Fenster und beobachtet den vorbeiziehenden Zapfenstreich mit dem Tambour-Major, den sie wohl erstmals sieht. Vielleicht ist er mit dem Musikzug wegen der Messe in die Stadt versetzt worden. Er grüßt sie. Die Nachbarin wirft Marie leichtfertigen Lebenswandel vor. – Allein geblieben singt Marie Verse, einem Schlaflied ähnlich, tatsächlich beschreiben sie ein lockeres Leben. – Woyzeck hetzt auf einen Sprung vorbei und erzählt von dem ihn verfolgenden „Es“. Marie fürchtet, Woyzeck könnte wahnsinnig werden; die Situation „schauert“ sie. Es dunkelt. Die Atmosphäre wird drohender.
3. Buden. Lichter. Volk:
Auf der Messe singt ein Leierkastenmann vom Sterben. In einer Schaubude wird neben anderen Schaustücken und Belustigungen ein Affe als Soldat vorgeführt als die „unterst Stuf von menschliche Geschlecht“ (13, 5 f.). Damit wird an Woyzecks soziale Stellung erinnert. Marie und Woyzeck besuchen die Vorführung. Der Tambour-Major und ein Unteroffizier folgen ihnen, durch Marie sexuell erregt. Marie und der Verführer nähern sich einander. – In der Bude zeigt das „astronomische Pferd“ seine „viehische Vernünftigkeit“, aber auch seine „unverdorbene (unideale) Natur“. Es zeigt sich in „Viehsionomik“ (14, 13) bewandert. Das Pferd pisst, es ist ein „verwandelter Mensch“ (14, 24 f.). Die Umkehrung folgt Szenen später, als der Doktor bei den Vorführungen vor den Studenten Woyzeck als „Bestie“ bezeichnen (31, 18) wird. Animalische und menschliche Existenz berühren sich in Woyzeck (der Affe hat sich zum Soldaten entwickelt 13, 5; der Soldat Woyzeck hat „gepißt wie ein Hund“, 21, 9), der Tambour-Major denkt im Angesicht von Marie in Sexsymbolen („Als ob man in einen Ziehbrunnen oder zu einem Schornstein hinunter guckt“, 13, 22 f.).
4. Marie sitzt, ihr Kind auf dem Schoß (in ihrer Kammer):
Marie betrachtet sich und das Geschenk des Tambour-Majors im Spiegel. Sie empfindet ihre Sinnlichkeit gleichwertig mit der „große(r) Madamen“ (15, 17). Woyzeck ist über den Schmuck verwundert, forscht aber nicht nach, als sie vorgibt, ihn gefunden zu haben. Auf sein Erstaunen reagiert sie mit gespielter Empörung: Hatte sie zuvor ihr Kind noch als „Hurenkind“ (11, 3) bezeichnet, so unterstellt sie Woyzeck, er habe sie als Hure im Verdacht: „Bin ich ein Mensch?“ (in der Bedeutung von „das Mensch“ = moralisch verkommene Frau; 16, 3). Nachdem Woyzeck gegangen ist, beantwortet sie sich die Frage zustimmend.
Woyzeck gibt ihr und dem Kind, um das er sich väterlich bemüht, sein schwer verdientes Geld. Marie fühlt sich schlecht, weil sie von dem einen das Geld nimmt, von dem anderen den Schmuck. Mit ihrer Einsicht „Ich könnt' mich erstechen“ (16, 14) wird die Motivkette des Todes fortgesetzt. Erstmals ist ihre Hoffnungslosigkeit zu erkennen („Geht doch Alles zum Teufel, Mann und Weib.“, 16, 15 f.).
5. Der Hauptmann. Woyzeck:
Während der Hauptmann simpel über Welt und Ewigkeit philosophiert, wird er von Woyzeck rasiert. Woyzeck verweigert anfangs ein Gespräch. Erst auf den Vorwurf, er habe ein uneheliches Kind gezeugt, reagiert Woyzeck, indem er dem Haupt-

mann den Zusammenhang zwischen Wohlstand und Tugend einerseits, Armut und Natur andererseits erklärt. Tugend sei eine Sache des Geldes, die Liebe dagegen sei Natur und von „Fleisch und Blut" (18, 15). Woyzeck erklärt dem Hauptmann, dass man sich Tugend leisten können müsse, sonst bleibe nur die Natur. Der Hauptmann bricht das Gespräch, das ihn „ganz angegriffen" (19, 9) habe, ab. – Mit wenigen Worten hat Woyzeck das soziale Grundproblem beschrieben: Obwohl alle Menschen vor Gott gleich seien, entscheide über die Stellung des Menschen in der Welt das Geld; die Moral habe keine Bedeutung.

6. Marie. Tambour-Major:

Marie und der Tambour-Major gestehen sich ihr gegenseitiges sinnliches Begehren, ihren Stolz auf den „Kerl" und das „Weibsbild". Marie reizt den Tambour-Major durch Widerstand, schreckt zwar kurz vor seinem animalisch wirkenden Begehren zurück („Wild Thier.", 20, 2), ist aber dann zu allem bereit, da sie Hoffnungen aufgegeben hat („Es ist Alles eins.", 20, 6).

7. Marie. Woyzeck:

Woyzeck ahnt Maries Untreue, findet aber keinen Beweis. Dadurch fühlt sich die verschüchterte Marie wieder sicherer, streitet alles ab, provoziert sogar („einer nach dem andern", 20, 25 f.) und wird „keck" (21, 2).

8. Woyzeck. Der Doktor:

Woyzeck ist für den stumpfsinnig-dümmlichen Doktor, der an der Universität lehrt (80 f.), ein Versuchskaninchen: Er muss seinen Urin beim Doktor abliefern, damit dieser die Harnfunktion beobachten kann und eine „Revolution in der Wissenschaft" (21, 22 f.) einleiten kann. Aber Woyzeck hat dagegen verstoßen und auf „die Straß gepißt" (21, 9). Woyzeck erzählt von der „doppelten Natur" (22, 21). Der Begriff wird möglicherweise aus der folgenden Sentenz verständlich: Er meint den Trieb – er überkommt ihn mittags „und es ist als ging die Welt in Feuer auf" (22, 22 f.), ihm hat er nichts entgegenzusetzen; dem Trieb folgt die Vision, die Stimmen hören lässt. Dann wird er ein anderer als sonst, die doppelte Natur.

In der Natur findet Woyzeck Geheimnisse des Lebens und Sterbens, wie sie sich zum Beispiel in Pilzen (Schwämmen) und deren „Figuren", im Pilzgeflecht (Myzel) (22, 28), kundgeben. Sie gelten als Vorboten von Schicksalsschlägen. Der Doktor sieht in Woyzeck, der seit längerer Zeit nur von Erbsen lebt, durch diese Visionen und Deutungen einen besonders ergiebigen Fall geistiger Verwirrung, erhöht die Zulage und beginnt seine Studien. – Der Doktor, als Gesamtgestalt nach Jean Pauls Dr. Sphex variiert, vereinigt Züge verschiedener Wissenschaftler mit denen Justus Liebigs (1803–1873), der in Gießen lehrte und sich mit Untersuchungen zum Urin der Fleisch- und Pflanzenfresser beschäftigte.[22] Er galt, da er bewiesene medizinische Tatsachen leugnete, als starrköpfig und überholt.

9. Hauptmann. Doktor:

Die ranghöchsten Gestalten des Stückes treffen sich auf der Straße und begrüßen sich vertraut ironisch. Während es der Doktor eilig hat, hält ihn der Hauptmann auf und erzählt von Schwermutsanfällen. Der Doktor sagt einen Schlaganfall voraus. Woyzeck hetzt an ihnen vorbei. Der Hauptmann setzt mit Blick auf Woyzeck die Todessymbolik fort, wenn er sagt: „Er läuft ja wie ein offnes Rasirmesser durch die Welt, man schneidet sich an ihm" (24, 29 f.). Er deutet Woyzeck die Untreue Maries mit dem Tambour-Major an. Woyzeck ist erschüttert („kreideweiß", 25, 23); er hat außer Marie „sonst nichts auf der Welt" (25, 25) und denkt an Selbstmord. Der

22 Vgl. bei Jan-Christoph Hauschild: *Georg Büchner*. Biografie. Stuttgart und Weimar: Verlag J. B. Metzler, 1993, S. 256. – Auf diese Biografie ist in allen Fällen hinzuweisen, wo es um genaue Analysen des zeitgenössischen und biografischen Hintergrunds geht. Sie ist in diesen Fällen beispielhaft.

Doktor nutzt Woyzecks Verwirrung wiederum für Untersuchungen und Messungen und protokolliert Woyzecks Zustand.

10. Die Wachtstube:

Andres singt anzüglich und Woyzeck damit reizend eine Strophe vom *Wirtshaus an der Lahn*; die Szene wird dadurch sexuell aufgeladen, zumal die Strophe von einer Magd und den Soldaten spricht. Woyzeck hat wieder eine Vision und sieht Marie mit dem Tambour-Major tanzen; er will Marie in den Gasthäusern suchen. – Es verstärken sich die Momente des Höllischen (heiß, Hitze, Feuer): Sie haben mit den Schweißtropfen des kleinen Christian begonnen (16, 7 f.), werden über die „Welt im Feuer" (22, 23), die Woyzeck sieht, weitergeführt, erreichen im Gegensatz von „Erd ist höllenheiß" und Woyzecks Zustand „eiskalt" (25, 30 f.) eine neue Qualität und in Woyzecks Ahnungen von „heiße(n) Händ(en)" (27, 24) u. a. ihr Ziel.

11. Wirtshaus:

Handwerksburschen singen und trinken. Respektlos sprechen sie von der „Natur", den Trieben des Menschen. Woyzeck sieht durch das Fenster Marie mit dem Tambour-Major und weiß, dass er Marie verloren hat. Die Vorstellung der heißen Hölle personifiziert sich in Marie: „Das Weib ist heiß, heiß!" (29, 9 f.) Ein betrunkener Handwerksbursche beschreibt in einer Predigtparodie menschliche Bedürfnisse, darunter das Bedürfnis des Soldaten, das „Bedürfniß sich todtzuschlagen" (29, 24 f.) (Todesmotiv).

12. Freies Feld:

Die Musik wirkt bei Woyzeck weiter und schlägt in den Rhythmus des Tötens um, der ihn von dämonischen unterirdischen Stimmen eingegeben wird: „Stich, stich die Zickwolfin todt ... stich todt, todt" (30, 6 ff.). – Die doppelte Natur Woyzecks, über die er gesprochen hatte, wirkt sich aus: Seine Verwirrung schlägt in Visionen um, die ihn Stimmen hören lassen. Sie geben ihm den Auftrag zu töten.

13. Nacht:

Woyzeck schläft in der Kaserne, kommt aber nicht zur Ruhe. Er hört immer noch die Musik und Stimmen; vor seinem geistigen Auge sieht Woyzeck „ein Messer" (30, 21). Andres glaubt, er habe Fieber, versucht ihn zu beruhigen und rät zu Medikamenten.

14. Wirtshaus:

Der Tambour-Major beherrscht im Wirtshaus die Szene. Er fordert die Gäste zum Kampf heraus und erweist sich dabei als ein geistloser Sauf- und Schlägertyp. Woyzeck widersetzt sich dem Ansinnen des Tambour-Majors, mit ihm zu saufen, wird in einem Ringkampf besiegt und blutet. Sein Vorhaben bekommt Konturen: „Eins nach dem andern." (31, 25)

15. Woyzeck. Der Jude:

Bei einem Juden kauft Woyzeck ein Messer, das „mehr als Brod schneiden" kann (32, 11), nachdem ein „Pistolchen" zu teuer war.

16. Marie. Das Kind. Der Narr:

Marie ist wegen ihres Treuebruchs verzweifelt und blättert in der Bibel. Im Johannes-Evangelium 8, 2 ff. findet sie, dass Jesus einer Ehebrecherin vergibt. Sie sieht wiederum drohendes Feuer (Sonne) und das Kind allein zurückbleibend („Das Kind giebt mir einen Stich in's Herz." 33, 1). Der Narr Karl erzählt sich Bruchstücke aus Märchen (Rumpelstilzchen). Er kümmert sich um Maries Kind. Woyzeck ist bereits den zweiten Tag nicht gekommen. Marie wird es „heiß" vor Angst und Erregung. Sie sucht (im Lukas-Evangelium 7, 37 ff.) Hilfe, wo Jesus der Sünderin Maria Magdalena, die ihm die Füße salbt und mit ihren Haaren trocknet, vergibt.

17. Kaserne:
Woyzeck verteilt seine Habseligkeiten, ordnet seinen Nachlass und studiert seinen Militärpass, dessen Angaben bei ihm ein heilloses Wirrwarr auslösen: Er gibt seine Geburt mit Mariae Verkündigung (25. März) an, will aber am 20. Juli 30 Jahre und sieben Monate und 12 Tage alt sein. Das stimmt weder mit dem 25. März noch mit dem tatsächlichen Geburtstag am 3. 1. 1780 überein. (Die Gründe für diese Ungenauigkeiten sind unklar.) Andres scheint ihn für verwirrt zu halten (Fieberfantasien), glaubt, Woyzeck sei erkrankt, und will ihn ins Lazarett schicken. Aber Woyzeck deutet mit dem Sammeln der „Hobelspän" (34, 12) die Ahnung des Todes an.
18. Marie mit Mädchen vor der Haustür:
Ein Mädchen singt, Marie spielt mit den Kindern der Nachbarschaft vor der Haustür. Die fröhliche Situation, in der nur die Nennung des Königs Herodes Angst auszulösen vermag, schlägt durch ein von der Großmutter erzähltes Anti-Märchen um: Ein armes elternloses Kind – „Alles todt" (35, 10) – erkennt, dass Weltall und Erde nur Irrtümer sind, die Tod und Untergang anzeigen. Darüber beginnt das Kind zu weinen und bleibt allein. Woyzeck kommt und führt Marie hinweg, ohne ein Ziel zu nennen. Das Märchen von der Einsamkeit wird in diesem Augenblick für Maries Kind Wirklichkeit. Die Reste des ärgernden Kinderreimes („Warum? Darum!", 34, 29 bis 35, 1) werden im Frage-Antwort-Spiel zwischen Woyzeck und Marie variiert und zur gefährlichen schaurigen Ankündigung.
19. Marie und Woyzeck:
Woyzeck hat Marie vor die Stadt geführt; es ist finster. Woyzeck fallen Maries heiße Lippen und „heißer Hurenathem" (36, 15 f.) auf, Zeichen der Hölle. – Die Szene füllt sich mit schaurigen Requisiten: einem roten Mond wie Blut (nach der *Offenbarung des Johannes* 6, 12: „der Mond ward wie Blut"), „ein blutig Eisen". Woyzeck ersticht Marie und flieht.
20. Es kommen Leute:
Zwei unbeteiligte Menschen haben erschreckende Geräusche gehört, fragen nach der Ursache und sehen sich Unheimlichem ausgesetzt. Während einer fliehen will, strebt der andere an den Ort des Geschehens. Die Szene bleibt bedrohlich: rufendes Wasser, unheimlich, Nebel und – Höhepunkt der Todessymbolik – „gesprungene Glocken" (37, 11 f.), ein oft verwendetes literarisches Symbol für den Tod.
21. Das Wirtshaus:
Woyzeck tritt selbst in das höllische Treiben ein und sieht alle vom Teufel geholt. Ihm ist heiß, seiner neuen Eroberung Käthe ist heiß und er singt im Wirtshaus den Vers von der Magd aus dem Lied vom *Wirtshaus an der Lahn*. Käthe sieht Blut an seinem Arm. In der Verwirrung, die eintritt, zitiert der Narr ein Märchenmotiv, das in verschiedenen Varianten (*Die drei Raben, Der Teufel mit den drei goldenen Haaren*) vorhanden ist: Ein Riese rieche „Menschenfleisch" (38, 25). Woyzeck entflieht. Die Todessymbole häufen sich, bereits vor seinem Tod „stinkt" (38, 25) Woyzeck.
22. Kinder:
Kinder sind unterwegs zur Mordstelle und berichten anderen Kindern, dass dort „am rothen Kreuz" (39, 9), eine Darmstädter Ortslage, eine Frau liege. Sie sind begierig, sie zu sehen. Das „rote Kreuz" ist eines der überall vorhandenen Sühnekreuze, die – auch als Steinkreuz – an einer Mordstelle aufgestellt werden.
23. Woyzeck:
Woyzeck sucht nach dem Messer. Er glaubt die tote Marie zu sehen und sieht an ihr eine rote Schnur um den Hals, Zeichen einer Erhängten oder eines aufgeschnittenen Halses. Nachdem er das Messer gefunden hat, flieht er.

24. Woyzeck an einem Teich:
Woyzeck wirft das Messer in das Wasser. Während er einerseits das Messer immer weiter ins Wasser wirft, damit es keiner findet, geht er andererseits immer tiefer hinein, um sich vom Blut sauber zu waschen.
25. Gerichtsdiener. Barbier. Arzt. Richter:
Es scheint, als habe man Woyzeck gefunden, verurteilt und richte ihn nun, wie den historischen Woyzeck, hin.

Analyse

Interpretatorischer Ansatz unter Beachtung des zeitgenössischen Hintergrunds:

Ausgangspunkt
der Handlung ist ein ausführlich dokumentierter realer Vorgang: Der Friseur, Perückenmacher, Soldat und Gelegenheitsarbeiter Woyzeck bringt seine Geliebte um, da sie ihm untreu geworden ist, wie er meint; die Sachlage ist eindeutig: Mord aus Eifersucht. Die Tat wird verhandelt und führt zum Todesurteil. Der Vorgang problematisiert sich, als Nachrichten bekannt werden, Woyzeck habe an Bewusstseinsstörungen gelitten. Die Frage nach der Zurechnungsfähigkeit erweitert sich zur Frage nach der menschlichen Seele und ihrer Erkrankung und der grundsätzlichen Frage nach den sozialen Ursachen für die Erkrankungen.

Der soziale Hintergrund
1. Woyzeck ist am **untersten Rand** der Gesellschaftshierarchie angekommen, die Grenze zur Deklassierung ist bereits fließend geworden. Sein soziales Schicksal ist durch den Mord zwar außergewöhnlich, aber in seinen sozialen Umrissen und Ursachen durchaus verbreitet. Er ist kein geschichtlicher, sondern ein sozialer Repräsentant.
2. Es ist die **Massenarmut**, die bald darauf auch Thema der Literatur wird, deutlich hervortretend am Beispiel der Weber, die durch die Industrialisierung ihre Heimarbeitsplätze verlieren, nicht mehr konkurrenzfähig sind und 1844 aufständisch werden (Heinrich Heine *Die schlesischen Weber,* 1844).
3. Woyzecks Gesichte, Fantasien und die von ihm gehörten Stimmen erweisen sich als Folge der sozialen **Entwurzelung** und des zugehörigen determinierenden **Milieus**; deshalb hat Büchner sich des Themas angenommen. Es ist die dramatische Entsprechung zu der von ihm im *Hessischen Landboten* vorgetragenen sozialen Analyse.
4. In die Literatur dringt ein **Materialismus** ein, der die seelischen Erregungen des Menschen auf seine physiologischen Bedingungen zurückführt. Woyzecks Hunger, da er nicht genügend Geld verdient, und seine einseitige Ernährung („Ißt seine Erbsen?" 23, 6), um einige Pfennige für den Unterhalt der Familie zu erhalten, treiben ihn in die geistige Verwirrung.
5. Woyzecks Schicksal wird so zu einem repräsentativen Schicksal der armen **Bevölkerung**. Er ist einem Leiden ausgesetzt, dass nicht von überirdischen Mächten ausgelöst wird, sondern von den Mächtigen in der sozialen Hierarchie.
6. Die **Begründung** für sein Vorgehen gibt Büchner in einem Brief an die Eltern (Neujahrsbrief 1836): „... ich zeichne meine Charaktere, wie ich sie der Natur und der Geschichte angemessen halte, und lache über die Leute, welche mich für die Moralität oder Immoralität derselben verantwortlich machen wollen."

Die Frage nach der Willensfreiheit

Woyzeck hält die Entscheidung, ob der Mensch sich frei entscheiden kann oder nicht, für eine **Frage des Besitzes**. Er behandelt sie im Gespräch mit dem Hauptmann (Szene 5). Der Hauptmann wirft Woyzeck vor, keine Moral zu haben, da er ein Kind ohne den Segen der Kirche habe. Woyzeck hat gegen mehrere Grundsätze der gesellschaftlichen Ordnung verstoßen (uneheliches Kind, wilde Ehe, ungetauftes Kind). Auf die Frage nach seinen Möglichkeiten gibt Woyzeck die schöne und deutliche Antwort, dass nicht einmal nach dem irdischen Leben, also im Himmel, für ihn und seinesgleichen Freiheit vorhanden sei, denn: „... wenn wir in Himmel kämen, so müssten wir donnern helfen." (18, 17 f.)

Woyzecks Willensfreiheit wird eingeschränkt:

1. durch seine soziale Stellung, die ihn abhängig macht von allen übergeordneten Personen; er ist ein Vertreter der Massenarmut, die den industriellen Aufschwung, der auch die Landwirtschaft erreicht (Epochenübersicht 11, 17), begleitet;
2. die gesellschaftlichen Verhältnisse liegen außerhalb seines Einflussbereiches, sind Umstände „außer uns" und determinieren ihn;
3. moralisches Verhalten ist immer ein Verhalten von Gruppen, die durch Besitz gebildet werden.
4. Für die Determination des Menschen setzt Woyzeck den Begriff der „Natur" ein, im Extremfall den der „doppelten Natur": Darin wird bereits die Determiniertheit des Menschen reflektiert und es werden jene Kräfte bestimmt, die die Fremdbestimmung durchsetzen (Stimmen).
5. Natur und Moral können deshalb nicht in Übereinstimmung kommen.

Merkmalliste für Büchners Weltbild (bezogen auf ‚Woyzeck'):

1. **Kampf gegen die soziale Determination** des Menschen durch das Gesetz; neue Kunst, die heute als Beginn der Moderne gilt.
2. Büchner politische Grundidee im *Landboten* ist die Frage nach dem Besitz, im *Woyzeck* die **Besitzlosigkeit**, intellektuell folgerten daraus revolutionäres Engagement und revolutionäres Ziel.
3. Kriminalfall des Friseurs Johann Christian Woyzeck, der am 21. Juni 1821 seine Geliebte umbrachte. Büchner beurteilte die Seele: War sie undeutbar und eine höhere Eingebung oder wurde sie von natürlichen Prozessen wie Stoffwechsel usw. bestimmt?
4. Woyzeck war ein **beispielhafter Charakter**, den Büchner nach der Natur und der Geschichte – zwei für ihn unabdingbare Voraussetzungen für einen Charakter (Neujahrsbrief 1836 an die Familie) – zeichnen konnte.
5. Frage, ob der Mensch in seinen Entscheidungen frei sein konnte oder ob seine **Willensentscheidungen** vorherbestimmt waren. Für Büchner wurde das zum zentralen Problem in klinischer, wissenschaftlicher und künstlerischer Hinsicht.
6. Antwort: Georg Büchner fand sie in den Umständen der sozialen Situation Woyzecks. – **Dreischritt zur Kriminalisierung**:
   - Lösung und Auflösung bestehender Bindungen;
   - gesellschaftliche Beziehungslosigkeit
   - Verbrechen.
7. Personen des Fragments *Woyzeck* der **Determination** unterworfen:
   - Die engere Gruppe um Woyzeck trägt individuelle Züge,
   - wird mit Namen ausgestattet (Woyzeck, Marie, Christian, Andres, Margreth);

- die andere Gruppe wird durch ihre soziale Stellung ausgewiesen (Hauptmann, Tambour-Major, Doktor, Unteroffizier),
- verliert jede Individualität.

8. **Sozialpolitische Analysen** als Voraussetzung:
   - im *Landboten* eingesetzt;
   - ein völlig neues Vorgehen in der Publizistik;
   - ein neues Reservoir für die Kunst. Die Analysen gelangen Büchner auf der Grundlage umfangreichen Materials und seiner sozialen und politischen Ziele, die wesentlich von den Vorstellungen der Französischen Revolution gespeist wurden.
9. **Flugschrift** *Landbote* wirkte
   - durch eine Verquickung von Dokumenten, Erfahrung und Fiktion.
   - *Woyzeck* bot dazu die Analyse der Natur des Menschen und die sich an sie anschließenden sozialen Bindungen;
   - daraus entstanden die ethischen Verhaltensweisen Moral – Unmoral und Tugend – Untugend.
   - Büchner studierte zu beiden Arbeiten umfangreiche Materialien und geriet zwischen Hoffnung und Resignation in eine Krise, aus der in einem Brief an die Braut, vermutlich vom März 1834, die berühmte Formulierung vom „grässlichen Fatalismus der Geschichte" stammt.
10. Der *Landbote* weist aus, dass sich Büchner diesem **Fatalismus** keineswegs hilflos ausgesetzt sah, *Woyzeck* bietet den Ablauf eines Fatums, das **beeinflussbar** wäre. – Georg Büchner betrachtete eine Revolution dann als erfolgreich, wenn die Massen der Armen gegen die Reichen siegten.

Interpretatorischer Ansatz der Beziehung von Ort, Zeit und Handlung:

Die drei dramaturgischen Kategorien spielen in Büchners *Woyzeck* eine andere Rolle als im aristotelischen Drama, das auf ihre Einheit Wert legte. Das aristotelische Theater ging vom Amphitheater aus, dessen Ort vorgegeben und unveränderlich war, in dem ein Geschehen im Laufe eines Tages – länger war die Anwesenheit des Chores als verständig reagierender Stellvertreter des Publikums nicht zu vertreten, auch musste an die Lichtverhältnisse gedacht werden – geschehen musste. Einheit bedeutete, den Ort möglichst wenig zu verändern, die Handlung im Verlauf eines Tages anzusiedeln und eine sich entwickelnde, durchgängige Handlung zu verfolgen. Bei Büchner bekommen die Kategorien eine völlig andere Bedeutung.

Der Ort der Handlung

Die weitgehend auf **authentisches Material aus Leipzig** zurückgehende, nur teils erfundene Handlung hat zu keinem dokumentarischen Spiel geführt, sondern Dokumentatorisches und Fiktives, in das wiederum Literarisches eingegangen ist, haben sich zu einer künstlerischen Wirklichkeit verbunden. Ähnlich erging es dem Handlungsort: Auch er ist nicht authentisch, dennoch aus mehreren Realien zusammengesetzt. Die Handlung spielt zu Beginn des 19. Jahrhunderts in einer **hessischen Garnisonsstadt** – die Personen sprechen hessische Mundart, zahlreiche sprachliche und literarische Elemente wie das Wirtin-Lied (27, 5 ff.) weisen auf Hessen –, die von der modernen bürgerlichen Entwicklung weit entfernt ist. Durch das Militär ist eine eigenartige Mischung verschiedener Menschentypen entstanden, die das soziale Profil der Stadt – auf das vom Dichter großer Wert gelegt wird –, vielfältig differenziert. Die Stadt hat neben einer Kaserne auch eine Universität – der Doktor

wird sogar als Abbild Justus Liebigs und des Gießener Anatomen und Physiologen Wilbrand betrachtet (Paul Landau, Hans Mayer), Justus Liebig machte Ernährungsexperimente mit Erbsen und untersuchte dazu den Urin – und ein Gericht: **Gießen** ist zu erahnen, einige Angaben wie das „rothe Kreuz" (39, 9) deuten auf **Darmstadt**. In der Stadt herrschen feudale und militärische Strukturen, die kapitalistisch-bürgerliche Entwicklung hat die Stadt noch nicht erreicht. Bis ins Detail hat Büchner hessische Zustände abgebildet, die ihm durch die Arbeit am *Hessischen Landboten* differenziert bekannt waren. So ist die von Woyzeck erwähnte 4. Kompagnie zugehörig dem 2. Regiment (Großherzogliches Leibgarderegiment) unter dem Befehl des Prinzen Georg; darauf bezieht sich die Äußerung des Tambour-Majors: „… der Prinz sagt immer: Mensch, er ist ein Kerl." 19, 22 f.)[23]
Die Orte des Geschehens sind auf die Stadt und ihre nähere Umgebung verteilt und wechseln ständig, auch zwischen Innen- und Außenräumen. Die Räume sind abhängig von den Aktionen der Personen, nicht als sie bestimmend vorgegeben.

Die Handlungszeit

Die Handlung umfasst **drei Tage**; einen mystischen Hinweis auf diese Zeit gibt Woyzeck zu Beginn: „Drei Tag und drei Nächt und er lag auf den Hobelspänen" (9, 7 f.). Das Todesmotiv der Hobelspäne kehrt vor Woyzecks Mord wieder: „… wann der Schreiner die Hobelspän sammelt" (34, 12 f.). Auch in anderen Beispielen wird die Zahl Drei, die eine grundsätzliche Bedeutung hat, durch mythische Akzentuierungen und den Gebrauch im Aberglauben und bei Beschwörungen herausgehoben (Goethe *Faust I*, V. 1531: Mephistopheles: „Du musst es dreimal sagen!").
Andere Zeitangaben sind meist dem Dialog eingeschrieben und beginnen mit dem abendlichen Appell („Sie trommeln drin. Wir müssen fort.", 10, 4 f.) Alles in allem entsteht eine relativ strenge Einheit der Zeit. Während der drei Tage erscheinen die Szenen wie Momentaufnahmen wichtiger Augenblicke; einen kontinuierlichen zeitlichen Verlauf gibt es nicht. Die Technik war nicht neu und schon bei Shakespeare, beim jungen Goethe (*Götz von Berlichingen*) und bei Lenz vorhanden. –

Mögliche Zeiteinteilung, ohne dass sie als verbindlich angenommen werden muss:

1. *Tag:* Woyzeck und Andres schneiden nachmittags Stöcke und eilen dann zum Zapfenstreich; der Musikzug des Zapfenstreichs mit dem Tambour-Major zieht durch die Stadt. Marie sieht den Tambour-Major, Woyzeck lädt sie auf die Messe ein. Dort trifft sie den Tambour-Major. (9–14)
2. *Tag:* Der Tambour-Major hat Marie das erste Mal besucht und sie beschenkt. Woyzeck bringt Geld, wie immer in Eile, da er noch seinen Hauptmann rasieren muss. In der Zwischenzeit besucht der Tambour-Major Marie ein zweites Mal und wird dabei fast von Woyzeck überrascht. Wiederum hat er aber keine Zeit, da der Doktor auf ihn wartet. Als er bald darauf vom Hauptmann erfährt, was er ahnt, sucht er Rat bei Andres und trifft dann beim abendlichen Tanz Marie mit dem Tambour-Major. Er hat eine unruhige Nacht. (15–30)

23 Ebd., S. 558

3. Tag: Der Tambour-Major reizt Woyzeck im Wirtshaus; Woyzeck kauft ein Messer. Marie ist ängstlich, denn Woyzeck kommt den zweiten Tag nicht („gestern nit, heut nit" 33, 8 f.): Gestern ist er nach seinem Erlebnis der tanzenden Marie nicht mehr heimgekommen, heute war er in diesem Wirtshaus und bereitet nun das Ende vor: Er verteilt seine Habseligkeiten. Am Abend taucht er bei Marie auf („… s'ist Zeit", 35, 25) und geht mit ihr in die Dunkelheit, ermordet sie, besucht kurz das Wirtshaus und geht im Zeichen des nächtlichen Mondes ins Wasser (31–40).

Handlung und Dramenstruktur

In Georg Büchners *Woyzeck* ist die klassische Dramenstruktur als bestimmende Form nicht zu erkennen, auch wenn man berücksichtigt, dass es sich um ein Fragment handelt und besonders am Schluss die Abfolge der Szenen nicht deutlich ist. Dennoch ist festzustellen:
Woyzeck besteht aus **einzelnen Szenen**.
Akte oder andere Gliederungen einer klassisch geprägten Abfolge von der Exposition bis zur Katastrophe sind **nicht erkennbar**.
Komplexe werden deutlich:
eine Art Einführung: Woyzeck als kasernierter Soldat, Zusammenleben mit Marie, die Messe als besonderes Erlebnis, Begegnung Maries mit dem Tambour-Major;
ein sich entwickelnder Konflikt: Verführung Maries, Woyzecks Verwirrung und Fokussierung auf Rache, konkretisiert im Messer;
der logische Abschluss: Provokation Woyzecks durch den Tambour-Major, Kauf des Messers und Mord an Marie. Woyzecks geht ins Wasser: Ob er stirbt oder sich tatsächlich nach dem Mord nur säubern will, bleibt unklar.
Die Einheit der Handlung ergibt sich aus der Woyzeck betreffenden Szenenfolge, ohne dass er in dieser Folge handlungsbestimmender Akteur wäre. Vielmehr ist er den Verhältnissen ausgesetzt und wird von diesen bestimmt. Allerdings bringt er seine „doppelte Natur" ein, die des sozial geprägten Soldaten am untersten Rand der gesellschaftlichen Hierarchie und die eines von Trieben beherrschten, seelisch und geistig gestörten Menschen, den Stimmen und höllische Kräfte begleiten und beherrschen. Diese zweite Natur ist durch das Wortfeld „heiß" (im Sinne von Wärme und von Triebhaftigkeit) und durch das Wortfeld „Teufel, höllisch" gekennzeichnet.

Relationen zwischen den Gesichten und den Trieben:

Woyzeck hat Gesichte: „Feuer", „Rauch vom Ofen" „schwarze Katze mit feurigen Augen", spricht im „Fieber" (häufige Verwendung), „höllenheiß", „heiß", „was sagt ihr?" (Szenen 1, 2, 3, 8, 9, 10, 11, 12, 13, 17)

Marie ist stolz auf ihre Sinnlichkeit, den „roten Mund", wird als „wild Tier" gesehen, hat den „Teufel" in den Augen, bedrohende „Sonne", „heiße Lippen" (Szenen 4, 6, 7, 16, 19)

Gesichte Woyzecks („Ich seh nichts ... Eine Sünde so dick und so breit.") und **Triebe Maries** („roten Mund" und Todsünde) kreuzen sich (7), werden von W. begründet (8), schlagen um in Aggressionen mit „Blut", roter Mond, „blutig Eisen", „rot, Blut" (14, 19, 21) und kehren zurück in die Alltäglichkeit: die tote Marie ist „kalt, nass, stille" (23), das Messer wird „rostig" (24). W. muss sich „waschen" (40).

Interpretatorischer Ansatz unter Beachtung der Figurenkonstellationen:

In den Entwürfen des *Woyzeck* findet sich **kein Personenverzeichnis**. Die Personen wechselten zwischen den Fassungen ihre Namen. Nur die zwei Hauptpersonen bekamen vollständige Namen (Franz Woyzeck, Marie Zickwolf), einige im sozialen Umfeld lebende Personen erhielten Vornamen (das Kind Christian, die Nachbarin Margreth, der Narr Karl, die Hure Käthe, der Soldat Andres). Die anderen sind durch Berufsbezeichnungen typisiert: Hauptmann, Doktor, Tambour-Major, Marktschreier usw. –

Zwei Gruppen im Personenensemble

1. die **militärische Hierarchie** (Soldaten, Unteroffiziere mit Tambour-Major, Offiziere, Polizeikommissar), zu der im weiteren Sinne auch der Doktor gehört;
2. die **zivile Welt** mit Randgruppen und Außenseitern der Gesellschaft (Reste von Familien, Schausteller, Marktschreier, Juden, Handwerksburschen, Arme).

Zwischen diesen beiden voneinander geschiedenen Gruppen lebt Woyzecks Familie und hat zu beiden Gruppen intensive Beziehungen: Woyzeck, der Soldat, lebt bei der zivilen Marie; die zivile Marie sucht die Welt der Soldaten. Nicht nur zwischen diesen Gruppen, sondern auch innerhalb der Gruppen bestehen Spannungen, die mit sprachlichen Mitteln (z. B. die Provokation des Tambour-Majors „Ich bin ein

Mann!", 31, 4), danach mit körperlicher Gewalt (31, 12 ff.), schließlich mit Tötung gelöst werden.
Woyzeck und der Tambour-Major sind trotz ähnlichem Sozialstatus und einer vergleichbaren untergeordneten Stellung in der Hierarchie **Gegner in ihrer Männlichkeit**: Es steht die abgearbeitete, zerstörte und getriebene Männlichkeit Woyzecks gegen die herausgeputzte, kräftige und sich vorteilhaft anpreisende Männlichkeit des Tambour-Majors. Der Tambour-Major bricht in Woyzecks kleine Welt vernichtend ein:

Woyzeck kleine Welt		**durch Tambour-Major eintretende Veränderung**
Familie	→	Marie wird herausgebrochen
Beruf	→	durch Gerüchte (Hauptmann) verunsichert
soziale Stellung: Soldat	→	übertroffen durch den schönen Tambour-Major
Besitz	→	wird verteilt, ersetzt durch das Messer
Nebentätigkeiten	→	gemobbt, lächerlich gemacht (Doktor)
Freizeit/Unterhaltung	→	einsam, ohne Marie, diskriminiert
individuelle Kraft	→	besiegt, „Der hat sein Fett." (31, 23)

Der Aufstieg des Franz Woyzeck zur dramatischen Figur

Franz Woyzeck hieß im ersten Entwurf Louis. Die Namensänderung weist auf die Bedeutung des historischen Johann Christian Woyzeck für das Stück hin. Er ist bei Büchner Plebejer und ansatzweise Proletarier, ohne dass schon kapitalistische Produktionsverhältnisse herrschen. Er ist aus dem kleinbürgerlichen Handwerkertum auf die Stufe des **Proletariers** gesunken und damit der erste Vertreter dieser Klasse in der deutschen Dramatik.
Vom Vorgesetzten, dem Hauptmann, wird er moralisch disqualifiziert, vom Doktor im Menschenversuch missbraucht, von der Geliebten Marie betrogen, von ihrem Freier lächerlich gemacht.

Der Obdachlose wurde zum kasernierten Vater, dessen Hochzeit am fehlenden Geld scheitert. Mit Woyzeck rückt der sozial am tiefsten Stehende ins Zentrum des Geschehens; das ist eine Revolutionierung der künstlerischen Traditionen. Woyzeck begreift den Auftrag der Stimmen, die Sünde aus der Welt zu vertreiben. Das versteht er als göttlichen, himmlischen Auftrag, denn Woyzeck, der kaum Bildung genossen hat, kennt sich in der Bibel aus und zitiert daraus (9, 26 ff.; 11, 23 f.; 22, 22 f.).

Woyzecks Gegenspieler ist der Tambour-Major, der eine Militärkapelle leitet und seinen Auftrag darin sieht, irdisches Vergnügen zu bereiten. Sein Abzeichen ist der mit Quasten versehene Tambourstab. Alles an ihm ist Äußerlichkeit; er stellt sich zur Schau und wird zur Schau gestellt. Animalisches und Triebhaftes dominieren bei ihm über Soziales, das für ihn keine Rolle spielt.

Merke:
Der Tambour-Major ist ein „Bote aus der Fremde“: Diese dramaturgische Kategorie spielt im Stationendrama eine organisierende Rolle. Da dieses Drama scheinbar irgendwo, irgendwann und zufällig beginnt, muss die Handlung des Ausschnitts in Bewegung kommen, damit szenisches Geschehen entsteht. – Durch den Zug des Tambour-Majors von der Garnison in die Stadt und seine dadurch zustande kommende Begegnung mit Marie kommt Woyzecks Familie aus dem Gleichgewicht und die Stadt hat ihr Gesprächsthema. Er kommt nur in einigen Auftritten vor, um die Handlung in Gang zu halten; dramaturgisch wird er Woyzecks Gegenspieler, obwohl er sozial sein Partner sein müsste.

Gegensatz von privater und gesellschaftlicher Sphäre

1. **Woyzeck** hat eine private Sphäre, die aus Marie und dem Kind besteht, und eine gesellschaftliche, in der er Soldat und von Vorgesetzten abhängig ist. Diese beiden Sphären trennt er strikt.
2. **Marie** trennt sie dagegen nicht. Durch sie überschneiden sie sich: Der Tambour-Major aus der gesellschaftlichen Sphäre bricht in die private Sphäre ein und zerstört sie.
3. **Woyzeck** verliert seine mühsam aufrechterhaltene Orientierung und versucht, diese Ordnung und Orientierung wieder herzustellen. Als Andres ihm („Kasernenhof“) die Beschreibungen Maries durch den Tambour-Major mitteilt („köstlich Weibsbild! die hat Schenkel und Alles so heiß!“), erklärt Woyzeck „ganz kalt: ... Von was hat mir doch heut Nacht geträumt? War's nicht von einem Messer?“ (113, 16 f., H 1, 8) Das deutet auf den Tambour-Major als Opfer hin; tatsächlich wird aber Marie das Opfer.
4. Das Opfer des ungleichen Kampfes zwischen Woyzeck und dem Tambour-Major ist **Marie** Zickwolf. Sie bekommt von Büchner erst spät den Namen der unbefleckten Jungfrau Marie als Vornamen; der Familienname ist in Südwestdeutschland (Schwarzwald, Karlsruhe, Saarland) verbreitet. Sie, die sich selbst als Sünderin betrachtet und deren wollüstige Sinnlichkeit eine Ursache für den Untergang der Familie ist, hieß zuvor Margreth und Louisel.
5. Der Namensgebung gilt Beachtung: Sie, die eine Jungfrau Maria hätte sein können, wurde zur **Sünderin Maria Magdalena**, die erlöst werden möchte. Erlösung aber ist in ihrer Welt nicht vorgesehen. Ihre Sinnlichkeit ist für die Gesellschaft keine natürliche Veranlagung mehr, sondern nur noch käufliche Dienstleistung, was sie zu spät erkennt.

Interpretatorischer Ansatz: *Woyzeck* als offenes Drama und Stationendrama

Die Handlung beginnt scheinbar zufällig: Woyzeck befindet sich in einem Gespräch mit Andres und gibt Antwort („Ja Andres“, 9, 5) auf eine dem Leser/Zuschauer unbekannt bleibende Frage oder Feststellung, die Woyzeck bestätigt. Es scheint um unheimliche Vorkommnisse zu gehen, denn Andres singt zuerst, um seine Angst zu vertreiben, und sagt danach: „Ich fürcht mich.“ (9, 21)

Beachte:
Die Ordnung der Szenen ist, da es sich um ein Fragment handelt, teilweise willkürlich ausgewählt worden. Trotzdem treffen diese Feststellungen des zufälligen Ausschnitts auf alle Szenen zu, welche man auch immer an die Spitze stellt.

Die Anlage als Stationendrama

1. *Woyzeck* hat **Züge eines pränaturalistischen Stationenstücks**. Der **unmotivierte Eintritt in die dramatische Handlung** war knapp 50 Jahre später, nach 1885, in der naturalistischen Dramatik Bedingung (Beispiele: Gerhart Hauptmann *Vor Sonnenaufgang*, 1889; *Die Weber,* 1893).
2. Um die Handlung in Bewegung zu bringen, benötigte man den sogenannten **„Boten aus der Fremde"**, der in eine scheinbar unbewegliche, ruhende Situation kommt und diese aus dem Gleichgewicht, damit in Bewegung bringt. Dieser „Bote aus der Fremde" ist bei Büchner der Tambour-Major. Durch ihn gerät das Gleichgewicht sowohl unter der Bevölkerung (die Frauen möchten ihm gefallen; die Obrigkeit = Hauptmann beobachtet dessen Abenteuer) als auch in der Familie Woyzecks in Bewegung.
3. Neben der Szenenfolge wird eine zusätzliche Struktur dadurch geschaffen, dass das sprachliche Material (Monolog, Dialog) von der Situation, aus der heraus gesprochen wird, und dem **nichtsprachlichen Material** (Gestik, Mimik) überlagert wird. Auch das ist neu für die Dramatik.
4. Entsprechend der zunehmenden Hilflosigkeit des Individuums im nachklassischen Drama wird auch dessen **Sprachlosigkeit** größer; Woyzeck ist ein treffendes Beispiel. Nicht nur Bewegungshinweise finden sich hier, sondern auch **Handlungen** werden **beschrieben**: „Woyzeck tritt herein, hinter sie. Sie fährt auf mit den Händen nach den Ohren." (15, 25 f.) Woyzeck verschwindet aus der Handlung, indem zwischen monologisierendem Gespräch und Handlungsbeschreibung gewechselt wird: „... das Messer, das Messer, hab ich's? So! Leute – Dort. (er läuft weg)" (39, 24 ff.); „So, da hinunter! (er wirft das Messer hinein) Es taucht in das dunkle Wasser, wie Stein!" (40, 3 f.)
5. Wenn in der 1. Szene (Freies Feld) Woyzeck und Andres sprechen, wird das zu keinem Dialog, denn man **spricht aneinander vorbei**. Woyzeck hat zudem kaum geordnetes sprachliches Material bereit und präzisiert deshalb das Gesprochene ständig, strukturiert es durch Ausrufe: „... still! ... Still! Es geht was! ... Die Freimaurer! ... Red was! Andres! ... Wie hell!" (9, 10–26) und Prolepsen (Wiederaufnahme eines Substantivs durch ein Pronomen oder Adverb): „... den Streif da über das Gras hin, da rollt Abends der Kopf" (9, 5 f.). In der populären Dichtung wird die Prolepse oft zum Stilprinzip (wie in Eichendorffs Lied *In einem kühlen Grunde, da geht ein Mühlenrad*).
6. Den **Regieanmerkungen** kommt große Bedeutung zu; so wird aus ihnen bereits in der 1. Szene Woyzecks Verwirrung erkennbar. Er „stampft", er „starrt", er reißt Andres „in's Gebüsch". Um verstanden zu werden, benötigen sie keinen gesprochenen Text, während sich die Regieanmerkungen in früherer Zeit auf den gesprochenen Text beziehen.

Büchners *Woyzeck* enthält **authentisches und dokumentarisches Material**. Aussagen des historischen Woyzeck wurden aus den Gutachten und die Gutachten selbst in die Dialoge eingearbeitet. Erfunden, unter Berücksichtigung gemachter Erfahrungen und Begegnungen, sind die Gestalten des satirisch gezeichneten Hauptmanns und – zumindest teilweise – des Doktors, die von Fassung zu Fassung an Gewicht zunehmen und Woyzecks zunehmende Animalisierung und moralische Destrukturierung als soziale Mächte wesentlich bestimmen.

Symbole und Metaphern

verbinden die Szenenreihung. Drei Symbole und Metaphern dominieren:

1. Symbole und Metaphern des **Todes** (Hobelspäne, leuchtende Schwämme, das „Es", die schwarze Katze mit feurigen Augen, Tötungsvorgänge wie Halsabschneiden usw.),
2. Symbole und Metaphern des sinnlichen, aber bedrohten **Lebens** (rot, roter Mund, Feuer, der rote Mond, rotes Blut, die rote Schnur, das rote Kreuz, blutig Eisen mit dem gesamten Wortfeld „Messer", erstechen: der Hauptmann fühlt sich mit Woyzecks Augen erstochen, die inneren Befehle „stich" usw.)
3. Symbole und Metaphern des **Übergangs vom Tier zum Menschen** (viehische Vernunft, wildes Tier (20, 2), der Affe als Soldat, das pissende Pferd, „Viehsionomik" (14, 13), gepißt wie ein Hund (21, 9).

> ***Merke:***
> Die Symbole und Metaphern halten von Szene zu Szene die Erinnerung an den Hauptvorgang des Stücks – Woyzecks Umgang mit seiner doppelten Natur – wach und führen von Station zu Station, sie kommen bis zum Mord immer näher zueinander und fallen schließlich fast in einer großen Metapher zusammen: In der 15. Szene (*Woyzeck. Der Jude*) kauft Woyzeck das Messer, sein Tod wird ihm wohlfeil geboten und bezeichnet wird er als „der Hund" (32, 15). Bis zu Woyzecks Gang ins Wasser bleiben diese Symbole an Woyzeck gebunden und lassen den Tod Maries, aber auch Woyzecks Ende zwanghaft unaufhaltsam erscheinen.

Interpretatorischer Ansatz unter Beachtung der Titelfigur:

Woyzeck

Der Name im Titel macht deutlich, dass sich die Szenenfolge um das Schicksal Woyzecks dreht. Im Unterschied zu Goethes Iphigenie, an deren Namen sich früher ein breites Wissen über antike Mythologie knüpfte, ist dieser Name unbekannt. Büchners Hauptgestalt Franz Woyzeck weist auf den historischen Johann Christian Woyzeck hin, der am 3. 1. 1780 in Leipzig als Sohn eines Perückenmachers geboren wurde. 1818 bekam er aus preußischen Diensten seinen Abschied und ging nach Leipzig zurück. Woyzeck sank sozial auf die unterste Stufe, war obdachlos und lebte von Bettelei. Er hatte ein Verhältnis mit der Witwe Johanna Christiane Woost. Da diese ihn betrog, kam es zum Streit und zur Tötung.
Die wenigen Daten reichen aus, um in Woyzeck einen **Repräsentanten einer Generation** zu sehen, die von Revolution, Krieg, Fremdherrschaft und europäischer Neuordnung bestimmt wurde. Wenn sie innerhalb dieser Abläufe keine sozial gefestigte Stellung fanden – Soldaten fanden diese Stellung in der Regel nicht –, wurde ihnen der solide Grund unter den Füßen entzogen, Unrast und mühevoller Kampf ums Überleben trat an seine Stelle.

Woyzeck als Plebejer und Proletarier

Er ist bei Büchner Plebejer, ansatzweise Proletarier und hat eine militärische Vergangenheit. Abhängigkeiten prägen seinen Charakter und seine Handlungen. Vom Vorgesetzten, dem Hauptmann, wird er moralisch **disqualifiziert**, vom Doktor im Menschenversuch **missbraucht**, von der Geliebten Marie **betrogen**, von ihrem Freier, dem Tambour-Major, lächerlich gemacht.
Woyzeck, der kaum Bildung genossen hat, kennt sich in der Bibel aus, dem Grundwissen der armen Menschen jener Zeit, beruft sich darauf und zitiert daraus. Er zitiert bevorzugt Todesahnungen und geheimnisvolle Strafandrohungen. Es ist die Vorstellung vor dem unmittelbar bevorstehenden Jüngsten Gericht, die seine geistige Welt bestimmt.

Beachte:
Mit Woyzeck rückt der sozial am tiefsten Stehende der damaligen Gesellschaftshierarchie ins Zentrum des Geschehens; das ist eine Revolutionierung der künstlerischen Arbeit und der in ihr behandelten Stoffe und Themen. Woyzeck will den göttlichen Auftrag der ihm erklingenden Stimmen erfüllen, die Sünde aus der Welt zu vertreiben.

Gegensatz von Tugend und Natur

Der Gegensatz Tugend und Natur ist ein bestimmendes Element der Szenenfolge. Er bestimmt den gehaltvollsten Dialog, den Woyzeck führt und in dem er die Überlegenheit des entwürdigten Individuums gegenüber den Repräsentanten der Gesellschaft ausweist: Es ist der Dialog zwischen Woyzeck und dem Hauptmann. Woyzeck hat für den Unterschied die einfache Erklärung: **Natur hat jeder Mensch**, sie steuert seine Handlungen durch Triebe. **Tugend ist sozial bedingt** und nur Wohlhabenden möglich, die sich Tugend leisten können.
In einer solchen Erklärung wird der grundsätzliche Unterschied zwischen dem Begriff Sittlichkeit in Goethes *Iphigenie auf Tauris* und dem Begriff Tugend in Büchners *Woyzeck* deutlich.

Merke:
Bei Goethe wurde die Sittlichkeit zur durch Bildung und Erziehung erworbenen Natur des Menschen und ermöglichte deshalb ein menschlich verstehendes Verhalten, Toleranz und gleichberechtigte Beziehungen zwischen Menschen. Bei Büchner ist die Tugend Ausweis des Besitzes und stützt sittenwidriges Verhalten zwischen Menschen, wie den entwürdigenden Umgang des Doktors mit Woyzeck. Zu Tugend ist Natur der Gegensatz, die allerdings kein sittliches, sondern animalisches ungezügeltes Verhalten verstärkt.

Der Gegensatz macht den grundsätzlichen Unterschied zwischen Dramen der Klassik und Dramen des Realismus aus. **„Tugend" ist ein zentraler Wert von der Aufklärung bis zur Klassik, „Natur" ist die begriffliche Umsetzung der Determination des Menschen durch die Naturwissenschaften.** Die Szenen werden durch die Veranlagungen der Figuren geprägt. Woyzeck setzt die „Natur" gegen die Tugend; in der Schaubude begegnet ihm das Tier als „noch Natur, unideale Natur" und die ärztlichen Experimente kann er nicht durchhalten, weil ihm die „Natur" kommt.

Die Natur ist die Prägung, die Woyzeck einerseits entsozialisiert, andererseits liebesfähig macht, denn Liebe ist Natur im Gegensatz zu käuflicher Lust, Sex, Voyeurismus und Erotik, die sich mit der herrschenden Tugend gut vereinbaren lassen. Das macht den Gegensatz von Woyzeck und dem Tambour-Major aus. Liebe/Erotik ist neben den sozialen Beziehungen ein wichtiges und präsentes Thema des Stücks und wird sprachlich umfangreich realisiert (etwa in den Wortfeldern „Fortpflanzen", „Zucht" und „Stier").

Aus Woyzecks Natur

- kommen aber auch die **Stimmen**, die unbefriedigte Triebe oder zerstörende Einflüsse in ihm auslösen und ihn handeln lassen, auch töten.
- Woyzeck ist, da er fast nur der Natur verfallen ist, weil er nur rudimentär sozial eingebunden wurde, **schicksalhaften Mächten ausgeliefert** und wird von ihnen bestimmt.
- Insofern sind Woyzecks Monologe oder Reden, Ausdruck seiner Natur, von Stimmen überlagert, von Visionen bedrängt und vom Wahnsinn nicht weit entfernt, **niemals ist er zu analytischer Betrachtung fähig**.
- Woyzeck hatte wegen seiner Natur **in allen Bereichen des Lebens**, auch bei der wirtschaftlichen Sicherung der Familie, **große Mühe**.
- Er begreift als Besonderheit seiner sozialen Situation die Erscheinung einer **„doppelten Natur"**: Das ist einerseits die natürliche, noch nicht erzogene Triebhaftigkeit mit ihren Folgen; das ist andererseits die aus Woyzeck sprechende Verbindung zu den Stimmen, Woyzecks beginnender Wahnsinn.

Interpretatorischer Ansatz unter Beachtung der Sprache:

Woyzecks Sprache und die Dialoge des Stückes

- Woyzecks Sprache unterliegt kaum einer sprachlichen Logik und hebt sogar Gesetzmäßigkeiten auf, Zeichen für eine zunehmende Agrammatik und **Sprachlosigkeit**.
- Sein Ende, soweit es erkennbar ist, wird metaphorisch in allen Szenen vorbereitet (metaphorische **Antizipation**). Sie sind von Todesbildern – Metaphern oder Reflexionen über den Tod – durchzogen. In der 1. Szene (Freies Feld) rollt ein Kopf (Hinrichtungsmetapher), der drei Tage auf Hobelspänen (Todessymbol) gelegen hat, und unter Woyzeck ist es „hohl" (Grabsymbol). Die Vision von den Posaunen des Himmels und dem Feuer erinnert an die Apokalypse (Offenbarung Johannis 8, 7–10) und das Jüngste Gericht mit den aufbrechenden Gräbern („Alles hohl da unten", 9, 19 f.); schließlich erscheint Woyzeck die Welt als „tot". Selbst das einmontierte Volkslied (9, 12 f.) handelt vom Tod, wenn man die anderen Verse erinnert: „Als sie sich nun sattgefressen hatten, setzten sie sich nieder, bis dass der Jäger, Jäger kam: und schoss sie nieder."
- **Alles strebt auf den Untergang zu**, sprachlich verdichten sich die Todes- und Untergangsbilder gegen Ende immer mehr. Sie finden ihren End- und Höhepunkt in der dreimaligen Wiederholung von „Mord" (40, 15 f.): „ein guter Mord, ein ächter Mord, ein schöner Mord".
- Der Begriff des **windschiefen Dialogs** ist für die Gespräche der Personen treffend. Die Dialoge sind in Wirklichkeit Monologe; die das Drama organisierende Wechselrede gibt es nicht. Dialogansätze werden durch Formen wie Lieder, Märchen, Predigten und Reden zerstört. Die Gestalten bemühen sich um Gespräche,

werden aber immer auf sich selbst zurückgeworfen bzw. können einander nicht verstehen, da sie unterschiedlichen sozialen oder geistigen Gruppen angehören.

Die Sprache ist vielschichtig:

1. Es dominiert die **dialektal** („nit") geprägte **Umgangssprache**. Sie wird von den meisten Gestalten im alltäglichen Verkehr miteinander gesprochen, dabei werden unvollständige Sätze (Ellipsen wie „Schön Wetter" 27, 10 usw.), Prolepsen, Rückfragen („Weiß ich's?", 35, 27) und echte eingliedrige Sätze („Still!", 9, 14) verwendet. Diese sprachlichen Erscheinungen werden in der Literatur nur zu besonderen Zwecken benutzt; hier dominieren sie und werden so funktional der vorherrschenden sozialen Schicht gerecht (Woyzeck, Marie, Tambour-Major usw.).
2. Daneben wird die **Fachsprache des Arztes** verwendet – musculus constrictor vesicae, apoplexia cerebralis usw.: Für den Arzt sind die Menschen seiner Umgebung nur Fälle wie für den Hauptmann nur Uniformierte („Kerl, will er erschoßen werden ...?", 26, 1). Auch grammatisch werden hier summierende Reihen gebaut („starr, gespannt, zuweilen hüpfend", 26, 5 f.).
3. Die **Hoch- und Literatursprache** wird verwendet, wenn die Intellektuellen des Stücks zivil sein wollen und ihre Bildung ausstellen. Dann wird ein sinnentleertes philosophisch und ethisch klingendes Vokabular eingesetzt, das mit seiner grammatischen Sicherheit den Abstand zu den sozial tiefer Stehenden ausweist. – Es werden sprachliche Mittel verwendet wie Jargon („Weibsbild, Sapperment" u. a.), Oxymora (scheinbar widersinnige Wortverbindungen wie „viehische Vernunft", 12, 21 f.; „ein thierischer Mensch", 14, 14 f.), Tautologie („Anfang von Anfang … commencement von commencement", 13, 7 ff.; „Moral das ist wenn man moralisch ist", 17, 30 f.) und Zeugmata (Verbindung nicht zusammengehörender Wörter wie „Was der Mensch Quasten hat", 13, 12: der Mensch hat keine Quasten, nur seine Kleidung).
4. Der **Anteil nichtsprachlicher Bestandteile** ist groß. Da die meisten Gestalten nur bedingt Fähigkeiten des sprachlichen Ausdrucks haben, setzen sie andere Verständigungsmittel ein. Sie stampfen (9, 18), starren (9, 25; 20, 10; 34, 3), demonstrieren Besitz (14, 27 f.), zeigen heftige Erregungen wortlos (29, 1 ff.) und beschränken sich auf Ausrufe und Laute (10, 11 f.).
5. Das sprachliche Wertesystem der sozial Schwachen wird über **Zitate** eingebracht: Die Gruppe der Armen, zu der Woyzeck und Marie gehören, ist sprachlich unbeholfen und oft nicht in der Lage, sich problemlos zu artikulieren. Aber sie drängen zur bildhaften Sprache (Bibel), zur Volkspoesie, zum Volkslied und Märchen. Dabei können sie auf vorgefertigte Versatzstücke zurückgreifen, die sie nicht zu bilden, sondern nur den Situationen aufzulegen brauchen. Deshalb spielen diese sprachlichen Elemente eine so große Rolle, angemessen der sozialen Quantität der Gestalten. Das Zitat aus volkstümlicher oder besonders bildhafter Literatur ist bei Büchner das adäquate Ausdrucksmittel der einfachen Menschen. In der sprachlichen bzw. zeichenhaften Ausgestaltung der Szenen liegt neben der dramaturgischen Ablösung des aristotelischen Dramas der entscheidende ästhetische Neuansatz in der Folge der politischen, gesellschaftlichen und sozialen Umbrüche.

Büchners Fatalismus
wird aus der Geschichte und aus der anthropologischen Erkenntnis gespeist, dass alles, was lebt, auch sterben muss. So lässt er es den Leierkastenmann in der 3. Szene singen: „Wir müssen alle sterben, das ist uns wohlbekannt!" (12, 9). Aus der doppelten Unterdrückung der Willensfreiheit entsteht die pessimistische, sogar nihilistisch anmutende Resignation, eine Haltung, die mit philosophischen Entwicklungen des frühen 19. Jahrhunderts (Schopenhauer) übereinstimmte, spätere teils vorwegnahm (Kierkegaard). Die Zwanghaftigkeit des Todes, wenn Leben einmal da ist, fordert vom Menschen eine säkulare Planung, will er dem Tod durch ein sinnvoll verbrachtes Leben etwas entgegensetzen. Andere über den Tod hinausweisende Auferstehungsversprechungen vertrösten nur (Jenseits, Erlösung usw.). Damit verbindet Büchner die Frage, wie weit der Mensch von Umständen abhängig ist, die außer seiner Körperlichkeit und Veranlagung liegen. Der sogenannte „Fatalismusbrief" (1834) wurde im Zusammenhang mit Büchners Studien zur Französischen Revolution von 1789 an die Braut geschrieben.[24] Der anthropologisch begründete Fatalismus ist nicht gleichzusetzen mit Büchners Geschichtsbild: Pessimistische und resignative Züge, die fatalistisch wirken können, sind darin nicht von Dauer, sondern für den Augenblick gültig. Seiner Enttäuschung über die deutschen Revolutionäre fügte er an: „Hoffen wir auf die Zeit!" (Brief an Wilhelm Büchner vom Juli 1835)

Auf Woyzecks Sprache wirkt sich Büchners **Auffassung vom „grässlichen Fatalismus der Geschichte"** (Brief an die Braut Wilhelmine Jaeglé vom März 1834) aus. Die „entsetzliche Gleichheit", die Büchner in der Menschennatur erkennt, bedeutet die Wiederholbarkeit der historischen Konfliktsituationen, die sich wie **in Kreisen aufsteigend** entwickelt. Auch habe der Mensch keinen Einfluss auf seine Geburt; sei er aber einmal am Leben, ist der Tod unausweichlich. Das sind fatalistische Konstellationen von „entsetzlicher Gleichheit". Aber zwischen Geburt und Tod gebe es eine Gestaltung des Lebens. Schon die Zeitgenossen und Freunde Büchners wie Wilhelm Schulz wiesen darauf hin, dass der „grässliche Fatalismus der Geschichte" die Situation des Einzelnen beschreibe, nicht aber die Macht der Geschichte und der Volksmassen betreffe.

4.3 Einführung in Heinrich von Kleists *Prinz Friedrich von Homburg* (nur LK)

Zeitgeschichtlicher und historischer Hintergrund

Das Schauspiel *Prinz Friedrich von Homburg* ist das letzte dramatische Werk Heinrich von Kleists. Entstanden ist es **zwischen 1809 und 1810/11** – der endgültige Abschluss ist unsicher – auf der Grundlage von historischen Materialien, die Kleist sich im Januar 1809 in Dresden aus der Bibliothek entlieh. Persönliche Erfahrungen des

24 Eine genaue und überzeugende Darstellung der Ideen dieses Briefes liefert Jan-Christoph Hauschild: *Georg Büchner. Biografie.* Stuttgart und Weimar: Verlag J. B. Metzler, 1993, S. 270 ff.

Dichters mit dem Militär flossen ein; alles stand jedoch im Zeichen eines nationalen Befreiungskampfes gegen die französische Fremdherrschaft, der 1809 von vielen Einzelaktionen vorbereitet worden war.
Das Thema der Schlacht bei Fehrbellin im Juni 1675, in der die Preußen die Schweden vertrieben, war angetan, den König Friedrich Wilhelm III. an seine Verpflichtung zum Kampf gegen die aktuelle Fremdherrschaft zu erinnern.

Die Schlacht von Fehrbellin 1675

Kleist hatte vom 9. Januar bis zum 1. März 1809 in Dresden K. H. Krauses *Mein Vaterland unter den hohenzollerischen Regenten* (1803) entliehen. Darin fand er die Beschreibung dieser Schlacht, die Preußens militärischen Ruhm begründete.
Um die preußische Armee vom Kriegsschauplatz am Oberrhein zu entfernen, hatte Frankreich Schweden aufgefordert, durch einen Einfall mit 16.000 Mann die Preußen vom Rhein zu vertreiben. Der **Kurfürst Friedrich Wilhelm** (1620–1688) zog in Eilmärschen über Thüringen nach Magdeburg und griff am **28. Juni 1675** bei Fehrbellin die sehr viel zahlreicheren Schweden (7.000 Mann Fußvolk, 4.000 Reiter, 38 Geschütze) mit 5.600 Reitern und 13 Geschützen an. Der **Prinz von Homburg** sollte mit seiner Reiterei den Feind beobachten, aber nicht angreifen. Da der Prinz aber den Befehl ignorierte und angriff, wurde der Kurfürst gezwungen, vor der beabsichtigten Zeit – zumal man noch die heranrückende Infanterie erwartete – die Schlacht zu führen und errang einen großen Sieg. Von einer Bestrafung Homburgs, die nach dem Kriegsgesetz nötig gewesen wäre, sah er ab, da er in dem Prinzen ein Werkzeug seines Sieges sah. Eine Woche später stand kein schwedischer Soldat mehr auf brandenburgischen Boden; der Kurfürst ging als **der „Große Kurfürst"** in die Geschichte ein. Zweihundert Jahre später wurde in Fehrbellin ein Denkmal eingeweiht, auf dem steht: „Hier legten die braven Brandenburger den Grund zu Preußens Größe."

Die Zeitgenossen, das Stück und die Wirkung

Kein anderes Stück Heinrich von Kleist erlebte so gegensätzliche Beurteilungen und ein so widersprüchliches Schicksal wie *Prinz Friedrich von Homburg*:

1. **Königin Luise** von Preußen, der es gewidmet werden sollte und auf deren Unterstützung Kleist große Hoffnung gesetzt hatte, starb, ohne es zur Kenntnis genommen zu haben.
2. Ihr Mann **König Friedrich Wilhelm III.** von Preußen begegnete dem Stück ungnädig, fand er doch darin ein patriotisches Verhalten demonstriert, das Kleist von ihm gewünscht hatte, das er aber nicht einzunehmen bereit war. Die darin vorgeführte Anerkennung individueller Entscheidungen war ihm fremd.
3. Dagegen erinnerte der jugendlich verliebte und zum Helden geeignete Prinz von Homburg an den preußischen **Prinzen Louis Ferdinand** (1772–1806), der wegen seines freien Lebens bei Hofe nicht beliebt, aber sonst einer der beliebtesten Offiziere seiner Zeit war.
4. Die Gleichgültigkeit, die angesprochene Zeitgenossen gegenüber dem Stück zeigten, trug zu Kleists Meinung bei, er sei ein Gescheiterter, dem trotz vielfältiger Bemühungen keine königliche Erhöhung zuteil wurde, auch nicht zuteil werden konnte, stand er doch nur lose in preußischen Diensten.

5. Wie Kleist seiner Schwester 1810 mitteilte, sollte das Stück im Privattheater des Prinzen Radziwill, der mit Louis Ferdinands Lieblingsschwester verheiratet war, aufgeführt werden; die Aufführung fand nicht statt.
6. Erst **1821** wurde das Stück unter dem Titel *Die Schlacht bei Fehrbellin* in Wien **uraufgeführt**; das Publikum zischte es aus und die Premiere wurde ein Misserfolg.
7. Dem Stück war **keine glückliche Laufbahn auf der Bühne** vergönnt. Rigoros lehnte man in Preußen eine Aufführung ab und Heinrich Heine konnte in seinem zweiten der *Briefe aus Berlin* vom 16. März 1822 schreiben: „Es ist jetzt bestimmt, dass das Kleist'sche Schauspiel: ‚Der Prinz von Homburg, oder die Schlacht bei Fehrbellin' nicht auf unserer Bühne erscheinen wird, und zwar, wie ich höre, weil eine edle Dame glaubt, dass ihr Ahnherr in einer unedeln Gestalt darin erscheine. Dieses Stück ist noch immer ein Erisapfel (Zankapfel, R. B.) in unsern ästhetischen Gesellschaften. Was mich betrifft, so stimme ich dafür, dass es gleichsam vom Genius der Poesie selbst geschrieben ist, und dass es mehr Wert hat, als all jene Farcen und Spektakelstücke und houwaldsche Rühreier (Ernst Christoph von Houwald, 1778–1845, Verfasser von Schicksalstragödien, R. B.), die man uns täglich auftischt."
8. Erst **1828** wurde das Stück auch **in Berlin aufgeführt**, wenn auch in einer unzulänglich gekürzten Fassung, und der König verbot weitere Aufführungen.
9. Im 19. Jahrhundert schwankte das Stück im Bewusstsein der Öffentlichkeit zwischen fast fanatischer Bewunderung und entschiedener Kritik.
10. Für den letzten deutschen **Kaiser Wilhelm II.**, Urenkel der von Kleist verehrten Königin Luise, war es dagegen das Lieblingsstück, nur die „Feigheitsszene" (3. Akt, 5. Auftritt) wollte er streichen lassen.
11. Nicht nur die Hohenzollern reagierten unterschiedlich bis gegensätzlich, sondern auch die politischen Lager waren **sehr verschiedener Meinung**:
    - Der linke Literaturkritiker Franz Mehring hielt das Stück für „einzig ... in unserer dramatischen Literatur",
    - konservative Kritiker und Schriftsteller wie Paul Ernst betrachteten das Stück als Lustspiel oder Komödie (Heinrich Joseph von Collin), „die überdies mit den ehrwürdigsten Gefühlen Scherz" treibe.[25]
    - Theodor Fontane war 1872 prinzipiell gegen das Schauspiel, weil das Stück und sein Held so völlig unpreußisch seien, ein anderes Mal lobte er 1876 das Stück über alle Maßen. Seine Kritik konzentrierte sich auf zwei Punkte, die immer wieder Anlass für Diskussionen oder die Bewertung als Komödie waren: „Es ist zweierlei, was mich daran verdrießt: 1. Die willkürliche Behandlung des Historischen; das Unechte des Kostüms, der Personen und Situationen. 2. Die Charakterzeichnung des Prinzen, der ein Haselant ist, aber kein Held und brandenburgischer Kriegsmann."[26]

25 Zur Wirkung des Stückes vgl. Helmut Sembdner (Hrsg.): *Heinrich von Kleists Nachruhm.* Eine Wirkungsgeschichte in Dokumenten. München: dtv, 1977 (Wiss. Reihe 4289), die ausgewählten Zitate stammen aus S. 567 (Wilhelm II.), 571 (Mehring), 573 (Ernst) und 518 (Collin).

26 Theodor Fontane: *Der Prinz von Hessen-Homburg.* In: Peter Goldammer (Hrsg.): Schriftsteller über Kleist. Eine Dokumentation. Berlin und Weimar: Aufbau-Verlag, 1976, S. 522

Der aktuelle Anlass des Stückes

Auseinandersetzungen nach der Niederlage Preußens 1806 (s. Epochenübersicht 13):

1. König Friedrich Wilhelm III. wollte trotz der katastrophalen Situation in Preußen die alte Politik fortsetzen, verbunden mit Widerstand gegen Napoleon; das bedeutete, dass der König die weitschauenden und weitgehenden Reformpläne (Vereinfachung der Verwaltung, Durchsetzung bürgerlicher Rechte usw.) des Reichsfreiherrn vom und zum Stein (1757–1831) nicht umsetzte. Im November 1808 wurde auf Betreiben Napoleons Stein entlassen und durch Napoleon geächtet.
2. Kleist suchte nach geistigen Verbündeten, die einen nationalen Befreiungskampf beförderten.
3. Verbündete im antinapoleonischen Kampf waren ihm die sogenannten Reformer um den Reichsfreiherrn vom und zum Stein, Gneisenau und andere, denen er sonst zurückhaltend gegenüberstand. Sie drängten darauf, die politischen Verhältnisse Preußens denen Frankreichs vergleichbar zu machen, die Armee in ein Volksheer zu verwandeln und in einer großen Volksbewegung den Kampf gegen Frankreich wieder aufzunehmen.
4. Auf diese Ideen gründeten sich zahlreiche Aktionen von Offizieren wie Ferdinand von Schill, die ohne Befehl des Königs Widerstand organisierten. Ähnlich verhielten sich 1809 Blücher und Gneisenau, die mit England Absprachen ohne den König zu treffen versuchten.

Kleists individueller Konflikt

Nachdem der Konflikt zwischen Pflicht und Neigung bisher von Heinrich von Kleist in unterschiedlichen historischen Kostümen behandelt wurde – von der Antike bis zum Mittelalter –, rückte Kleist mit diesem Stück nicht nur näher an seine preußische Gegenwart heran – zwischen dem Ereignis und der Entstehung des Schauspiels waren 135 Jahre vergangen –, sondern legte ihr auch die unmittelbare Gegenwart thematisch deutlich auf. Kleist kannte die Geschichte von der Willkür des Prinzen von Homburg schon aus seiner Jugend. Als Kleist Ende Januar 1810 nach Berlin kam – ohne Geld und ohne sichere Verbindungen –, bedeutete ihm eine Einladung an den Hof zu Königin Luises Geburtstag am 10. März, wo er ein Gedicht überreichen durfte, neue Hoffnung. Auch galt Luise als Verbündete im Kampf gegen die Fremdherrschaft. Nach ihrem Tod änderte er die Adressatin, die nun die Schwägerin des preußischen Königs Friedrich Wilhelm III. war: Amalie Marie Anne von Preußen, geborene Prinzessin von Hessen-Homburg.

Königin Luise von Preußen

Nach dem frühen Tod der Königin bildeten sich zahlreiche Legenden und Mythen. Ein Mythos galt der standhaften Kämpferin für das Vaterland. Daran hatte Kleist Anteil. Er sah in ihr das Beispiel für einen durch Unglück – das Unglück des Vaterlandes – erzogenen Menschen: „Wie trotz der Wunde, die dein Herz durchschnitt, / Du stets der Hoffnung Fahn' uns vorgetragen" (Kleist: *An die Königin von Preußen.* Sonett). Kleists Verehrung für die Königin Luise hat sich in der Gestalt der Prinzessin Natalie von Oranien niedergeschlagen. Beide

Frauengestalten werden in Sonett (Luise) und Schauspiel (Natalie) mit kämpferischen Attributen und militärischer Führungskraft versehen. Eine Langfassung des Gedichtes, das er Luise an ihrem Geburtstag am 10. März 1810 überreichte, lässt die Parallelität hervortreten: „O du, die aus dem Kampf empörter Zeit, / Die einzge Siegerin, hervorgegangen: / Was für ein Wort, dein würdig, sag ich dir? / So zieht ein Cherub, mit gespreizten Flügeln, / Zur Nachtzeit durch die Luft ...". Der frühe Tod Luises, die an einer Lungenentzündung gestorben war, wurde zur Legende stilisiert, sie sei am Unglück Preußens gestorben.

Der zeitliche Hintergrund der Entstehung des ‚Prinzen von Homburg':

1. Es ging um **Preußens Befreiungskampf** von der napoleonischen Fremdherrschaft, der sich mit einem nationalen Befreiungskampf verband, der zur Wiedergeburt des Reiches führen sollte;
2. es ging um **vaterländisches Denken**, reichsverantwortliches Verhalten und die antinapoleonischen Bemühungen deutscher Patrioten, die sowohl im Verwaltungsapparat als auch im Militärwesen zu finden waren.
3. Kleists Selbsteinschätzung in der Widmung als **„Barde"** (3), der „fromm in seine Saiten" greift, betonte diesen Ansatz und erweitert ihn um ein religiöses Moment, das sonst nicht besonders bei Kleist hervortrat. Barden, ursprünglich keltische höfische Sänger, hatten durch Klopstocks sog. Bardieten, die nationale Stoffe verwendeten, und Goethes *Die Leiden des jungen Werther* wieder an Bedeutung gewonnen.
4. Kleist griff zu einem **nationalen Ereignis**, das lange zurücklag, mit dem aber Preußens große Zeit begann: Es war die Zeit des Großen Kurfürsten Friedrich Wilhelm vom Brandenburg (1620–1688).
5. Dass beide Zeiten aufeinander bezogen wurden, ist an mehreren Auffälligkeiten, unter anderem an der Namensgebung erkennbar: Während einige der Offiziersnamen aus der Zeit des Großen Kurfürsten stammen – Feldmarschall Derfflinger (Dörfling) und Oberst Kottwitz –, stammten andere aus der Zeit von 1806, dem Jahr der größten Niederlage Preußens bei Jena und Auerstedt: von der Golz usw.
6. Kleist veröffentlichte 1810 die *Berliner Abendblätter*, die Ausdruck für sein Anliegen waren, dem **Vaterland** zur **Befreiung** von fremder Herrschaft, zur Einheit und zur **Neugestaltung** im Sinne der preußischen Reformer zu verhelfen.
7. Es hatte dazu seit 1808 **Hoffnungen** gegeben: In Spanien – der Begriff „Guerilla" entstand in dieser Zeit – erlitten die Franzosen Niederlagen, in Tirol hatten sich die Bauern unter der Führung Andreas Hofers erhoben. Auch in Deutschland wurde Kritik an der Passivität des Volkes, besonders aber an der Schwäche des preußischen Königs Friedrich Wilhelm III. erhoben. Je bedrohter die eigene Existenz erschien, desto schärfer wurden die Kritik am König und das patriotische Aufbegehren einzelner Offiziere.
8. Im Sommer 1809 kam es zu lokalen **Kämpfen in Norddeutschland** (Freikorps des Majors Schill) und von Böhmen bis an die Nordseeküste (die „Schwarze Schar" des Herzogs Friedrich Wilhelm von Braunschweig-Wolfenbüttel-Oels).
9. Vor allem das **Schicksal des Prinzen Louis Ferdinand von Preußen** (1772–1806) erschütterte die Zeitgenossen, war doch der musische und vielgeliebte Prinz eine Lichtgestalt der Berliner Salons, aber er war auch ein Teil der nationalen Bewegung gegen Napoleon. Das Schicksal des Hitzkopfs hatte verblüffende Ähnlichkeit mit dem Homburgs: Am Abend vor seinem Tode bekannte er, dass

er eine Niederlage nicht überleben würde. Als am 10. Oktober 1806 die preußische Avantgarde (Vorhut) unter des Prinzen Kommando geschlagen wurde, fiel der Prinz in einem unsinnigen Zweikampf mit einem französischen Wachtmeister. Es waren Reformer wie Clausewitz und von der Marwitz, die den Tod des Prinzen bedauerten.

10. Die **Reformbemühungen** erlitten indessen einen **Rückschlag**, als 1808 auf französischen Druck Heinrich Friedrich Karl Reichsfreiherr vom und zum Stein (1757–1831) ins Exil gehen musste.
11. Durch die nationalen Bewegungen wurden auch Kleists nationale Vorstellungen auf den Befreiungskampf konzentriert und überhöht; wie in wilder Wut dichtete Kleist **gegen die Franzosen**, den „Erzfeind". Die Vorstellungen eines nationalen Aufbruchs waren Robespierres radikalem Terror durchaus vergleichbar.
12. Kleists „wilde, maßlos nationalistische Hassgesänge" waren „– in letzter Instanz – **Ausdruck ohnmächtiger Verzweiflung**; hinter ihnen stand die entsetzliche Furcht vor der fortschreitenden Expansion jenes ungezügelt Dämonischen, zu dem sich Kleist das in Paris Erfahrene mystifiziert hatte und als dessen personelles Medium er Napoleon betrachtete"[27].

Der historische Friedrich II. – Prinz von Homburg, *Landgraf von Homburg-Hessen* (1633–1708)

1654 in schwedischen Diensten;
1659 Belagerung von Kopenhagen, eine Geschützkugel zerschmetterte sein rechtes Bein. Seit diesem Jahr trug er eine Prothese aus Holz mit silbernen Gelenken. Beiname: „Landgraf mit dem silbernen Bein".
1661 heiratete er in Stockholm die sehr viel ältere reiche Gräfin Brahe, kaufte mit ihrem Vermögen den Sitz Neustadt an der Dosse, wo er sich landkolonisatorisch, industriell und agrarökonomisch betätigte.
1670 Heirat mit der baltischen Nichte des Kurfürsten von Brandenburg, Prinzessin Luise Elisabeth von Kurland, die Ehe war kinderreich. Brandenburgischer General der Kavallerie.
1675 Schlacht von Fehrbellin: Er war zweiundvierzig Jahre.
1678 verließ er das brandenburgische Heer;
1681 übernahm er die Regierung in Hessen-Homburg.
1708 Tod nach langer und erfolgreicher Regierung.
Das von Historikern vermittelte Bild des Landgrafen zeigt einen ebenso tapferen, klugen und mutigen wie spontan-hitzigen und empfindlichen Heerführer und Landesvater, der über ein hervorragendes Organisationstalent, geniale strategische Fähigkeiten und praktisches Urteilsvermögen verfügte.

Das historische Bild steht im Widerspruch zu dem Bild, das Kleist zeichnete:

Kleist verarbeitete den historischen Stoff sehr frei; vor allem war der historische Prinz von Homburg nicht zum Tode verurteilt worden. Der Große Kurfürst habe ihm zwar erklärt, nach der Strenge der Kriegsgesetze habe er den Tod verdient, aber da er ein wichtiges Werkzeug des Sieges gewesen sei, komme die Anwendung der Gesetze nicht in Frage.

27 Bernd Leistner: *Dissonante Utopie. Zu Heinrich von Kleists „Prinz Friedrich von Homburg".* In: Bernd Leistner: Spielraum des Poetischen. Berlin und Weimar: Aufbau-Verlag, 1985, S. 144

Beachte:
Zahlreiche historische Gestalten – darunter Götz von Berlichingen, Egmont, Don Karlos, Wallenstein und Prinz Friedrich von Homburg – verdanken ihr Bild im Bewusstsein der Gegenwart weniger den Historikern, mehr der Fantasie der Dichter.

Inhaltsangabe

1. Akt

In der Nacht vor der Schlacht bei Fehrbellin (28. Juni 1675) windet sich der Prinz von Homburg, ein erfolgreicher Kommandeur der Reiterei, im Halbschlaf oder Traum, in einer Art Trance einen Lorbeerkranz. Das kurfürstliche Paar und Prinzessin Natalie von Oranien, Nichte des Kurfürsten, beobachten ihn, geleitet vom Grafen von Hohenzollern, dabei. Natalie und die Kurfürstin halten ihn für krank; aber der Kurfürst will der „Unart seines Geistes" auf den Grund gehen und erfährt vom träumenden Prinzen, dass er Natalie liebt und ihretwegen siegen will. Homburg erwacht mit dem Handschuh Natalies in seiner Hand, verbindet ihn aber nicht mit der Prinzessin. Seine Reiterei ist bereits ohne ihn in den Aufmarsch zur Schlacht gezogen. Die Befehlsausgabe beim Kurfürsten stellt einen Schlachtplan vor, in dem durch eine komplizierte Umgehung der Schweden ihre völlige Vernichtung erreicht werden soll, denn sie sollen in einen Sumpf getrieben werden. Homburg erkennt, als Natalie ihren Handschuh vermisst, dass er diesen Handschuh bei sich trägt und gerät in noch größere Verwirrung. Es kommt hinzu, dass ihm der Kurfürst zwei verschenkte Siege am Rhein nicht verzeiht. Von alledem, Natalies Abschied und der eigenen Traumerinnerung, ist er so abgelenkt, dass er den ihm erteilten Befehl überhört, mit seiner Reiterei nicht eher in die Schlacht einzugreifen, als sich der linke Flügel des Feindes auflöst. Der Zeitpunkt sei gekommen, wenn eine Fanfare ertöne und ein Offizier die Order überbracht habe. Homburg hat nur begriffen, dass er Kriegsglück braucht, um zu dem Pfand – dem Handschuh – auch die Person zu erlangen. Er beschwört Fortuna, die Göttin auf der „Kugel", um seine Liebe zu gewinnen.

2. Akt

Die Reiterei unter Oberst Kottwitz bezieht ihre Stellung auf dem Schlachtfeld. Homburg verspätet sich, da er in einer Kapelle Andacht hielt. Nochmals lässt er sich den Schlachtplan von Hohenzollern erklären, ohne ihn zu begreifen, da er schon wieder „vor sich niederträumt". Als die Schweden weichen, stürmt Homburg mit seinen Reitern in die Schlacht, ohne auf die Warnungen seiner Offiziere zu hören und ohne sich entwaffnen zu lassen, und erkämpft einen Sieg. Die Kurfürstin, deren Wagen einen Achsbruch hatte, sucht Zuflucht bei Bauern, erfährt dort vom Sieg der Brandenburger, aber auch vom Tod ihres Mannes. Sie hält den Sieg für zu teuer erkauft. Homburg, der über die Schweden gesiegt hat, erklärt Natalie seine Liebe und die Bereitschaft, die Ziele des Kurfürsten zu erfüllen. Ein Bote bringt die Nachricht, dass der Kurfürst lebe. – Der Kurfürst, inzwischen in Berlin, verlangt unbedingte Unterwerfung unter das Gesetz und den Befehl und droht dem Kommandeur der Reiterei, der gegen seinen Befehl gehandelt habe, mit dem Todesurteil und dem Kriegsgericht. Als der Kurfürst erfährt, dass Homburg den Angriff führte, lässt er ihn entwaffnen und nach Fehrbellin ins Hauptquartier bringen, wo er gerichtet werden soll.

3. Akt

Homburg ist im Gefängnis, erwartet aber seine Freilassung. Während sein Name einerseits während der Siegesfeier von der Kanzel als des Siegers Name genannt wird, wurde er vom Kriegsgericht andererseits zum Tode verurteilt. Nun hofft er auf Begnadigung durch den Kurfürsten. Doch Hohenzollern enttäuscht ihn, der Kurfürst habe das Todesurteil zur Unterschrift kommen lassen. Außerdem sei der Gesandte Schwedens erschienen, um einen schwedischen Heiratsantrag für Natalie zu überbringen. Homburg ist verzweifelt, denn nun steht er durch seine Bindung an Natalie auch strategisch den politischen Zielen des Kurfürsten im Wege. Er darf auf Ehrenwort das Gefängnis verlassen, um die Kurfürstin aufzusuchen. Dort trifft er auch Natalie, mit der er sich nach der Schlacht heimlich verlobt hat. Panische Todesangst hat ihn gepackt und er fleht, das Pflichtprinzip des preußischen Staates zurückstellend, die Kurfürstin möge sich für ihn einsetzen. Homburg hat auf dem Weg sein Grab gesehen und will nun „nichts, als leben, / Und frage nichts mehr, ob es rühmlich sei!" (V. 1003 f.) Die Kurfürstin hat schon um Gnade gefleht und wurde abgewiesen. Nun will Natalie, die Kommandeur eines Dragoner-Regiments ist, beim Kurfürsten für Homburg bitten.

4. Akt

Der Kurfürst würde als Mensch, selbst als Tyrann Gnade walten lassen, aber er sei dem „Vaterland" (V. 1121), etwas „Höh'res" als alles andere, verpflichtet. (Die Berufung auf das Vaterland ist der Punkt des Anstoßes für König Friedrich Wilhelm III.) Natalie berichtet ihm, wie Homburg um jeden Preis leben möchte, sein „Heldenherz" geknickt sei und er um Gnade bitte; der Prinz sei „verstört und schüchtern, heimlich, ganz unwürdig, / Ein unerfreulich, jammerswürdger Anblick!" (V. 1165 f.). Selbst sie als „Weib" würde nicht „so zermalmt, so fassungslos, so ganz / Unheldenmütig" auf den Tod reagieren (V. 1169 ff.). Der Kurfürst begnadigt Homburg scheinbar, denn den Staatsinteressen und ihrem gültigen Recht stehe Homburgs Sicht, eines „solchen Kriegers Meinung", „den Spruch für ungerecht kann halten" (V. 1182 ff.), gegenüber. Tatsächlich legt er die Entscheidung über das Leben in des Verurteilten Hände.
Inzwischen hat das Regiment der Prinzessin Natalie unter Kottwitz' Leitung eine Bittschrift für Homburg aufgesetzt. Doch Homburg lehnt jede Gnade ab: Er will nicht erklären, dass seine Verurteilung ein Unrecht sei, wie es der Kurfürst ihm anheim stellt. Er entscheidet sich für den Tod, weil er nun das höhere Gesetz des Vaterlandes anerkennt, nicht mehr die abstrakte Pflichterfüllung, und das höhere Gesetz durch seinen Tod bestätigen will. Er will unter dieser Voraussetzung mit dem Kurfürsten um seine Schuld nicht streiten, sondern sieht sie ein: „So mag ich nichts von seiner Gnade wissen." (V. 1385) Natalie ist darüber glücklich („… du gefällst mir!", V. 1388), denn nun ist Homburg wieder ein Held. Ihrem Regiment gibt sie den Befehl, nach Berlin zu marschieren, sich eine Alternative offen haltend.

5. Akt

Das Regiment der Prinzessin Natalie steht vor Mitternacht vor dem kurfürstlichen Schloss. Kottwitz sammelt unter den Offizieren weitere Unterschriften für die Bittschrift. Falls das Gesuch scheitere, wolle man Homburg mit Gewalt befreien. Die

Rebellion der preußischen Militärs vollzieht sich allerdings sehr diszipliniert und hat nichts von einem zerstörerischen Aufstand an sich. Doch der Kurfürst befiehlt dem Regiment, Homburg bei seiner Erschießung „die letzten Ehren" (V. 1500) zu erweisen. Kottwitz erklärt Homburg für unschuldig und fordert, die Interessen des Vaterlandes über die Buchstaben des Gesetzes zu stellen. Zur Schlichtung des Streites beordert der Kurfürst den Prinzen von Homburg her. Graf Hohenzollern gibt dem Kurfürsten an der Insubordination Homburgs die Schuld, da er des Prinzen Wachtraum genutzt habe, ihn zu verwirren, und so seine Unaufmerksamkeit bei der Befehlsausgabe ausgelöst habe. Homburg, inzwischen eingetroffen, bestätigt sein Todesurteil aus eigener und freier Entscheidung; es sei gegenüber dem Sieg über die Schweden der größere Sieg über „den Trotz, den Übermut" (V. 1757). Homburg, in der Annahme, hingerichtet zu werden, wird ins Gefängnis zurückgeführt. Doch der Kurfürst zerreißt das Todesurteil und fingiert die Hinrichtung nur: Homburg wird mit verbundenen Augen scheinbar zur Erschießung geführt, aber als man ihm die Augenbinde abnimmt, überreicht ihm Natalie einen Lorbeerkranz, was er – wie zu Beginn – wieder für einen Traum hält und in Ohnmacht fällt. Kanonenschüsse bringen ihn wieder zu Bewusstsein, doch glaubt er, in einem Traum zu sein. Die anwesenden Offiziere drängen in die Schlacht; alle brechen begeistert in den berühmten Ruf aus: „In Staub mit allen Feinden Brandenburgs!" (S. 93)

Analyse

Interpretatorischer Ansatz unter Einbeziehung von Kleists Grundthema: „Individuum und Gesellschaft"

Grundthema:
Das letzte Drama Kleists widmet sich auch ein letztes Mal dem Grundthema: das sich selbst bestimmende Individuum in seiner Entscheidungsfreiheit und sein Konflikt mit den gesellschaftlichen Normen, abgeleitet aus staatlicher Notwendigkeit. Aufgelegt wird dem Konflikt der Gegensatz von Pflicht und Neigung, der aber nicht wie in der Klassik durch Erziehung ausgeglichen werden kann. Vielmehr ging es um die historisch spezielle Situation, wie sich ein preußischer Offizier im Befreiungskrieg zu verhalten habe und wie weit er dabei private Interessen zulassen dürfe. Kleist, der seinen Offiziersberuf aufgegeben hatte, empfand den Gegensatz darüber hinaus auch als unvereinbaren Gegensatz von Amt und Freiheit, weshalb er Anstellungen aller Art distanziert gegenüberstand, um sich seinen Gefühlen und Interessen zu widmen; der Prinz von Homburg als praktizierender Offizier ist diesem Gegensatz vollständig ausgesetzt. Im Grunde hatte Kleist den Grundkonflikt für sich nicht gelöst und die opernhafte Lösung des Stückes machte diese Misere deutlich.

Von Immanuel Kant zu Rousseau

Durch seine Neigung zu Natalie vernachlässigt Homburg seine Pflicht gegenüber seinem Herrscher, seinem Lande und seinen Soldaten:

Das ist, vereinfacht, ein typischer Gegensatz nach der Philosophie Kants, nach der ein Mensch so handeln müsse, dass sein Verhalten einer allgemeinen Gesetzgebung dienen kann.

X

Homburgs Verhalten dient nicht dazu; deshalb kann der Kurfürst befehlen: „Ins Nichts mit dir zurück, Herr Prinz von Homburg, / Ins Nichts, ins Nichts! In dem Gefild der Schlacht, / Sehn wir, wenn's dir gefällig ist, uns wieder! / Im Traum erringt man solche Dinge nicht!" (V. 74 ff.)

Kleist beschäftigte sich, wie Briefe belegen, seit 1801 mit moderner Philosophie und mit der Kants; möglicherweise hat er diese nicht in ihrem Umfang begriffen, aber die Grundpositionen hatte er erfasst und sie wahrscheinlich zusätzlich aus Schillers ästhetischen Ansichten und künstlerischen Werken abgeleitet. In der Folge dieser Beschäftigung kam Kleist zu der Auffassung, die menschliche Erkenntnis sei nicht in der Lage, Wahrheiten zu erfassen, und so sei auch die Entwicklung des Menschen, besonders die seiner Seele, nicht vom Menschen aus zu leisten. Das bedeutete, die Handlungen des Prinzen von Homburg durch andere Kräfte als die der eigenen Persönlichkeit beurteilen zu lassen. Dabei hatte Kleist das Ideal des freien Bürgers im Hinterkopf, wie es Rousseau entwickelt hatte. An diesen aufklärerischen Positionen hielt Kleist, nachdem er sich nach der Kant-Erschütterung Rousseau zugewendet hatte, fest und wollte sogar seine private Deutung Rousseaus als Bauer in einem naturverbundenen Leben in der Schweiz verwirklichen.

Merke:

Kleist verteidigte das Verhalten des Prinzen von Homburg grundsätzlich, denn es war auch sein Schicksal. In den *Berliner Abendblättern* (59tes Blatt. Den 7ten December 1810) veröffentlichte er *Von der Überlegung (Eine Paradoxe)*, deren Hauptstück eine Rede an seinen Sohn ist, die folgendermaßen beginnt:

„Die Überlegung, wisse, findet ihren Zeitpunkt weit schicklicher nach, als vor der Tat. Wenn sie vorher, oder in dem Augenblick der Entscheidung selbst, ins Spiel tritt: So scheint sie nur die zum Handeln nötige Kraft, die aus dem herrlichen Gefühl quillt, zu verwirren, zu hemmen und zu unterdrücken; dagegen sich nachher, wenn die Handlung abgetan ist, der Gebrauch von ihr machen lässt, zu welchem sie dem Menschen eigentlich gegeben ist, nämlich sich dessen, was in dem Verfahren fehlerhaft und gebrechlich war, bewusst zu werden, und das Gefühl für andere künftige Fälle zu regulieren."

Interpretatorischer Ansatz unter Beachtung des zeitgenössischen Hintergrunds:

Das nationale Anliegen: Kleists Verhältnis zu Frankreich

Grundpositionen

1. Kleists Schriften und Selbstzeugnisse im Umkreis des Schauspiels geben über vieles kaum Aufschluss, lassen aber deutlich erkennen, dass er einen fast fanatischen **Hass auf die französische Besatzungsmacht** und insbesondere auf Napoleon empfand.
2. Daraus leitete sich seine Vorstellung von einer nationalen Befreiungsbewegung und ein **kämpferischer Patriotismus** um 1810 ab. So gehören seine Schriften aus dieser Zeit und das Schauspiel *Prinz Friedrich von Homburg* zur geistigen Vorbereitung der Befreiungskriege von 1813.
3. Heinrich von Kleist und seine Werke haben in der Literaturgeschichtsschreibung widersprüchliche und gegensätzliche Beurteilungen erfahren. Der *Prinz Friedrich von Homburg* steht im Zeichen der nationalen **Verantwortung** und patriotischen **Pflicht** des Aristokraten und Offiziers Kleist.
4. Bezieht man Kleists Lebensdaten ein, wird deutlich, dass er die Französische Revolution zur Kenntnis nahm, als die französischen Revolutionsheere, gegen die er kämpfte, die neue Ordnung in Frankreich sicherten und über den Rhein vordrangen. Das entscheidende Datum dafür war die **Kanonade bei Valmy** am 20. September 1792, an der auch Goethe teilnahm und von der er, wenn auch erst später bezeugt (*Die Campagne in Frankreich*, 1822), ein neues Kapitel der Weltgeschichte ausgehen sah.
5. Kleists Leben endete, als die napoleonische Macht in Europa auf ihrem Höhepunkt war und einzelne Widerstandszentren mögliche Veränderungen und den Ausbruch von Befreiungskämpfen der unterdrückten Völker andeuteten.
6. Damit stand das Stück im Zeichen eines besiegten, besetzten und in seiner politischen Existenz **gefährdeten Vaterlandes Preußen**. Die politischen und ökonomischen Probleme, die technisch-industriellen Veränderungen und die Entwicklung des Proletariats, die allesamt für Georg Büchner bedeutsam wurden, spielten bei Kleist noch keine Rolle.
7. Kleist bemühte sich um die **Sammlung patriotischer Kräfte**. Seit seiner Ankunft in Berlin am 4. Februar 1810 gehörte er der „Christlich-deutschen Tischgesellschaft" Arnims und Adam Müllers an, von der „Franzosen, Frauen, Juden und Philister" ausgeschlossen waren.
8. Ab 1. Oktober erschienen Kleists *Berliner Abendblätter*, die Information, Politik und Literatur boten. Kleist wollte Gegner Napoleons um dieses Blatt sammeln, aber das führte zu Auseinandersetzungen mit der preußischen Regierung und schließlich zur Einstellung der Zeitschrift am 30. März 1811.
9. Danach scheiterten alle, teils verzweifelt vorgetragenen Bemühungen, die persönliche Existenz zu sichern. Im Oktober 1811 schien es, als wolle Preußen mit Hilfe von Scharnhorst seine Befreiung von Napoleon wagen, aber Friedrich Wilhelm III. bereitete ein antirussisches Bündnis mit Frankreich vor.
10. Damit war auch Kleists Patriotismus keine Chance mehr gegeben.

Kleists Patriotismus
war **militärstrategisch** und **gemeinschaftsorientiert**, war der **moderne** Patriotismus der preußischen Reformer, nicht der erstarrte und überholte Patriotismus des Hofes. Der Patriotismus Kleists verband sich mit einem geistigen Anspruch und sittlichen Modellen, die der preußische König nicht erfüllen wollte. In seinem *Katechismus der Deutschen, abgefasst nach dem Spanischen zum Gebrauch für Kinder und Alte* (1809) fasste Kleist seine Vorstellungen zusammen: Ein König hat nur dann Anspruch auf Respekt, wenn „er zu seiner Pflicht, die ihm befiehlt, sich dem Vaterlande zu weihen", zurückkehrt; die „Pflicht des Einzelnen" sei es, „zu den Waffen zu greifen, den anderen, wie die hochherzigen Tiroler, ein Beispiel zu geben". Da Kleist seit 1809, dem Aufstand der Tiroler unter Andreas Hofer, auf die Österreicher setzte, entwarf er als Vaterland nicht Preußen, sondern das „Reich" – er meinte das Heilige Römische Reich Deutscher Nation – und als Aufgabe, dieses Reich, „das zertrümmert ward, wiederherzustellen".

Der Grundwiderspruch Kleists und seine Ausprägung im Stück
Lebenslang beschäftigte sich Kleist mit dem **Konflikt zwischen Staat und Individuum**, einem Thema des gesamten 18. und beginnenden 19. Jahrhunderts, variiert im Konflikt zwischen gesellschaftlichem Anspruch und persönlicher Freiheit. Als preußischer Patriot wurde ihm der Konflikt zur eigenen Bedrückung, als Preußen vom Frankreich Napoleons beherrscht wurde. Sein *Prinz Friedrich von Homburg* gehört unter dieser Voraussetzung zum antinapoleonischen Befreiungskampf. Dadurch beginnen die spezifischen Probleme Kleists mit der eigenen Lebensgestaltung, die sich immer im Umkreis der monarchischen Macht vollziehen sollte, aber ebenso oft mit ihr in Widerspruch geriet. Kleists wiederkehrendes Thema ist der **Widerspruch zwischen gesellschaftlicher Rolle und Aufgabe und individuellem Bedürfnis**.
1799 verließ Kleist die Armee und begründete das in einem umfangreichen Brief an Christian Ernst Martini, seinen ehemaligen Hauslehrer, am 19. März 1799:

„Die größten Wunder militärischer Disziplin, die der Gegenstand des Erstaunens aller Kenner waren, wurden der Gegenstand meiner herzlichsten Verachtung; die Offiziere hielt ich für so viele Exerziermeister, die Soldaten für so viele Sklaven, und wenn das ganze Regiment seine Künste machte, schien es mir als ein lebendiges Monument der Tyrannei. … In solchen Augenblicken musste natürlich der Wunsch in mir entstehen, einen Stand zu verlassen, in welchem ich von zwei durchaus entgegengesetzten Prinzipien unaufhörlich gemartert wurde, immer zweifelhaft war, ob ich als Mensch oder als Offizier handeln musste."

Das preußische Heer, aus dem Kleist ausschied, wurde 1806 völlig vernichtet. Insofern waren Kleists militärische Vorstellungen vom Befreiungskampf anderer Art, als er sie bei seinem Eintritt in die Armee vorgefunden hatte. So erklärt sich auch, dass er seinen Homburg in der Schlacht eher nach der modernen französischen als nach der überholten preußischen Strategie kämpfen lässt.

Der preußische Stoff
Zu den sittlichen Modellen gehörte, dass Kleist einem **preußischen Offizier menschliche Leidensfähigkeit** zubilligte. In der wichtigen Szene 3. Akt, 5. Auftritt bricht

Homburgs bisheriger Lebensplan völlig zusammen: An die Stelle des Strebens nach kriegerischem Ruhm und Liebesglück tritt **Todesfurcht**, die aber eines preußischen Offiziers nach traditionellem Verständnis nicht angemessen oder gar würdig ist. Kleist hatte dagegen solche Todesfurcht selbst erlebt, als er 1807 in Berlin von den Franzosen verhaftet und wochenlang eingesperrt worden war. Im Nachhinein schrieb Kleist an seinen Gönner Karl Freiherrn von Stein zum Altenstein am 22. Dezember 1807 mit ähnlichen Worten, „beim Klang der Sterbeglocke" frage man nicht mehr, „wem es gilt".

Merke:
Homburgs Todesfurcht beeinträchtigte die Wirkung des Stückes bei Hofe und in aristokratischen Kreisen: Ein Offizier dieser Haltung war nicht würdig, ein preußischer Offizier zu sein. Bei Kleist wurde er aber dadurch zum Menschen und zu großer Entscheidungsfreude fähig, die Homburg zur Einsicht der wahrhaft richtigen Entscheidung für Vaterland und Gesellschaft leitete.

Den **Stoff** entnahm Kleist historischen Abrissen über die Hohenzollern, unter anderem den *Mémoires pour servir à l'histoire de la Maison de Brandebourg* (1751) von Friedrich II. von Preußen und aus ähnlich verlaufenen Beispielen. Auch gab es Bilder über den Vorfall, unter anderem einen Kupferstich von Daniel Chodowiecki. Friedrich Wilhelm III. veranlasste ein Preisausschreiben zu einem Bild, das der Braunschweiger Maler Karl Heinrich Kretschmar gewann.

Merke:
Kleist wollte mit seinem Stück ein **Beispiel für preußische Ehre, patriotische Pflicht und individuelle Verantwortung** geben; es ist ein nationales, ein „vaterländisches" Drama. Den Akzent setzte Kleist nicht auf Handlungen, die *ohne* einen entsprechenden Befehl vollzogen wurden, sondern bei ihm handelte Homburg *gegen* den erlassenen Befehl.

Es sind deutlich hervortretend zwei Ebenen, die miteinander in Beziehung treten:

1. Brandenburgs Großem Kurfürsten wird ein Denkmal gesetzt; durch ihn wurden die Voraussetzungen des preußischen Königtums geschaffen. Erinnert wird an die glorreiche Frühzeit dieses preußischen Staates, um daraus Motivationen für den Kampf gegen die aktuelle Fremdherrschaft zu beziehen.
2. Die zweite Ebene ist diese Gegenwart; was für das Stück die Schweden sind, sind für diese Gegenwart die Franzosen, der „Erzfeind" (*Katechismus der Deutschen*).

Ein „vaterländisches Drama (mit mancherlei Beziehungen)"

Kleist bot seinem Verleger Georg Andreas Reimer am 21. Juni 1811 das Schauspiel zum Druck an: „Wollen Sie ein Drama von mir drucken, ein *vaterländisches* (mit mancherlei Beziehungen) namens der *Prinz von Homburg* ...?"

Mögliche Entsprechungen:	
das vaterländische Drama:	
1675 Der Stoff als Geburtsstunde der preußischen Macht; Friedrich Wilhelm, der Große Kurfürst, als idealisierter Herrscher; Kampf gegen Fremdherrschaft; patriotische Verantwortung, Vertreibung der Schweden,	1809 Vergleich mit einem Tiefpunkt der preußischen Geschichte; Friedrich Wilhelm III. und seine Unentschiedenheit; Kampf gegen Fremdherrschaft; patriotische Verantwortung. Vertreibung der Franzosen.
– „mancherlei Beziehungen“:	
Friedrich von Homburg; Natalie von Oranien; Siegreicher blühender Staat,	Prinz Louis Ferdinand, Luise von Preußen. Hoffnung auf einen blühenden Staat.

Interpretatorischer Ansatz unter Beachtung der Handlung:

Die Theatralisierung des Geschehens
Merkmalliste

Der **Beispielcharakter** wird in der ausgeprägten Theatralisierung des Geschehens deutlich:

1. Das Stück beginnt unter einer „Rampe“ an einem Schloss, die nicht nur „Auf- und Abfahrt“ assoziiert, sondern auch Bühne und Zuschauer.
2. Eine ausgesprochen „theatralische“ Szene schließt sich an, wenn Homburg sich einen Lorbeerkranz windet.
3. Der Eindruck verstärkt sich, wenn Hohenzollern von Homburg als dem „Held(en)“ spricht und kaum den militärischen Helden meint; umgeben wird der „Held“ von Fragen „wer?“ und „wo?“ (1.1., S. 6), die an die Eröffnung von Shakespeares *Hamlet* erinnern, wie auch der Prinz von Homburg an Hamlet erinnert.
4. Die Fragen werden später wieder aufgenommen (1.5., S. 21) und begleiten Homburgs Fehlentscheidung.
5. Das Stück endet an der erwähnten „Rampe“ wiederum in der Nacht; ein Rahmen schließt sich fast symmetrisch.
6. Der Rahmen besteht aus Requisiten, nicht aus dem gesprochenen Wort: Aus dem erträumten Siegeskranz wird nun der tatsächliche Siegeskranz.
7. Der Spielcharakter wird zusätzlich dadurch unterstrichen, dass Homburgs Hinrichtung fingiert, „gespielt“ wird.
8. Seine Krönung mit dem Lorbeer erscheint ebenfalls als Inszenierung, seine Ohnmacht und seine Erweckung durch Kanonenschüsse erreichen die Grenze der Trivialität und entbehren jedes realen Bezugs.

9. Das veranlasste manche Kritiker, das Stück als Komödie zu betrachten.
10. Durch das nicht nur versöhnliche, sondern in jeder Hinsicht zum Guten übersteigerte Ende entsteht Irritation: In der Bühnenhandlung werden die Konflikte zwischen Homburgs privatem und politisch-militärischem Interesse gelöst und aufgehoben, in der Realität war solches unmöglich.

Der Entwurf eines idealen Preußens

Es ist ungewiss, ob Kleist damit Kritik am preußischen System oder Stilisierung dieses Systems erreichen wollte. Damit wird zwischen dem Zuschauer und der Handlung durch das Spiel eine deutliche Distanz hergestellt, die der Bühnenhandlung eine fast **parabolische Bedeutung** verleiht. Sie wird auch in anderer Weise entwickelt:

> Das von Kleist auf die Bühne gebrachte Preußen ist nicht das Preußen seiner Zeit, aber auch nicht das zurückliegende Preußen des Großen Kurfürsten, sondern ein ideales Preußen, das nie existiert hat.

Das fiktive Preußen im *Prinzen Friedrich von Homburg* geht auf Kleists Entwürfe zurück, die er aus dem Studium Rousseaus abgeleitet hatte und selbst in einer natürlichen Idylle in der Schweiz zu leben versuchte; darin sollte die Beziehung des Individuums zu Gesellschaft und Welt widerspruchsfrei und patriarchalisch sein. Insofern war das Preußen Kleists im *Prinzen Friedrich von Homburg* ein idealer Staat, in dem der Kurfürst mehr Patriarch und Vater als Herrscher ist: Homburg spricht ihn auch als „Friedrich! Mein Fürst! Mein Vater!" (1.1., V. 67) an. In diesem Staat werden absolutistische Zwänge durch die Möglichkeit der eigenen Beurteilung, wie sie Homburg für seine Taten vornehmen darf, abgeschafft und Offiziere können ohne jegliche Androhung von Strafe dem Alleinherrscher eine kritische Analyse des Systems vortragen, die dann auch noch vom Herrscher angenommen wird. Sie selbst werden zu eigenem Urteil, nicht zur Einhaltung eines Befehls des Kurfürsten aufgerufen: „Ja, urteilt selbst, ihr Herrn!" (5.9., V. 1818) Als die Offiziere sich entschließen, es trotz der Leichtfertigkeit nochmals mit Homburg als ihrem Heerführer zu versuchen – das grenzt an eine demokratische Abstimmung über Vorgesetzte, und das in Preußen –, zerreißt der Kurfürst das schon unterschriebene Todesurteil.

Die Übereinstimmung der Order des Militärs und der Order des Herzens

Das Spiel im Spiele, das durchschimmert, bezieht sich auf Kleists Vorstoß in dem Stück:

- Bezogen auf den Kampf gegen die Fremdherrschaft will Kleist die Spitze des Staates, den König, durch Taten legitimiert sehen.
- Deshalb erinnert er an den Großen Kurfürsten und gibt ihm eine durchaus väterliche, geradezu patriarchalische Ausstrahlung.
- Aber Kleist ist weit entfernt, deshalb dem König zuzujubeln, sondern sieht ihn in kritischer Distanz, aus der heraus es vor dem Hintergrund der nationalen Aufgabe zur abgestimmten Beziehung zwischen dem Individuum und der Staatsräson kommen muss.
- Der Große Kurfürst ist entscheidungsfreudig, auch Homburg ist es. Ihre Gründe sind unterschiedlich: Sieht der Kurfürst sich als Inkarnation der Macht, als Verkörperung seines Landes und als Personifizierung der patriotischen Pflicht, so geht es Homburg um Glück und Ehre.

- Die „Order“ des Militärs, des Kurfürsten, steht der Order „vom Herzen“ Homburgs gegenüber.
- Sind die Gründe des Kurfürsten für sein Verhalten aus staatspolitischer Verantwortung entstanden, so die Homburgs aus individuellen Ansprüchen.
- Dass schließlich die drohende Katastrophe für Homburg ausbleibt, was schon frühzeitig angedeutet wird, folgt aus der weitgehenden Übereinstimmung der Ergebnisse der beiden Handlungen: Der Feind wird vernichtet. –

Interpretatorischer Ansatz unter Beachtung der Titelfigur:

Homburgs Sonderstellung im Schauspiel

Eine genaue Betrachtung der Eröffnungszene (1.1.) lässt Homburgs Sonderstellung erkennen:

- Die historische Grundsituation wird beschrieben: Die Preußen befinden sich in einem hartnäckigem Abwehrkampf gegen die eingedrungenen Schweden, die sich nun auf der Flucht befinden. Das weitere Vorgehen ist beschlossen, nur Friedrich von Homburg – „der Held“ (V. 23) – hat sich aus diesem Plan gelöst und damit bereits ein erstes Mal **Schuld auf sich geladen**, die sich dadurch verstärkt, dass er schlafend gefunden wird, während seine Reiter bereits zur Schlacht reiten.
- Er hat zudem bereits hier **individuelle Wünsche über die Gemeinwünsche** gesetzt: Statt die Befreiung von den Schweden weiter zu betreiben, sonnt er sich in seinem individuellen Ruhm („… beschäftiget, / Sich träumend, seiner eignen Nachwelt gleich, / Den prächtgen Kranz des Ruhmes einzuwinden.“, V. 26 ff.)
- Für die Kurfürstin gibt es nur eine Erklärung: **Homburg ist krank**. Damit sind die Werte in dieser Gesellschaft bereits deutlich bestimmt: Es bestimmen die Forderungen des Gemeinwesens die Handlungen der Individuen, die sich nur im Krankheitsfalle davon zurückziehen können.
- Graf Hohenzollern – sein Namen deutet auf die süddeutsche Fürstenlinie innerhalb der preußischen Gesamtlinie – erklärt das Verhalten dagegen als **„Unart seines Geistes“** (V. 38), wodurch Gefühlsregungen abgewertet und durch klare Vernunftentscheidungen ersetzt werden.
- Diese Unart des Geistes zeigt sich in kritikwürdigen **unheldischen Verhaltensweisen** („Verstört und schüchtern, heimlich, ganz unwürdig, / Ein unerfreulich, jammernswürdger Anblick!“, V. 1165 f.), die auch Natalie ablehnt.

Homburgs Anliegen

Homburgs Sieg ist zweischneidig:

1. Sein Sieg über die Schweden zeigt ihn patriotisch und edel, wenn er sich auch fast zufällig ereignet.
2. Bestätigt wird dadurch allerdings der Anspruch des Individuums, im Falle Homburgs zugespitzt, denn er will für sein privates Glück, nicht für die nationale Ehre siegen.
3. Zur Gefahr wird ein solcher Sieg, wenn er das Individuum bestätigt, aber die Gesellschaft, deren Teil es ist und in deren Auftrag es handelt, stört oder zerstört, weil der Sieg nicht den gemeinsamen Zielen entspricht.

In der Bewertung der Entscheidung Homburgs hat einer der Biografen Kleists darauf aufmerksam gemacht, dass Homburg im Gegensatz zur alten preußischen Kriegsführung moderne napoleonische Strategie vertritt:

> *„Kleist nähert sich damit bestimmten Forderungen der preußischen Militärreformer. Scharnhorst zum Beispiel vertrat die Ansicht, dass entgegen den Gepflogenheiten der bisherigen feudalen Kriegführung komplizierte Schlachtpläne und Umgehungsmanöver zu meiden wären. Stattdessen wollte man sich der Kampftechnik der Napoleonischen Heere annähern: In dichter und konzentrierter überfallartiger Abfolge von Infanterie- und Kavallerieangriff sollte der Gegner zerbrochen werden."*[28]

Dass diese Lesart dem Text gerecht wird, macht Kottwitz gegenüber dem Kurfürsten deutlich, wenn er erklärt: Wäre Homburg nicht vorzeitig zum Angriff entschlossen gewesen, hätten die Schweden ihre Posten wieder fassen können, „in den Schluchten, / Und nimmermehr hättst du den Sieg erkämpft" (V. 1535).

Aber Homburg ist auch nicht so patriotisch, wie gemeint wird:

1. Eine oft im Werk wiederkehrende Vorstellung Kleists war die des Grabes, die der jeweiligen Figur Angst und Schrecken einjagt. Ein schreckhafter, gar ängstlicher Offizier ist aber kein ehrenhafter Offizier im preußischen Sinn.
2. Die sogenannte **„Todesfurchtszene"** aus dem Schauspiel wurde deshalb auch immer wieder Stein des Anstoßes; Kaiser Wilhelm II. nannte sie eine „Feigheitsszene". Der Prinz von Homburg will „nichts, als leben" seit er sein Grab sah und fragt „nichts mehr, ob es rühmlich sei!" (V. 1003 f.) Unpreußischer kann sich ein preußischer Offizier nicht verhalten. Schließlich fügt er sich aber in das Urteil, will „den Tod … erdulden": „Ich will das heilige Gesetz des Kriegs, / Das ich verletzt, im Angesicht des Heers, / Durch eine freien Tod verherrlichen!" (V. 1745, 1750 ff.)

Befreiungskrieg und Schauspiel

Wie eng der von Kleist erwünschte nationale Befreiungskrieg und sein Schauspiel miteinander korrespondierten, wurde in Kleists Schrift *Was gilt es in diesem Kriege?* (politischer Aufsatz für die politische Zeitschrift *Phöbus*, 1809) erkennbar. Er fragt ganz im Sinne seines Prinzen von Homburg in einer Vielzahl von Gründen, weshalb ein Krieg geführt werden könnte:

> *„Gilt es, was es gegolten hat sonst, in den Kriegen, die geführt worden sind, auf dem Gebiete der unermesslichen Welt? Gilt es den Ruhm eines jungen und unternehmenden Fürsten, der in dem Duft einer lieblichen Sommernacht von Lorbeern geträumt hat?"*

Seine Antwort ist patriotisch, manchmal aus historischem Abstand auch problematisch national. Es wird ein Deutschtum beschrieben, bei dem das erstarkende Nationalbewusstsein Grundlage der neuen Menschheitsordnung werden könnte und in das Kleist sowohl Wissenschaftler (Guericke, Keppler) und Theologen (Luther, Melanchthon), Dichter (Klopstock, Goethe aber wird nicht genannt) und Maler, schließlich auch Politiker wie „Josef und Friedrich" – gemeint sind der deutsche Kaiser Josef II. und König Friedrich II. von Preußen – einbezog:

28 Rudolf Loch: *Heinrich von Kleist. Leben und Werk*. Leipzig: Verlag Philipp Reclam jun., 1978, S. 226

„Eine Gemeinschaft mithin gilt es, die dem ganzen Menschengeschlechte angehört; die die Wilden der Südsee noch, wenn sie sie kennten, zu beschützen herbeiströmen würden. Eine Gemeinschaft, deren Dasein keine deutsche Brust überleben und die nur mit dem Blut, vor dem die Sonne erdunkelt, zu Grabe gebracht werden soll."

Ziel war die Unterordnung aller individuell-privaten Interessen unter die Anliegen des Nationalen. Von hier aus dürfte auch der Zugang zu Kleists Schauspiel leichter sein:

1. Wichtig war nicht die Art der Entscheidung, sondern das erreichte Ziel, in diesem Fall der Sieg über die fremden, schwedischen Truppen, stellvertretend für den ersehnten Sieg über die Franzosen.
2. Dem Ziel der nationalen Erhebung und des Sieges über die fremden Truppen sollten sich nach Kleists Verständnis alle unterordnen, besonders aber die noch nach absolutistischen Gesetzen regierenden Fürsten und Könige.
3. Insofern stützte sein Entwurf einer nationalen Befreiung zwar einerseits den monarchischen Gedanken, war aber andererseits zukunftsorientiert, weil der absolutistischen Herrschaft ihr Selbstzweck genommen wurde.

Interpretatorischer Ansatz unter Beachtung der Form:

Das klassische Drama und der Widerspruch
Das klassische Drama:

- Als Form wählte Kleist das klassische Drama mit dem **jambischen reimlosen Fünfheber** (Blankvers); in diesen Versen sprechen alle Personen, auch die Bediensteten.
- Manchmal wird der **Rhythmus** des Textes variiert; es sind immer Ausnahmesituationen, so die Anrufung Homburgs durch den Grafen Hohenzollern: „Arthur" (1.4., V. 92), die Homburg wieder in die Wirklichkeit zurückbringen, und ähnliche Anlässe.
- Ähnlich werden **Ansprachen** verändert rhythmisiert, in diesem Falle trochäisch: „Guten Morgen, Kottwitz! – Guten Morgen, Freunde!" (2.2., V. 405)
- Alle formalen Kriterien weisen auf ein **aristotelisch gebautes Schauspiel** hin; es entspricht den Vorgaben des klassischen Dramas. Besonders in der äußerlichen Erscheinung wird das deutlich: fünf Akte, Blankverse. Der Höhepunkt des Stückes liegt im 3. Akt, 5. Auftritt: Es ist die sogenannte „Todesfurchtszene" (V. 980 ff.). Aber gerade der Höhepunkt macht deutlich, dass es einen tiefgreifenden Widerspruch im Stück gibt, der seine klassische Form in Frage stellt.
- **Andere klassisch anmutende Elemente:** eine weitgehend einheitliche Zeit, gedrängter Zeitablauf, wenig Beteiligte und wenig Massenszenen (nur im militärischen Bereich), außer den Hauptgestalten manche Figuren nur angedeutet.

Der Widerspruch:

- Während die Form auf das klassische Drama weist, stimmt der **Weg der Hauptgestalt** nicht mit klassischen Handlungsabläufen überein.
- Wie Kleist durch sein Leben als ein Scheiternder zog, so zieht auch Homburg von Station zu Station als ein **Einsamer und Scheiternder**, der sein Leben auf der Bühne im Traum beginnt und im Traum endet. Ob und wie weit sich Homburg wieder ins Gemeinwesen einordnet und seine Aufgaben übernimmt, bleibt un-

geklärt. Für ihn endet das Stück im „Traum" (V. 1854), während die anwesenden Offiziere „Ins Feld!" und „Zur Schlacht!" drängen.
- Während die klassische Form des Schauspiels ein ideales Gemeinwesen vorstellt, das sich auf Vernunft gründet, sieht sich Homburg darin als **Fremdkörper**, da er sich dem Gefühl verpflichtet hat.
- Selbst als Homburg das **Gefühl** zurückdrängt und die Gnade des Kurfürsten ablehnt, fügt er sich nur deshalb in das Wertesystem der Gemeinschaft ein („Ich will ihm, der so würdig vor mir steht, / Nicht, ein Unwürdger, gegenüber stehn!" V. 1380 f.), um danach zu sterben und damit seine Schuld, die er nunmehr einsieht, zu sühnen. Seine Entscheidung führte nur zu einer punktuellen Übereinstimmung von Individuum und Gesellschaft.
- **Stationen Homburgs:** Verwirrung durch Neigung, verhängnisvolle Unaufmerksamkeiten in seiner Tätigkeit, eine Insubordination in der Schlacht, eine Entwaffnung wegen Befehlsmissachtung, Gefängnisaufenthalt, ein Todesurteil, das Erlebnis eines für ihn ausgehobenen Grabes, eine unheldische Entsagung von Liebe und Heldentum, eine zweischneidige Begnadigung, ein Schuldeingeständnis und damit verbunden Todesbereitschaft, eine wenn auch fiktive Hinrichtung mit „Totenmarsch" (vor V. 1830) und eine theatralische opernhafte Erhebung.
- Homburg agiert mehrfach im **Traum**, ist reizbar und aufgeregt, der typische Nervenmensch der Romantik, den Gefühle zu übermannen vermögen.
- Homburgs Lebensabschnitt deutet sich als **Stationenfolge** an, die mit den Entwicklungen und kathartischen Vorgängen des klassischen Dramas nichts zu tun hat und auch nicht zu einer Peripetie führt, sondern die Hauptgestalt von Anfang bis Ende auf einem gleichen Wege sieht, der im Traum beginnt und endet. Die Titelgestalt des Schauspiels, Träger des individuellen Inhalts, befindet sich mit der Form des Schauspiels, die dem gesellschaftlichen Gemeinwesen verpflichtet ist, nicht in Übereinstimmung.

Interpretatorischer Ansatz unter Beachtung der Figurenkonstellation:

Das Figurenensemble konzentriert sich auf höfische Verhältnisse; „Volk jeden Alters und Geschlechts", wie es in der Personenliste heißt, tritt am Rande auf und wird in die höfischen Verhältnisse einbezogen, schon durch ihren klassischen Redefluss.

Die Figurenkonstellation

Zwei Figurenbewegungen:

Eine erste Figurenbewegung,

an der alle Figuren beteiligt sind, vollzieht sich als Kriegsgeschehen, „in dem Gefild der Schlacht" (V. 75), und folgt dem Modell des aristotelisch-klassischen Dramas. Die Gegenspieler sind der Kurfürst und seine Begleitung (Kurfürstin und einige Offiziere) einerseits und andererseits die Führung des Homburg'schen Regiments (Kottwitz und „hundert Offiziere" (5.3., V. 1434). Natalie bekommt innerhalb dieser Bewegung die Funktion eines Mittlers. Das Konfliktmaterial ist das Verhalten des Prinzen Friedrich von Homburg:

1. Die Armee des Kurfürsten von Brandenburg verfolgt die flüchtigen Schweden und ist dabei im Hauptquartier Fehrbellin angekommen. Von hier aus zieht sie erneut in die Schlacht, in die Homburg bereits gezogen sein sollte. Der aber flicht sich im Traum seinen Siegerkranz.

2. Die Schlacht bei Fehrbellin gegen die Schweden entbrennt. Homburg gibt entgegen dem Schlachtplan den Einsatzbefehl. Er kehrt als Sieger heim, aber die Schweden hatten die Möglichkeit zur Flucht und deshalb wird Homburg vor ein Kriegsgericht gestellt.

3. Homburg muss zu seinem Entsetzen erfahren, dass der Kurfürst das Kriegsrecht voll anwendet und sein Todesurteil unterschrieben hat. Alles Ehrgefühl fällt von ihm ab und er will nur noch um jeden Preis leben.

4. Natalie bittet beim Kurfürsten um Gnade, er gewährt sie, aber Homburg soll ihm sagen, dass ihm Unrecht geschehen ist.
Homburg verweigert das und nimmt seine Schuld an; die Hinrichtung scheint ihm sicher.

5. Homburgs Regiment bittet um Gnade; aber Homburg lehnt auch das ab: Der Tod soll seine Schuld sühnen. Die Hinrichtung wird scheinbar vorbereitet; Homburg aber dann als Sieger geehrt und mit Natalie belohnt, worauf er in Ohnmacht fällt. Der Krieg wird fortgeführt.

Beachte:
Eine ähnliche Szene wie die Krönung Homburgs mit dem Lorbeerkranz als Sieger (5. Akt, 11. Auftritt) findet sich am Ende von Goethes *Egmont* (1787): Dem auf seine Hinrichtung wartenden Egmont erscheint im Traum eine „glänzende Erscheinung"; es ist die Freiheit mit den Zügen seiner Geliebten Klärchen. Sie sieht in Egmont den Sieger, da sein Tod den Provinzen die Freiheit bringen wird, „und reicht ihm einen Lorbeerkranz" (5. Aufzug, Schluss), während man eine kriegerische Musik hört. Die Szene ist von einer erstaunlichen Ähnlichkeit der Schluss-Szene Kleists.

Eine zweite Figurenbewegung
vollzieht Friedrich von Homburg: Er bewegt sich im Grenzbereich zwischen Traum und Wirklichkeit linear von Station zu Station. Eine Begründung dafür ist die „Unart seines Geistes" (V. 39), die ihn den vorgesehenen, geplanten oder befohlenen Weg nicht einhalten lässt. Der „Traum" wird zum Gegensatz des „Gefild(es) der Schlacht" (V. 75 ff.):

1. Homburg „halb wachend halb schlafend" (1.1.), schlafwandelnd (1.4., V. 115 f.), im „Traum", ein „sinnverwirrter Träumer" (V. 112), „unbewusst" (V. 115), „träumt vor sich nieder" (1.4., vor V. 205). Seine Reiterei, an die er sich nicht einmal erinnert („Welch eine Reuterei?" 1.4., V. 98) ist bereits ohne ihn losgeritten; Homburg ist nicht „bei Sinnen", „verwirrt" (1.5., V. 318), „träumt vor sich nieder" (1.5., nach V. 332)

↘

2. Homburg hat kaum Erinnerung an die Befehlsausgabe zur Schlacht („zerstreut", 2.2., V. 420), Fortsetzung des Traumzustands („vor sich niedergeträumt" 2.2. vor V. 428). Folge ist der befehlswidrige Eingriff in die Schlacht und Homburgs Unsicherheit nach seiner Gefangennahme: „Träum ich? Wach ich?" (2.10., V. 765)

↘

3. Erschütterung des Prinzen über das Urteil, Erlebnis des Grabes: Verzicht auf Ruhm, um am Leben zu bleiben („... frage nichts mehr, ob es rühmlich sei!" V. 1004)

↘

4. Natalie berichtet vom unwürdigen Eindruck, den Homburg gemacht habe: „verstört und schüchtern, heimlich, ganz unwürdig" (4.1., V. 1165). Als Natalie die Begnadigung bringt, ist es für Homburg „ein Traum" (4.4., V. 1305)

↘

5. Als Homburg von Natalie mit dem Kranz auf dem Kopf geehrt wird, fällt er „in Ohnmacht" (5.11). Erwachend sieht er sich als Sieger von Fehrbellin gefeiert und fragt: „Ist es ein Traum?" (5.11., V. 1855).

Diese Stationen Homburgs werden von einem breit angelegten Wortfeld „Traum" begleitet, das ergänzt wird durch Begriffe der Sinnesverwirrung und Ohnmacht.

In diesen beiden Figurenbewegungen treffen die beiden Grundtypen des Dramas aufeinander, einmal das aristotelische fünfaktige Drama und zum anderen eine Frühform des Stationendramas.

Merkmalliste der Beziehungen der Figuren:

- die Beziehungen sind frei von Zwängen und Unterordnungen;
- sie sind geprägt durch vertrauensvolle Ehrlichkeit bei Verzicht auf alle Manipulationen;
- ihre Entscheidungen sind von einer aufklärerischen Moral geprägt und frei von persönlichen und privaten Ansprüchen;
- ihr Verhältnis zur Macht ist durchgehend bestimmt durch vernünftige Argumentationen, denen sich schließlich auch Homburg unterwirft, der als einziger individuelle Ängste ins Spiel brachte („Todesfurchtszene"), aber schließlich postuliert: „Ich will ihm, der so würdig vor mir steht, / Nicht, ein Unwürdger, gegenüber stehn!" (V. 1380 f.)

Der Große Kurfürst

Kleist zeichnete ein ideales Staatswesen, wie es das Preußen des Großen Kurfürsten keineswegs war. Dieses Staatswesen ist bei Kleist geprägt von einem hohen Gerechtigkeitssinn, patriotischer Grundhaltung und menschlicher Lauterkeit. Die Machtausübung wird von Vernunft bestimmt. Insofern sind die Figuren, allen voran der Große Kurfürst, von **aufklärerischen Haltungen** geprägt, die sie historisch nicht haben konnten.

Dieser Haltung unterwirft sich schließlich auch Friedrich von Homburg, indem er sein Versagen anerkennt und die entsprechenden Konsequenzen zu tragen bereit ist. Indem er zum Sterben bereit ist, ist es allerdings nur eine kurzzeitige Unterwerfung. Ihm wiederum schließt sich Natalie an, die in der Anerkennung von Schuld einen Ausdruck von Homburgs Souveränität und geistiger Würde sieht: Selbst wenn er nun hingerichtet würde, jauchzte sie über diese Haltung ihres Geliebten.

Durch diese aufklärerisch vernünftigen Haltungen erscheint auch das Staatswesen in einem entsprechenden Licht:

- Recht und Gesetz werden ohne Ansehen der Person durchgesetzt, vor dem Gesetz sind tatsächlich alle Menschen gleich;
- höchster Anspruch ist bei jeder Beurteilung das Vaterland, das aber ist eine Ableitung aus natürlicher Beziehung zwischen Mensch und Ort seiner Bindung,
- der Kurfürst wird zur Vaterfigur und nimmt diese Funktion schließlich auch gegenüber Natalie und Homburg wahr („Gott schuf noch nichts Milderes, als dich." V. 1111);
- der Staat wird zu einem patriarchalisch geprägten Naturrechtsstaat,
- das vereinigende Medium in diesem Staat ist das Vaterland, dem sich alle verpflichtet sehen („Ist dir ein Heiligtum ganz unbekannt, / Das in dem Lager, Vaterland sich nennt?" V. 1120 f.);
- abgelehnt wird die Herrschaft des „Tyrannen" (V. 1112).

Der Konflikt zwischen dem Kurfürsten und Homburg

Beide geraten in einen Konflikt, der beim jeweils anderen die **vorbildhafte Haltung** sucht. So überlässt der Kurfürst die Entscheidung über Schuld oder Unschuld dem Prinzen von Homburg, den er begnadigen will, „wenn er den Spruch für ungerecht kann halten" (V. 1185). Homburg entscheidet sich aber nicht so, wie er es angestrebt hatte, sondern so, wie er wünscht, vom Kurfürsten gesehen zu werden: „Mir ziemt's hier zu verfahren, wie ich soll!" V. 1375). Damit erreicht Homburg wieder jene **Würde**, die ihn dem Kürfürsten gleichberechtigt macht. Beide aber haben das höhere Interesse begriffen, in dem sie stehen: im Dienste des Staates und des Vaterlandes. Indem sich beide unter diesem Dach gegenseitig anerkennen, kann Schuld auch vergeben werden. Das ist kein Spiel und hat nichts Willkürliches, sondern als höchste Institution gilt das Gesetz des Vaterlandes. Der Konflikt wird durch eine privat-persönliche Komponente – die Beziehung zu Natalie – verstärkt. Die Kontrahenten treffen auf dem Höhepunkt nicht selbst aufeinander, sondern der Konflikt zwischen ihnen wird durch Natalie verhandelt:

4.1.	4.2.	4.3./4.4.
Kurfürst – Natalie „… er fleht um Gnade?" (V. 1159) „Wenn er den Spruch für ungerecht kann halten / Kassier ich den Artikel: er ist frei!" (V. 1185 f.)	**Natalie** bereitet eine Variante zur Befreiung vor und fordert ihr Regiment zum Marsch auf.	Homburg, Homburg – Natalie „… kann er mir /Vergeben nur, wenn ich mit ihm drum streite, / So mag ich nichts von seiner Gnade wissen." (V. 1383 ff.)

Kleists Ende als Ausdruck des gescheiterten nationalen Vorhabens

Kleist ging mit einer befreundeten Frau in den Freitod. Die Ursache dafür war ein Leben, das er als gescheitert betrachtete. Aber in den letzten Briefen gab er als weiteren Grund für den geplanten Tod den **Verrat des Königs** an, der eine Allianz mit den Franzosen geschlossen habe, während die Nation die Befreiung durch die Koalition mit Russland erwartete. Kleist steigerte nochmals die Vollkommenheit des Todes: Seine „jauchzende Sorge" sei, „einen Abgrund tief genug zu finden, um mit ihr hinab zu stürzen". Wiederum zwei Tage später berichtete er vom Wechselspiel von „Tod und Liebe", die seine letzten Augenblicke „mit Blumen, himmlischen und irdischen", bekränzten. Das Bild des Kranzes begegnet in Kleists Werk mehrfach und spielt im *Prinz Friedrich von Homburg* eine wichtige Rolle. Im letzten Brief am Morgen des Todes, an seine Halbschwester Ulrike, der die berühmten Worte enthält „Die Wahrheit ist, dass mir auf Erden nicht zu helfen war.", wünscht er Ulrike einen Tod „nur halb an Freude und unaussprechlicher Heiterkeit, dem meinigen gleich". Kleist starb als ein **Gescheiterter** und empfand sich auch so.

4.4 Verknüpfungspunkte zwischen den Dramen

Im dargestellten geschichtlichen, politischen, ökonomischen und philosophischem Umfeld von 1780 bis 1848 entstanden Johann Wolfgang von Goethes ***Iphigenie auf Tauris*** (1779 Prosafassung und UA; Erstdruck der Versfassung 1787), Heinrich von Kleists ***Prinz Friedrich von Homburg*** (1809–1811, UA u. Erstdruck 1821) und Georg Büchners ***Woyzeck*** (1836, Erstdruck 1878, UA 1913).
Gemeinsamkeiten und Unterschiede, Vergleiche und Beziehungen wurden in der Darstellung der Dramen bereits genannt; sie sollen hier der Übersicht halber zusammengestellt und ergänzt werden und stellen sich folgendermaßen dar:

1. Goethes *Iphigenie auf Tauris* stellt einen **Höhepunkt** der klassischen deutschen Dramatik dar, erfüllt alle Bedingungen eines aristotelischen Dramas in vollkommener Weise und stellt in Thoas die vollkommene Ausformung eines aufgeklärten Fürsten dar; Georg Büchner schrieb mit *Woyzeck* einen polaren **Gegensatz** dazu, indem er dem klassischen Drama das erste sozial-plebejische, teils proletarische Drama entgegenstellte, das außerdem die Merkmale eines nichtaristotelischen Stückes, im konkreten Fall eines Stationendramas aufwies. Kleists *Prinz Friedrich von Homburg* hat formal die Merkmale eines klassischen Dramas, inhaltlich widerspricht das Schauspiel demselben.

2. Die historischen Titelpersonen Iphigenie, der Prinz von Homburg und Woyzeck weisen auf prinzipielle Veränderungen in den jeweiligen Geschichtsabläufen hin, da ihre Biografien gegenüber zeitgleich üblichen Lebensläufen Brüche bekommen: **Iphigenie** stammt aus der berühmten mythologischen Familie der Tantaliden, die von den Göttern verflucht wurde und den Fluch von Generation zu Generation vererbt, der **Prinz von Homburg** fiel durch Insubordination gegenüber preußischer Pflichtauffassung auf und forderte, als Vorbild für den Befreiungskampf Preußens gegen Napoleon um 1810, das Recht des Individuums in einem solchen Befreiungskrieg ein, **Woyzeck** war ein bettelarmer Perückenmachergeselle ohne Einfluss und Bedeutung, von vielen gedemütigt und verlacht, der zum Mörder wird, als man sein letztes Stückchen eigenes Glück – die natürliche Familienbeziehung ohne gesetzliche Legitimation – zerstört.
3. Gilt Goethes *Iphigenie auf Tauris* als Sinnbild eines vorbildhaften sittlichen Verhaltens und einer wirksamen **Menschlichkeit**, Kleists *Prinz Friedrich von Homburg* als Beispiel für einen national engagierten **Patriotismus** gegen Fremdherrschaft, so Büchners *Woyzeck* als Ausdruck vollständiger **Ohnmacht** des sozial entrechteten Individuums in einem sich herausbildenden Frühkapitalismus. Zeigt Goethes Stück die Vereinigung von aufklärerischem Denken, erzieherischer Wirksamkeit mit dem Ziel eines „aufgeklärten Fürsten" und ideal-klassischem Menschenbild, Kleists Stück den Übergang vom Naturrecht Rousseaus zum vaterländischen Denken bei Überwindung klassischer und romantischer Positionen, so erweist sich Georg Büchners Stück als Umsetzung der biologisch-sozialen Determination des Menschen, die zum Fatalismus führt, und der Entmenschlichung unter den Bedingungen eines ungleich verteilten Reichtums. Fatalismus, also Schicksalsglaube, ist einer der wichtigen Begriffe in Georg Büchners Denken, aber er setzt keineswegs die revolutionären Ambitionen des Dichters außer Kraft.
4. Ist Goethes Stück ein Beispiel einer vollkommenen **klassischen** (aristotelischen) **Dramenstruktur**, die in ihrem Vollzug mehrfach variiert wird – ähnlich aristotelisch läuft Kleists Stück formal dramaturgisch ab –, so ist Büchners Stück eine **Szenenfolge**, die pränaturalistische Züge des Stationenstücks aufweist. Die Stationen werden weniger durch eine durchgehende Handlung, mehr durch eine Symbolkette des Todes bestimmt. Die Stücke Goethes und Kleists einerseits und Büchners andererseits stehen sich schließlich inhaltlich und formal gegensätzlich gegenüber, einerseits aristokratisches Umfeld in klassischer Szene, andererseits plebejische, sozial gestörte Verhältnisse in scheinbar zufälliger Szenenfolge.
5. Georg Büchners lehnte **„Idealdichter"** ab; daraus entstand seine entschiedene Abneigung Schillers (Brief an die Familie vom 28. Juli 1835). Kleists naives Vertrauen in ländliche Ordnungen und Bauerntum – er plante 1801, nicht zuletzt unter dem Einfluss Rousseaus, als Bauer in der Schweiz ein **idyllisches Landleben** zu führen – stand diametral Büchners politischer Analyse des Bauerntums im *Hessischen Landboten* gegenüber.
6. Der Blick auf die drei Stücke macht deutlich, dass die **Strömungen** und literarischen Epochen, die in der tabellarischen Übersicht ausgewiesen werden (s. Epochenübersicht 12, 18), nicht einander folgten, sondern sich gegenseitig bedingten, durchdrangen und beeinflussten.
7. Goethes *Iphigenie auf Tauris* enthält die **Hoffnung** auf die Erziehung des Menschen zu Sittlichkeit und Menschlichkeit, im konkreten Fall die Erziehung eines absolutistischen Fürsten zu einem aufgeklärten Fürsten. Georg Büchners Dich-

tung ist mit ihrer verzweifelten **Auflehnung** gegen alle Fremdbestimmungen des Menschen ein letzter Versuch, das aufklärerische Menschenbild zu erhalten oder mindestens zu erinnern. Kleist versuchte, die von Rousseau beschriebene Beziehung zwischen gesellschaftlichem Zusammenleben und individueller Gefühlsfähigkeit in eine **Synthese** unter patriotischem Anspruch zu bringen; das gelang ihm für Preußen im Schauspiel *Prinz Friedrich von Homburg*, es misslang ihm bei der Titelgestalt Homburg selbst und in seinem Leben.

8. Stand in Goethes *Iphigenie auf Tauris* eine hohe **Ethik** zur Diskussion, die von Menschlichkeit, Sittlichkeit und Toleranz geprägt wurde, aber deren soziale Konturen nicht zur Diskussion standen, so bezieht Büchners Woyzeck die **sozialen Widersprüche** einer modernen Industriegesellschaft als Gegensatz von Armen und Reichen ein. Kleists Werk stellt eine **Sittlichkeit des Gemeinwesens** aus, die sich aus Vernunft speist, aber in dieser Vollkommenheit, in der sogar das Individuum das Urteil über die eigene Schuld treffen kann, eine unerreichte Idealität darstellt. Die preußische Wirklichkeit des Königs Friedrich Wilhelm III., auf die Kleists Stück traf, war das Gegenteil eines solchen Ideals.
9. In Goethes Werk spielten Besitzverhältnisse keine Rolle, sondern nur ethische **Verhaltensweisen**; Büchners Woyzeck ist bereits einer jener **Besitzlosen**, die im Zusammenhang mit der industriellen Revolution als Massenerscheinung hervortraten und das Proletariat bildeten.
10. Die beiden Dramen – Goethes *Iphigenie auf Tauris* und Georg Büchner *Woyzeck* – verdeutlichen den Epochenumbruch vom 18. zum 19. Jahrhundert einprägsam.
11. Gilt Goethes *Iphigenie auf Tauris* als **Sinnbild der erzieherisch wirksamen Menschlichkeit**, so Büchners *Woyzeck* als **Ausdruck der Ohnmacht des sozial entrechteten Individuums**. Im Zeitraum zwischen 1779 und 1830 hatten sich die politischen Zielstellungen deutlich durch soziale Aufgaben erweitert.
12. Die **Freiheit der Iphigenie** ist durch ihre Priesterschaft anfangs eingeschränkt und besteht in der Entscheidung für die Wahrheit, ohne die Sicherheit, durch Wahrheit zur wirklichen Freiheit zu gelangen. Für Georg Büchner war Freiheit ein nicht zu verhandelnder Wert, aber abhängig vom Besitz. Sein Begriff von **Freiheit im *Woyzeck*** war determiniert von Fremdbestimmungen, die Georg Büchner als Naturwissenschaftler und Sozialrevolutionär kennengelernt hatte. Zwar verwendete er die Begrifflichkeit der klassischen deutschen idealistischen Philosophie, die mit der freien Selbstbestimmung und dem bewusst eingesetzten Willen den Unterschied des Menschen zum Tier zu beschreiben versuchte. Aber Büchner erweiterte diese idealistische Ansicht durch seinen materialistischen Natur-Begriff, der den Menschen als mindestens teilweise abhängig von seinen Trieben erklärte, lud ihn sozial auf, machte Freiheit abhängig von sozialer und politischer Gleichheit und gleichem Recht für alle, und präzisierte damit die ursprüngliche verschwommene Bedeutung grenzenloser Freiheit. Er setzte damit die programmatischen Forderungen der Französischen Revolution fort.
13. Kleists Stück nimmt eine **Sonderstellung** ein, indem es zeitlich zur Romantik gehört und auch zahlreiche romantische Züge hat. Es ist in diesem Zusammenhang gut, Goethes Unterscheidung von Klassik und Romantik zur Kenntnis zu nehmen:

Goethe über Klassik und Romantik:
„Mir ist ein neuer Ausdruck eingefallen, ... der das Verhältnis nicht übel bezeichnet. Das Klassische nenne ich das Gesunde, und das Romantische das Kranke. Und da sind die Nibelungen klassisch wie der Homer, denn beide sind gesund und tüchtig. Das meiste Neuere ist nicht romantisch, weil es neu, sondern weil es schwach, kränklich und krank ist, und das Alte ist nicht klassisch, weil es alt, sondern weil es stark, frisch, froh und gesund ist." (Gespräche mit Eckermann am 2. April 1829)
Neben dieser eindeutigen Bestimmung sieht Goethe allerdings auch fließende Übergänge zwischen beiden Epochen:
- „die Freiheiten der romantischen Schule" seien „die Befreiung von den Fesseln nichtssagender Regeln" (Gespräche mit Eckermann vom 17. Oktober 1828);
- In *Faust II* klinge im Helena-Akt „das Klassische und Romantische" an, damit es dann „zur Helena hinaufgehe, wo beide Dichtungsformen entschieden hervortreten und eine Art Ausgleichung finden" (Gespräche mit Eckermann vom 16. Dezember 1829);
- Seine *Iphigenie auf Tauris* sei „wider Willen romantisch ... durch das Vorwalten der Empfindung" (Gespräche mit Eckermann vom 21. März 1830).

Die Zwischen- und Sonderstellung von Kleists ‚Prinz Friedrich von Homburg':
- Zeitlich steht Kleists Schauspiel **zwischen *Iphigenie auf Tauris* und *Woyzeck*.** Es ist von 1809 bis 1810/11 entstanden und wurde gleichzeitig Kleists letztes Stück. 1821 wurde es in Wien uraufgeführt, 1828 hatte es in Berlin Premiere.
- Georg **Büchner** hat Kleists Werke nicht zur Kenntnis genommen; der Adlige, Offizier und Franzosenhasser, der Vorkämpfer eines nationalen Befreiungskampfes und monarchisch denkende Vertreter Preußens Heinrich von Kleist war in jeder Hinsicht ein unvereinbarer Gegensatz zu Georg Büchner. Aber auch mit Goethe gab es kaum eine Basis für ein ausgewogenes Verständnis. Kleist steht auch als Schriftsteller zwischen den Epochen, Bünden und Fronten.
- Stoff und Thema des *Prinzen Friedrich von Homburg* gehörten ins **Umfeld der romantischen Literatur**. Die Romantiker hatten immer wieder auf nationale Stoffe hingewiesen, um an die Nationalgeschichte zu erinnern und mit nationalen Themen auch die Befreiungskriege gegen Napoleon zu verstärken.
- Die Absicht ging bei einigen, so bei Adam Müller, weiter, denn sie wollten mit der Besinnung auf die ruhmreiche Vergangenheit an die Tradition feudaler Herrschaft erinnern. **Das allerdings galt nicht für Kleist.** Er gehörte keiner der romantischen Gruppen an, obwohl er sie kannte; es waren Romantiker wie Clemens Brentano, die ihm eine ausgeprägte Begabung absprachen („... seine poetische Decke war ihm zu kurz") und ihn nicht zu ihren Kreisen rechneten.
- Kleist stand aber auch dem **aufklärerischen Denken** mit seinen idealen Entwürfen der menschlichen Vollkommenheit und ihre Verwirklichung durch Erziehung und Kunst, wie sie Schiller und Goethe entworfen hatten, **fern**. Büchners naturwissenschaftliche Determination konnte er noch nicht kennen, aber solches Denken war ihm auch fremd. So steht sein Stück im wahrsten Sinne des Wortes zwischen diesen Werken, zwischen den literarischen Strömungen und zwischen den Weltanschauungen. Die Vergleichbarkeit mit den beiden anderen Dramen ist deshalb zuerst äußerlich-stofflicher Art.

- Für Kleists *Prinz Friedrich von Homburg* standen **Gestalten Schillers** Pate. *Don Karlos* und *Wallenstein* waren ihm gleichermaßen wichtig; in Briefen empfahl er die Stücke Schillers der Verlobten und der Stiefschwester. Seiner Verlobten Wilhelmine von Zenge, die er auch auf eigenwillig pedantische Weise zu erziehen und zu bilden suchte, stellte er vorbildhafte Menschen vor: „Würde wohl etwas Großes auf Erden geschehen, wenn es nicht Menschen gäbe, denen ein hohes Bild vor der Seele steht, das sie sich anzueignen bestreben? Posa würde seinen Freund nicht gerettet, und Max nicht in die schwedischen Haufen geritten sein" (Brief vom 11./12. Januar 1801 an Wilhelmine von Zenge). Die Nähe von Schillers Max Piccolomini zu Friedrich von Homburg ist in diesen Sätzen schon offensichtlich. Er verglich sich und Wilhelmine mit dem Paar Max und Thekla aus *Wallenstein*.
- Die Ähnlichkeit mit klassischen Dramen ist jedoch weitgehend formaler Natur. Der **entscheidende Unterschied zwischen Kleist und den deutschen Klassikern** Goethe und Schiller besteht in der Sicht auf die harmonische Entwicklung des Menschen. Sie war bei Goethe wirkungsvoll und sollte mit Hilfe des sittlichen Verhaltens betrieben werden. Aus der Erziehung des Individuums zur harmonischen Persönlichkeit sollte die größere Harmonie eines Staates entstehen. Bei Kleist gab es weder das Ziel einer solchen harmonischen Persönlichkeit noch das Medium Sittlichkeit als Erziehungsfaktor; im *Prinzen Friedrich von Homburg* ordnete er die individuellen Züge seiner Gestalten dem Vaterland, also patriotischen Begründungen unter.
- Mit den beiden anderen Dramen gemein hat Kleists Schauspiel einen historischen Stoff und lässt sich als historisches Drama fassen. Kleist verwendete wie Goethe und Büchner **historische Quellen** und formte sie so, dass sie seinen Intentionen entsprachen.
- Für die sehr unterschiedlichen Figuren der Stücke trifft zu, dass sowohl Iphigenie – und das bereits lange vor Goethe – als auch Friedrich von Homburg, auf Woyzeck trifft das ohnehin zu, nicht durch Historiker zum lebendigen Inhalt des gesellschaftlichen Bewusstseins wurden, sondern durch die Kunst. Diese historisch oder mythologisch begründeten **Gestalten leben durch ihre literarische Umsetzung im Bewusstsein des Publikums** und halten somit auch weitgehend die historische Position besetzt. Damit erreichten die künstlerischen Freiheiten historische Qualität und es fällt schwer, das korrekte historische Bild der jeweiligen Gestalt zu ermitteln und zu vermitteln.
- Über den konkreten geschichtlichen Anlass hinaus standen Fragen des Rechts des Individuums, seiner freien Entscheidung gegenüber dem Staat, den Gesetzen oder den geistig-geistlichen Grundlagen im Zentrum, begleitet von politischen und staatspolitischen, im engeren Sinne sogar militärrechtlichen Fragestellungen. Bei konsequenter Abstraktion auf die Stellung der Hauptgestalten – Iphigenie als Priesterin der Göttin Diana, Woyzeck und Friedrich von Homburg – lässt sich die **Frage nach Befehl und Befehlsverweigerung, nach Subordination und Insubordination** herauskristallisieren, auf die es unterschiedliche bis gegensätzliche Antworten gibt, die im Zusammenhang mit den Menschenbildern der jeweiligen Perioden stehen. Das bedeutet auch, die dramatischen Helden in ihrer jeweiligen Einbindung in Erziehungsentwürfe zu prüfen: als klassischer Held mit dem Versuch der Selbstbestimmung, als romantischer Schwärmer beim Ausleben seiner Gemütslage, als realistische Verkörperung eines Menschen unter dem Einfluss von Fremdbestimmungen.

– Kleists Schauspiel steht zwar zeitlich zwischen der Klassik und Romantik, stellt aber als Stück keine Übergangsform dar. Doch zeigt es Elemente eines romantischen Dramas, das es vorwiegend als theoretischen Entwurf gab, sieht man vom Schicksalsdrama und wenigen Stücken Ludwig Tiecks ab. Eine besondere Stellung nimmt das Stück, das sein Schöpfer als „Schauspiel" bezeichnete, gattungsgeschichtlich ein, indem es als eine **mustergültige Tragödie** gilt, aber dabei nicht auf **komödiantische Elemente** verzichtet. Auch die Struktur gibt wenig von der aristotelischen Anlage preis und hat deshalb zwar Ähnlichkeiten mit Goethes *Iphigenie auf Tauris*, nicht aber mit Büchners *Woyzeck*. Allerdings steht die **klassisch anmutende Form im Widerspruch zur inneren Struktur der Handlung**, „die äußere Gestalt des Stückes … steht vielmehr – als ‚schöne', auf Geschlossenheit zielende Form – zum Inhalt des Stückes in adversativer (gegensätzlicher, R. B.) Beziehung. Wie sich im *Homburg* die Kleist'sche Erfahrungswirklichkeit gegen die Utopie durchsetzt und diese von innen her desavouiert, so bäumt sich gleichermaßen der Inhalt gegen die Form auf."[29]

29 Bernd Leistner: *Dissonante Utopie. Zu Heinrich von Kleists „Prinz Friedrich von Homburg".* In: Ders.: Spielraum des Poetischen. Berlin und Weimar: Aufbau-Verlag, 1985, S. 186

Teil II: Übungsaufgaben – Hinweise, Tipps und Lösungsmöglichkeiten

Aufgabenstellungen im Abitur

- Aufgabenart I A: Analyse eines Sachtextes mit weiterführendem Schreibauftrag
- Aufgabenart I B: Vergleichende Analyse von Sachtexten
- Aufgabenart I C: Vergleichende Analyse eines Sachtextes und eines literarischen Textes
- Aufgabenart II A: Analyse eines literarischen Textes mit weiterführendem Schreibauftrag
- Aufgabenart II B: Analyse eines literarischen Textes mit weiterführendem, produktionsorientiertem Schreibauftrag
- Aufgabenart II C: Vergleichende Analyse von literarischen Texten
- Aufgabenart III A: Argumentative Entfaltung eines fachspezifischen Sachverhaltes bzw. Problems oder eines Problems, dessen fachlicher Hintergrund aus dem Unterricht bekannt ist, im Anschluss an eine Textvorlage

Die Aufgabenstellungen bieten für den Grund- und Leistungskurs unterschiedliche Dramen an; daraus entstehen unterschiedliche Aufgaben, von denen drei in den folgenden Lösungsvorschlägen ausführlich dargestellt, vier in Stichpunkten angeboten werden. Die Erwartungen an die Lösung der Aufgaben im Leistungskursbereich setzen wegen einer schwierigen Textvorlage ein höheres Maß an Wissen, Eigenständigkeit und Reflexion voraus. Dafür sind dann die Bearbeitungszeiten länger. Die Verwendung der Operatoren ist identisch, ebenso die Anlage des Erwartungshorizontes.

Der Umfang der Lösungsvorschläge geht über den Erwartungshorizont hinaus, da hier mehrere mögliche Ansatzpunkte und zu nennende bzw. zu bearbeitende Aspekte einbezogen und parallel durchgeführt werden. In jedem Fall sind bei den Lösungen die Darstellungen und Interpretationen des ersten Teils dieses Trainers gründlich zu studieren und heranzuziehen.

Aufgabenart I A

Analyse eines Sachtextes mit weiterführendem Schreibauftrag

Aufgabenstellung

1. Analysieren Sie den vorliegenden Auszug aus Friedrich Schillers *Über die Iphigenie auf Tauris.*
2. Entwerfen Sie anschließend ein Feuilleton, in dem Sie persönlich Stellung zu diesem Auszug nehmen. Verwenden Sie Analyseansätze des Dramas *Iphigenie auf Tauris.*

Text

Friedrich Schiller
***Über die Iphigenie auf Tauris* (1789)**

Als der berühmte Verfasser mit seinem Götz von Berlichingen zum ersten Mal in der literarischen Welt auftrat, widerfuhr ihm von dem großen Haufen seiner Kritiker, was jedem Schriftsteller, der sich auf eine außerordentliche Art ankündigt, von dem Haufen gewöhnlich widerfährt. Aus seinem ersten Produkte wies man ihm sein Fach an; man zog daraus den Schluss auf alle folgende, man setzte seinem Genie Regel und Grenze. Seine damals noch mutwilligere Phantasie hatte die Schranken der Regel zu eng gefunden und übertreten; daraus wurde gefolgert, dass dieser Schriftsteller sich Shakespeare zum Muster gewählt und aller Kritik den tödlichsten Hass geschworen habe; und alle die engen Köpfe, die sich nicht anders als nach der Regel interessieren und vergnügen lassen, triumphierten im stillen, dass sie dadurch überhoben würden, gerecht gegen sein Genie zu sein. An dieser Klasse von Lesern hätte der Verfasser schwerlich eine ehrenvollere und schönere Rache nehmen können als durch gegenwärtiges Stück, das zum lebendigsten Beweise dienet, wie groß sein schöpferischer Geist auch im größten Zwange der Regel bleibt, ja wie er diesen Zwang selbst zu einer neuen Quelle des Schönen zu verarbeiten verstehet. Hier sieht man ihn ebenso und noch weit glücklicher mit den griechischen Tragikern ringen, als er in seinem Götz von Berlichingen mit dem britischen Dichter gerungen hat. In griechischer Form, deren er sich ganz zu bemächtigen gewusst hat, die er bis zur höchsten Verwechslung erreicht hat, entwickelt er hier die ganze schöpferische Kraft seines Geistes und lässt seine Muster in ihrer eignen Manier hinter sich zurück.
Man kann dieses Stück nicht lesen, ohne sich von einem gewissen Geiste des Altertums angeweht zu fühlen, der für eine bloße, auch die gelungenste Nachahmung viel zu wahr, viel zu lebendig ist. Man findet hier die imponierende große Ruhe, die jede Antike so unerreichbar macht, die Würde, den schönen Ernst, auch in den höchsten Ausbrüchen der Leidenschaft – dies allein rückt dieses Produkt aus der gegenwärtigen Epoche hinaus, dass der Dichter gar nicht nötig gehabt hätte, die Illusion noch auf eine andere Art – die fast an Kunstgriffe grenzt – zu suchen, nämlich durch den Geist der Sentenzen, durch eine Überladung des Dialogs mit Epitheten, durch eine oft mit Fleiß schwerfällig gestellte Wortfolge und dergleichen mehr – die freilich auch an Altertum und oft allzu stark an seine Muster erinnern, deren Er aber um so eher hätte entübrigt sein können, da sie wirklich nichts zur Vortrefflichkeit des Stücks beitragen und ihm ohne Notwendigkeit den Verdacht zuziehen, als wenn er sich mit den Griechen in ihrer ganzen Manier hätte messen wollen.

(Schiller vergleicht ausführlich Euripides' *Iphigenie bei den Taurern* und Goethes *Iphigenie auf Tauris*. Ausgewählt wird der Vergleich der beiden Schlüsse im 5. Akt.)

...

Bald darauf erscheint ein eilender Bote, der den Thoas herausruft und ihm die Flucht der Griechen verkündigt. Der erzürnte König will schon sein ganzes Volk aufbieten, den Flüchtenden nachzusetzen, die er vom Felsen herabstürzen oder pfählen lassen will, sobald sie wieder in seiner Gewalt sind, als – Minerva dazwischen tritt und ihm Einhalt tut: ‚Orest', sagt sie, ‚ist nicht ohne Zutun der Götter an dies Ufer gekommen.' Sie wendet sich darauf an Orest selbst, ‚denn', sagt sie, , so weit er auch entfernt ist, die Stimme einer Göttin hört er doch.' – ... Sie gibt ihm und Iphigenien Befehle, wie sie sich den Göttern bei ihrer Nachhausekunft dankbar erzeigen sollen, und legt ihnen noch einige Einrichtungen auf, die den Stolz der Athenienser schmeicheln konnten, denen hier überhaupt etwas Angenehmes gesagt werden sollte. Thoas fügt sich dem Willen der Göttin – ‚denn welcher Sterbliche', sagt er, ‚wird gegen die Götter ankämpfen?' ...

Doch hat diese edelmütige Handlung Iphigeniens (ihr Geständnis, mit Betrug die Statue rauben zu wollen, R. B.) das Herz des edeln Skythen gerührt und seinen Zorn schon beinahe entwaffnet, als Orest mit entblößtem Schwert hereintritt, Iphigenien zur Flucht wegzureißen, weil Arkas ihnen indes auf die Spur gekommen ist. Der König, der nicht gleich von ihm bemerkt wird, zieht gleichfalls das Schwert. Iphigenie vermittelt eine friedliche Unterredung, zu der sich auch Pylades noch gesellt, und deren Ausgang ist, dass Thoas, durch die Wahrheit ihrer Gründe und seine eigene Gerechtigkeit bezwungen, endlich nachgibt und beide mit Iphigenie friedlich ziehen lässt.

(Aus: Friedrich Schiller: *Über die Iphigenie auf Tauris* (1789). In: Friedrich Schiller. Schillers Werke. Nationalausgabe, hrsg. von Julius Petersen und Hermann Schneider. Weimar: Hermann Böhlaus Nachfolger 1958, 22. Band, hrsg. von Herbert Meyer, S. 212 f., 225, 237)

Informationen zum Text

Shakespeare, William (1564–1616): der englische Dramatiker war in der Aufklärung zur Kenntnis genommen worden, unter anderem von Lessing, und galt den Stürmern und Drängern, auch dem jungen Goethe, als nachahmenswertes Beispiel. Shakespeares Historiendramen waren Vorbild für Goethes *Götz von Berlichingen*.

griechischen Tragiker: Man orientierte sich an dem Dreigestirn Aischylos, Sophokles und Euripides. Das Vorbild für Goethes *Iphigenie auf Tauris* war Euripides' *Iphigenie in Tauris (Iphigenie bei den Taurern)*.

Epitheten: „Hinzugefügtes", Attribute

Erläuterung der Aufgabenstellung

Erläuterung

Bei der Lösung der Aufgabe weisen Sie nach, dass Sie Methoden der Analyse kennen und die entsprechenden Begriffe beherrschen. Sie haben die Aufgabe, diesen Sachtext (Literaturkritik) Friedrich Schillers zu analysieren. „Analysieren" wird synonym mit „interpretieren" verwendet und gehört wie „erörtern" zu den übergeordneten Operatoren in allen drei Anforderungsbereichen und bedeutet, angewendet auf diesen Text:

Texterfassung, Textbeschreibung, Textuntersuchung. Der Zusammenhang zwischen Textstruktur und Textintention muss deutlich werden: Satzbau, Wortwahl, stilistische Mittel, Erfassung der pragmatischen Struktur des Textes unter besonderer Berücksichtigung der Argumentationsweise und Unterscheidung von der poetischen Struktur im Falle von künstlerischen Texten. Wichtig ist, dass Sie Ihre historischen Kenntnisse einsetzen, um den Kontext zu dem Ausschnitt zu schaffen, und so ein umfassenderes Verständnis für den ausgewählten Text nachweisen. Am Ende stehen reflektierte Schlussfolgerungen. Sollte eine Bewertung oder Beurteilung gewünscht sein, wird das ausdrücklich in der Aufgabenstellung formuliert.

Der weiterführende Schreibauftrag verschafft Ihnen die Möglichkeit, freizügiger als beim Analysieren Ihre Fähigkeiten zur Vereinigung unterschiedlicher Betrachtungsweisen und in stilistischer Hinsicht nachzuweisen. Das Feuilleton legt Ihnen dabei kaum Beschränkungen auf; die inhaltliche Orientierung beziehen Sie aus dem ausgewählten Sachtext Schillers.

Anmerkung zum Feuilleton: Das Feuilleton entstand in Frankreich in der Zeit der Französischen Revolution von 1789. Es hat keine feste Form, gehört aber zur Berichterstattung über kulturelle Vorgänge, wobei „kulturell" so breit wie möglich gedacht werden muss. Auch Sport, Politik, Wirtschaft usw. gehören zur Kultur eines Landes. Der Genrebegriff ist also kein Qualitätsmerkmal. Das Feuilleton ist ein journalistisches Genre und kann in allen nur denkbaren Formen (Essay, Reportage, Glosse, Kommentar usw.), auch als Leserbrief, erscheinen.

Schreibplan

zu Aufgabe 1

Teilaufgabe 1: Analyse des Ausgangstextes

Baustein	Erläuterung	Mögliche Operatoren
Einleitung	Schillers kritischer Text und Textform, Entstehungszeit und Umstände der Entstehung	**formuliert** eine aufgabenbezogene Einleitung und weist auf die Methode hin
Text-/ Themenverständnis	Gegensatz von antik-griechischem und modernem Schauspiel, Bestimmung des Genies	**analysiert** die grundsätzlichen Bestandteile des Textes; die Kerngedanken werden **dargestellt**, die methodische Entscheidung wird angewendet
Textaufbau	Wesentliche Elemente der Textform (Leitbegriffe, Wortfelder zur Selbstbestimmung der Klassik)	**gibt** den argumentativen Aufbau des Textes und die Hauptthemen des Verfassers im ausgewählten Text **wieder**
Textform	Wesentliche Stilmittel (Fachtermini und Wissenschaftssprache, Autoren)	**erschließt** den Charakter des Textes **beschreibt** feuilletonistischen/ essayistischen, journalistischen Charakter des Textes

Herstellen des Kontextes	Vergleich der Iphigenien-Bearbeitungen von Euripides und Goethe durch Schiller am Beispiel des 5. Aktes	**prüft** die Veränderungen, **beurteilt** die Relevanz der Veränderung unter dem Aspekt Antike-Moderne
reflektierte Schlussbetrachtung	Eigene Meinung über den Text, Zusammenhang von Struktur und Absicht, Wirkung bis in die Gegenwart	**beurteilt** die im Beispiel vertretenen Thesen unter dem Aspekt der gegenwärtigen Bedeutung

Lösungsmöglichkeit

Lösung

zu Aufgabe 1

Einleitung: Autor und Werk (Schillers kritischer Text und Textform, Entstehungszeit und Umstände der Entstehung)

Hinweis: Verwenden Sie eingangs Ihre Kenntnisse über die deutsche Klassik und die Rolle Friedrich Schillers.

Friedrich Schiller ist neben Goethe der bekannteste Dichter der deutschen klassischen Literatur. Er war jedoch nicht nur Dichter, sondern auch Wissenschaftler. Als Wissenschaftler war er Arzt und Philosoph, Historiker und Ästhetiker. Deshalb bemühte er sich auch als Kritiker um das Werk Goethes. Seine Kritiken hatten immer einen praktischen Sinn: Er befragte die Stücke nach ihrer Aufführbarkeit, sah sie unter dem Aspekt der Inszenierung.

Hinweis: Es bietet sich an, einige Bemerkungen zu der Beziehung zwischen Goethe und Schiller einzufügen, die erst 1794 zu einer wirklichen Freundschaft wurde! Inhalte dieser Freundschaft: Gedankenaustausch über Kunst, gegenseitige Beeinflussung im künstlerischen Schaffen, gemeinsamer Kampf gegen Kritiker der Klassik mit den *Xenien*.

Die Kritik entsteht bald nach der Veröffentlichung von Goethes Werk 1787 für eine kurzlebige Zeitschrift Göschens. Die Beziehung zwischen den beiden Dichtern war zu der Zeit noch distanziert, dennoch hatte Schiller vor Goethes Dichtungen höchste Achtung.

Kritik *Über die Iphigenie auf Tauris* ist unvollständig, der zweite Teil fehlt, da die Zeitschrift wieder eingestellt wurde. Deutliches Bemühen, die Kritik zur Einführung in das Werk Goethes zu nutzen, dem er selbst hohe Bewunderung entgegenbringt. Methodisch geschickt stellt er zwei Werke einander gegenüber: Euripides' *Iphigenie in Tauris* und Goethes *Iphigenie auf Tauris*.

Text/Themenverständnis (Gegensatz von antik-griechischem und modernem Schauspiel, Bestimmung des Genies)

Schiller bestimmt zwei Unterschiede:

1. Innerhalb des Schaffens Goethes den Unterschied zwischen einem Drama des Sturm und Drang und dem der Klassik;
2. Unterschied in der Verarbeitung des Stoffes zwischen Euripides und Goethe.

Kennzeichen der Antike: Geist des Altertums, große Ruhe, Würde, schöner Ernst usw.; deutliche Kontrolle der Leidenschaften.

Hinweis: Hier ließe sich ein Vergleich mit den Inhalten der antiken Stücke durchführen, die Familienverbrechen, Betrugsvorgänge, Morde usw. Sie alle gehen nicht in Goethes und Schillers Vorstellung von der Antike ein. Vgl. Stammbaum der Tantaliden, S. 49.

Deutliche Bestimmung, was ein Genie im künstlerischen/literarischen Bereich ist: fähig, vorgegebene Regeln genau zu kennen und vollkommen einzuhalten, dadurch aber auch fähig, diese Regeln zu überschreiten und daraus eine neue Kunst zu schaffen. Selbst die korrekteste Einhaltung der Regel kann zu einer neuen Kunst führen, wird die Einhaltung „zu einer neuen Quelle des Schönen". Ein Genie wird nicht von Regel und Grenze bestimmt, sondern immer von deren Kenntnis und Überschreitung.
Vorschnelle Urteile der Öffentlichkeit haben wenig Wert, entsprechen selten den Tatsachen und Möglichkeiten und legen Künstler vorschnell fest.
Hinweis: Vergleichen Sie Ihre Vorstellung von einem Genie mit Schillers Ansicht.

Textaufbau, wesentliche Elemente der Textform (Leitbegriffe, Wortfelder zur Selbstbestimmung der Klassik)

Durchgehender Begriff ist „Regel", zuerst verbunden mit „Genie" und „Grenze", dann das Überschreiten der „Regel", verbunden mit einem Wortfeld „griechische Form", „Altertum" usw. Damit wird das antike Vorbild als Leitidee der deutschen Klassik umrissen.
Herausstellen: Goethes Entwurf der Sittlichkeit und Schillers Zustimmung spiegeln nicht die Realitätserfahrungen wider, sondern den Wunsch. Die Klassik war kein Zeitalter der idealen Wirklichkeit, sondern der idealen Entwürfe in einer widrigen Wirklichkeit. Sie bediente sich der griechischen Form, übertraf aber schließlich die Muster.
Erinnerung an den Sturm und Drang durch den Verweis auf Shakespeare und Goethes *Götz von Berlichingen.*

Wesentliche Stilmittel (Fachtermini und Wissenschaftssprache, Autoren)

Der Literaturkritiker Schiller weist sich als kenntnisreicher Zeitgenosse aus, er kennt den jungen Goethe (*Götz von Berlichingen*), Shakespeare und die alten Griechen. Er kann mit den Regeln der Literatur umgehen, aber auch zeitkritisch mit dominierenden Begriffen. „Genie" als zentraler Begriff des Sturm und Drang, der auch als „Geniezeit" bezeichnet wurde. Diese Zeit ist überwunden, wenn auch ihre Zeugnisse, Vorbilder und künstlerischen Methoden weiterwirken. Verweis auf Elemente Shakespeares in Goethes *Iphigenie auf Tauris*!

Herstellen des Kontextes (Vergleich der Iphigenien-Bearbeitungen von Euripides und Goethe durch Schiller am Beispiel des 5. Aktes)

Schiller kommt es darauf an, mit einer genauen Beschreibung die wesentlichen Unterschiede zum antiken Vorbild herauszustellen.

Hinweis: Finden Sie die Unterschiede nicht in dem gegensätzlichen Umgang mit dem Stoff, sondern in der Vermenschlichung der Vorgänge. Antike als Zeitalter der Barbarei spielt keine Rolle. Einbeziehung der Familiengeschichte Iphigenies.

Schiller findet sie in der Selbstständigkeit der Entscheidungen der Hauptgestalten bei Goethe im Gegensatz zu göttlichem Eingriff bei Euripides, es dominieren Begriffe wie „edelmütig", „friedlich" – mehrfach – und „Wahrheit" bei der Beschreibung von Goethes Werk.
Die Gegensätze lassen sich kontrastiv gegenüberstellen.
Schiller findet eine Besonderheit Goethes heraus: Indem er auf die „edelmütige Handlung Iphigeniens" verweist, die am Ende des 5. Aktes alle Konflikte durch Wahrheit und friedlichen Dialog löst, stellt er harmonisches Miteinander, harmonisches Kunstwerk, Wohlklang der Sprache als nahezu selbstverständlich zusammengehörend im Bilde des sittlichen Menschen aus.

Reflektierte Schlussbetrachtung (eigene Meinung über den Text)

Schillers Ansatz ist eindeutig:
- Es geht ihm um eine Kunst im Dienste einer sittlichen Idee, die als Kennzeichen der Moderne gilt, während die Antike götterabhängig war.
- Die poetische Überwindung eines barbarischen Hintergrundes (Menschenopfer) lässt diesen insgesamt verblassen und in sich zusammenfallen.
- Sittlichkeit schafft Menschlichkeit, Menschlichkeit bewirkt Sittlichkeit.
- Beispiele aus der persönlichen Erfahrung.

Schreibplan

zu Aufgabe 2

Teilaufgabe 2: weiterführender Schreibauftrag		
Baustein	**Erläuterung**	**Mögliche Operatoren**
Überleitung	Überleitung vom Sachtext und der Schlussbetrachtung zum Feuilleton	**formuliert/verfasst** einen aufgabenbezogenen Ansatz anlässlich eines Jubiläums
aspektorientierter Vergleich	Beschreibt den Inhalt des Vergleichs beider Stücke, Hervorheben übereinstimmender Ideen zwischen Sachtext und dramatischen Szenen, Bedeutung für die Gegenwart	**erläutert** die Unterschiede der beiden von Schiller verglichenen Fassungen und die sich daraus ergebenden Merkmale
Kontextualisierung	Die Modernität der Sittlichkeit und Menschlichkeit: Antike – Klassik – Gegenwart	**begründet**, wie sich in beiden Texten die Lösung eines Konfliktes unterschiedlich darstellt

reflektierte Schlussbetrachtung	Die Fürstenerziehung der Aufklärung und Klassik am Beispiel Thoas	**bewertet** Schillers Analyse der *Iphigenie auf Tauris* Goethes und stellt die Klassikmerkmale heraus

Lösungsmöglichkeit

zu Aufgabe 2

Überleitung (Überleitung vom Sachtext und der Schlussbetrachtung zum Feuilleton)

Jubiläen sind immer wieder Anlass zu überschauender Zusammenfassung. In diesem Fall ein besonders glücklicher Gegenstand, denn der eine berühmte Dichter der deutschen Klassik urteilt über den anderen bedeutenden Dichter der deutschen Klassik und erweist sich als kenntnisreicher Literaturkritiker. *Funktion der Kritik:* die Modernität von Goethes Stück bestimmen, Abgrenzung vom Sturm und Drang, Zusammenhang mit Shakespeare.

Aspektorientierter Vergleich (beschreibt den Inhalt des Vergleichs beider Stücke, Hervorheben übereinstimmender Ideen zwischen Sachtext und dramatischen Szenen, Bedeutung für die Gegenwart)

Schiller geht zielstrebig auf die Grundidee des Stückes zu, die er dem Leser vermitteln will, ihr ethisches Zentrum. In diesem geht es um die Entscheidungsfreiheit des Menschen. Goethes Modernität liegt in der Entscheidungsfreiheit Iphigenies, aber auch Thoas', der die seinen Göttern zugedachten Menschenopfer nicht mehr erbringen will und sich damit aus göttlicher Abhängigkeit befreit. Der antike Mensch bleibt determiniert, fremdbestimmt unter der Herrschaft der Götter, der klassische Mensch handelt selbstbestimmt im Sinne des Kant'schen Verständnisses vom kategorischen Imperativ.

Einbeziehung von Kontextwissen (die Modernität der Sittlichkeit und Menschlichkeit: Antike – Klassik – Gegenwart)

Menschen in der Antike verhalten sich weisungsgemäß nach göttlichem Beschluss, nicht selbstbestimmt aus Sittlichkeit und Menschlichkeit.
Hohes Gut: Die Gleichberechtigung aller Menschen, Iphigenies Beschreibung von Freundschaft und Gastfreundschaft am Ende als Programm einer menschlichen Gesellschaft, in der alle Menschen gleich sind, die gleichen Chancen bekommen und gleich behandelt werden. Als Programm einer zukünftigen Gesellschaft und als Werteraster sittlicher Beziehungen. Obwohl Iphigenie in Thoas den Barbaren erkennt, der Menschenopfer hat durchführen lassen, die sie nur zeitweise verhindert hat, setzt sie schließlich doch auf seine Humanität und vertraut ihm. Das bedeutet auch Vertrauen in die Macht der Humanität; auch das ist ein Ideal, keine Realität.

Schlussbetrachtung (die Fürstenerziehung der Aufklärung und Klassik am Beispiel Thoas)

Was ist Fürstenerziehung? Vorstellung von Fürstenerziehung, Erwartung und Enttäuschung bei Goethe. Thoas ein würdiges Beispiel für einen solchen Vorgang. Allerdings auch illusionäre Erwartung, dass das sittliche Verhalten Iphigenies (Wahrheit, Geständnis, Offenheit) selbstverständlich zu einer ähnlichen Haltung bei Thoas führt. Die Welt ist nicht nach diesem Grundsatz eingerichtet, aber das Programm einer zukünftigen Welt könnte so aussehen. Es gibt keine Humanität als solche, sondern immer nur eine sozial konkrete Humanität in einer bestimmten Zeit. *Bringen Sie Beispiele*, wie sich Humanität heute bewähren kann.

Aufgabenart I B

Vergleichende Analyse von Sachtexten

Aufgabenstellung

1. Analysieren Sie den Auszug aus Hermann August Korffs *Geist der Goethezeit, II. Teil* (1955)
2. Vergleichen Sie Hans Mayers Text aus *Goethe* (1999) mit dem ersten Auszug.

Text 1

Hermann August Korff
***Geist der Goethezeit, II. Teil* (1955)**

Iphigenie selbst ist die Verkörperung edler Menschlichkeit und wahrer Humanität. Aber sie ist dies von Natur. Ihre Humanität ist nicht das Werk einer inneren Umkehr wie bei Orest. Sie ist nicht schwer errungen, sondern angeboren. Und Iphigenie, als der letzte Spross eines Geschlechts, in dem das Verbrechen erblich ist, erscheint deshalb in der Tat als Wunder, als ein Wunder der Natur. Aber sie ist nur der Beweis für die innere Göttlichkeit der Welt, die immer wieder erneut zum Durchbruch kommt, auch wo sie vorübergehend von der Natur verleugnet wird. Nun ist es aber für diese Phase der Goethezeit charakteristisch, dass auch die Humanität der Iphigenie vor allem durch die beiden Hauptzüge charakterisiert erscheint, die schon die Humanität des Nathan ausmachen: *Gottergebenheit und Selbstlosigkeit*. Und beide Züge erscheinen bei Goethe sowohl verstärkt als auch vermenschlicht. Iphigenies Gottergebenheit, die in ihrer göttlichen Rettung vor dem Opfertode freilich einen besonderen Grund hat, ist äußerlich zum Priestertum gesteigert, mit dem sie Diana, ihrer Retterin, in fremdem Lande dient. Aber diese Frömmigkeit ist dadurch nicht strenger, sondern menschlicher geworden. Denn so sehr sich ihre Seele ‚dienend am schönsten frei fühlt', so wenig ist sie doch über alle natürlichen menschlichen Regungen erhaben, dass sie den Tempeldienst im fremden Lande, fern von Heimat und Familie, nicht als eine schwere Bürde empfindet, von der befreit zu werden darum die allzu menschliche Sehnsucht ihres Lebens ist. Beschämt gesteht sie sich, dass sie der Göttin nur mit stillem Widerwillen diene. Und das ist ja, wie überall so auch hier, das Menschlich-Schöne an Goethes Dichtung, dass nicht leicht erschaffene Tugendpuppen, sondern ringende Menschen ihre idealen Träger sind. So ist zwar auch die Selbstlosigkeit der Heldin hier zur Höhe der Entsagung hinaufgesteigert, aber Goethe hat sich nicht geschämt, die Schwere der Entsagung fühlbar zu machen, mit der die Tugendhelden der Aufklärung scheinbar spielend fertig werden. Erst durch das Gefühl für den inneren Widerstand aber, den die Kreatur der Entsagung entgegen-

setzt, gewinnt diese selbst ihre wahre menschliche Tiefe, ihren Wert und ihre Würde. So lässt sich auch ganz allgemein sagen: Iphigenie fühlt wohl menschlich-allzumenschliche Triebe in ihrer Brust, auch sie ist über das Menschliche nicht schlechterdings erhaben, und darauf beruht ihre ‚*Menschlichkeit*'. Obwohl sie also auch den einfach-menschlichen Regungen zugänglich ist, so zeigt sich das Gesamtbild ihres Lebens doch durchweg von höheren Trieben, von den Gefühlen ihrer inneren Sendung bewegt. Ja diese bestimmen so sehr ihr ganzes Wesen, dass Iphigenie uns in dem spezifischen Sinn als ein *‚reiner' Mensch* erscheint, über den das Allzumenschliche, das er so gut fühlt wie ein anderer, seine Gewalt verloren hat. Er vermag es darum, rein nach seinen höheren Idealen zu handeln. Diese höheren Ideale, die den eigentlichen Beweggrund von Iphigenies Leben bilden, sind einmal sittliche Pflichtgefühle teils religiöser, teils rein menschlicher Natur – und es ist besonders schön und überzeugend, dass sie sowohl der Göttin wie dem Könige gegenüber nur in den ganz einfachen Gefühlen der Dankbarkeit bestehen – vor allem aber ist es eine Idealvorstellung von sich selbst, die zu verwirklichen sie als ihre heiligste Aufgabe empfindet. Iphigenie hat nicht nur ein untrügliches Gefühl für einzelne sittliche Pflichten, die ihr das Leben auferlegt, sondern mehr noch eine Idealvorstellung edlen Menschentums überhaupt, das durch einzelne sittliche Handlungen nicht umschrieben ist. Ihr höchstes unbewusstes Ziel ist das *Idealbild einer edlen Haltung*, in der die spezifisch-sittlichen Handlungen nur die gröbsten Züge sind. Diesem inneren Ideale nachzuleben ist der tiefste Trieb ihres Wesens. Und der letzte Sinn ihres Lebens ist, ein solcher Mensch zu sein, wie sie ihn in sich fühlt und wie es ihre Phantasie erfüllt. Dieser Mensch ist ihre Schöpfung, die Schöpfung ihres Geistes, die Schöpfung ihres Gefühls für höhere Menschlichkeit. Und ihre Sendung ist es, dies neue *Bild eines edlen Menschen vorzuleben und die Menschheit von der Schönheit und Verehrungswürdigkeit dieses Bildes zu überzeugen*.
Goethes Dichtung zeigt nun aufs schönste den Erfolg, der Iphigenie mit dieser ihrer Sendung beschieden ist. Ihre edle Menschlichkeit ist es, die zunächst die unter Barbaren Verschlagene vor dem sicheren Tode, der sonst jedem Fremdling drohte, gerettet hat.

(Aus: Korff, Hermann August: *Geist der Goethezeit. Versuch einer ideellen Entwicklung der klassisch-romantischen Literaturgeschichte,* II. Teil: Klassik. Leipzig: Koehler & Amelang, 1955, S. 160 f.)

Informationen zu Text 1:

Hermann August Korff (1882–1963): Literaturwissenschaftler, Ordinarius an der Universität Leipzig, Mitglied der Sächsischen Akademie der Wissenschaften zu Leipzig. In seinem wissenschaftlichen Hauptwerk *Der Geist der Goethezeit* fasste er die Epoche von der Aufklärung bis zu Goethes Tod als eine einheitliche Literaturepoche auf.

Text 2

Hans Mayer
Goethe. Die übersprungene Zeit (zuerst 1973, dann 1999)

… Geistesgeschichte tat ein Übriges, um Goethes Lebenslauf und Schaffensweg von allem geschichtlichen Substrat zu befreien. In den vier Bänden G. A. Korffs über den *Geist der Goethezeit* kommt die Französische Revolution nicht vor. Hegels System und die *Wanderjahre* werden, einer formal-harmonischen Stoffdisponierung zuliebe, der ‚Romantik' zugeordnet. Eine Nacht, mit Hegel zu sprechen, worin alle Katzen bloß grau erscheinen können.

Goethe ist jener Großklassiker der Weltliteratur, dessen Ruhm ein Leser außerhalb deutscher Sprachgrenzen am wenigsten einzusehen vermag. Wie auch sollte das auf dem englischen, französischen, italienischen Theater, oder gar am Broadway wirken: Klirren der Harnische und Schwerter im *Götz*; unklare Verteilung der Gewichte zwischen öffentlicher und privater Sphäre im *Egmont*; scheinbare Undramatik der *Iphigenie* und des *Tasso* für eine Hörerschaft, der man die Verskraft des Originals vorenthielt? Was sind die *Wahlverwandtschaften* einem Leser der bürgerlichen Romane, gar der großen Eheromane von Flaubert oder Tolstoi? …

Den Erbaulichkeiten einer zweiten Nachkriegszeit im Zeichen des *Nathan* und der *Iphigenie auf Tauris* ist zu misstrauen. Das Äußerste dieses Werks, letale Wahrheit zu fordern, verkam in einer Gefühlsamkeit der schönen Emotionen und Verse. Ein schöner Theaterabend, also folgenlos. Ein Schauspiel, darauf angelegt, umstritten zu werden, nicht genossen, sah sich der Rührung ausgeliefert, demnach der Zwecklosigkeit. Umgekehrt kann es beim *Torquato Tasso* zur aufregenden, die leidhafte Goethesche Konstellation gleichzeitig rekonstruierenden wie kritisierenden Neuentdeckung eben dort, wo frühere Generationen gewohnt waren, respektvolle Langeweile erdauern zu müssen.

Das Wort vom Nationalen Kulturerbe hilft nicht und niemand. Eine Formel mit lauter Unbekannten: National, Kultur, Erbe. Die Vision des blinden Faust vom freien Volk auf freiem Grund ist nicht Wirklichkeit geworden. Überdies wurde der Sterbende irregeführt durch die Lemuren, genarrt vom teuflischen Vertragspartner. Goethes sehr konkrete Utopien sind es geblieben; sein antizipierender Geist sah Möglichkeiten, die nicht zur Wirklichkeit werden konnten. Das ist Goethe nicht anzulasten, sondern entsprang den Widersprüchen der bürgerlichen Gesellschaft zur Goethezeit, welche die heterogenen Tendenzen gleichzeitig produzierte und ausbildete: das Wüten der drei Gewaltigen oder die Liquidierung von Philemon und Baucis ebenso wie die Möglichkeit menschlich-solidarischen Verhaltens. Sie sind geblieben, diese Widersprüche.

(Aus: Mayer, Hans: *Goethe.* Hrsg. von Inge Jens. Frankfurt am Main: Suhrkamp Verlag, 1999, S. 153–156)

Informationen zu Text 2:

Hans Mayer (1907–2001): berühmter Literaturwissenschaftler und Schriftsteller von internationaler Bedeutung. Lehrte in Leipzig und Hannover; Gastvorträge weltweit. Umfangreiches Lebenswerk: Studien und Bücher zu Literatur, Musik und Sozialwissenschaften. Große Verdienste um Popularisierung herausragender deutscher Literaturkritiken. Er sah sich als Marxist.

letal: tödlich, todbringend

Erläuterung der Aufgabenstellung

Erläuterung

Sie zeigen, dass Sie die Sachtexte, in diesem Fall Auszüge aus zwei literaturwissenschaftlichen Arbeiten berühmter Germanisten, analysieren können und die unterschiedlichen methodischen Ansätze zu erkennen vermögen. Dazu setzen Sie die fachspezifischen Begriffe ein. Außerdem benötigen Sie Kenntnisse zur *Iphigenie auf Tauris* und Unterrichtskenntnisse zur Klassik und zur Zeitgeschichte des ausgehenden 18. Jahrhunderts sowie Kenntnisse zu Grundzügen der Analyse.

Ausgehend von Korffs Text und seinen Vorstellungen von der Iphigenie als eines aus der Natur heraus wirkenden sittlichen Menschen setzen Sie diese Ansicht in Beziehung zu einem Text Hans Mayers über das Stück, indem nachdrücklich auf die historischen Beziehungen hingewiesen wird. Belegen Sie Ihre Ergebnisse durch Zitate aus beiden Texten.

S

Schreib-plan

Schreibplan

zu Aufgabe 1

Teilaufgabe 1: Analyse des ersten Sachtextes

Baustein	Erläuterung	Mögliche Operatoren
Einleitung	Beschreiben des literaturwissenschaftlichen Sachtextes, Information zum Autor, Textform, Hinweis auf das Gesamtwerk	**verfasst/formuliert** aufgabenbezogen
Text-/ Themenverständnis	Zusammenfassung der tragenden Gedanken: Iphigenie als Verkörperung der Menschlichkeit aus Natur, Auswirkung auf Iphigenies Wirkung	**stellt** die Kerngedanken angelehnt an die Sinnabschnitte **dar**
Textaufbau	Abfolge von Bestimmung Iphigenies als Naturgeschöpf, als Verkörperung des „reinen Menschen" und ihre Wirkung auf eine Neuschöpfung des Menschen	**erschließt** den Zusammenhang von natürlicher und sittlicher Wahrheit
wesentliche Elemente der Textform, Stilelemente	Bezüge zum mythischen Thema; Iphigenie als Dienerin der Göttin: ihre religiösen und menschlicher Ideale mit ihren Möglichkeiten zur Breitenwirkung	**nennt** den Leitgedanken Korffs
Herstellen des Kontextes	Iphigenies Erfolg als Erfolg eines natürlichen Verhaltens	**prüft** die Relevanz der Bewertung heute
reflektierte Schlussbetrachtung	*Iphigenie auf Tauris* als klassisches Werk	**beurteilt** die von Korff vorgenommene Wertung

L

Lösung

Lösungsmöglichkeit

zu Aufgabe 1

Einleitung (Beschreiben des literaturwissenschaftlichen Sachtextes, Information zum Autor, Textform, Hinweis auf das Gesamtwerk)

Führen Sie die beiden Texte durch die Beschreibung Ihres Verhältnisses zu literaturwissenschaftlichen Arbeiten ein.

Korff und sein Hauptwerk *Der Geist der Goethezeit*: Literaturwissenschaftliche Darstellung mit ausgesprochen idealen Kennzeichen. Umfassendes Werk über die Zeit von der Aufklärung bis zur Romantik. Erste Sätze des Auszugs machen deutlich, dass es um Menschlichkeit und Humanität geht, die aber nicht historisch beschrieben werden, denn Iphigenies Menschlichkeit kommt aus ihrer Natur und ist „angeboren". Frage wird provoziert: Ist Menschlichkeit und „wahre Humanität" angeboren oder werden sie durch Erziehung und soziale Erfahrungen entwickelt? Sie erscheinen bei Korff als absolut gesetzte Größen, nicht in einer Bedingtheit, die durch historische, soziale und politische Einflüsse begründet ist.

Text-/Themenverständnis (Zusammenfassung der tragenden Gedanken: Iphigenie als Verkörperung der Menschlichkeit aus Natur, Auswirkung auf Iphigenies Wirkung)

Beschreiben: Was versteht man unter Menschlichkeit? Woher werden die Maßstäbe und Werte bezogen? Iphigenie als Verkörperung von Menschlichkeit. Es bietet sich an: Bezug zur Familiengeschichte der Iphigenie, ihre Stellung im Stammbaum der Tantaliden. Welche Bedeutung hat sie für die Fahrt der Griechen gegen Troja? Wie kommt sie nach Tauris?

Beachte: Menschliches Verhalten spielte auch in der Aufklärung eine große Rolle, vgl. Lessings *Nathan der Weise*. Vergleich zwischen beiden Stücken, den Korff selbst andeutet, bietet sich an. Mögliche Verweise und Herleitungen.

Iphigenies Menschlichkeit und Sittlichkeit ist nach Korff Folge ihrer natürlichen Veranlagung; Konzentration auf ethische und religiöse Haltungen, nicht auf politische Vorgänge. Hinweis auf den Trojanischen Krieg als politisch-militärischen Hintergrund, der für Korff keine Rolle spielt. Herausnahme aus der Abfolge des Fluches, in dem Orest befangen bleibt. Menschlichkeit als natürliches und/oder sozialesVerhalten? Die Frage stellt sich: Unter welchen Voraussetzungen wird es ausgebildet und danach wirksam? „Gottergebenheit und Selbstlosigkeit" wären hier zu bestimmen, mit Inhalt aufzufüllen und zu problematisieren, denn Iphigenie hat auch persönliche Interessen (die Rettung des Bruders).

Methodisch bietet sich an, mit Texten aus Goethes Stück zu argumentieren: Wenn Iphigenie so in sich ruht, wie es Korff beschreibt, fragt es sich, warum ihre Sehnsucht nach Griechenland noch so ausgeprägt ist und durch „Seufzer" (V. 13) Ausdruck bekommt. Auch sprechen ihr Interesse für den Trojanischen Krieg und das Schicksal ihrer Familie gegen Korffs These.

Iphigenie kann das Allzumenschliche (die „Triebe") durch ihre Menschlichkeit beherrschen. Wirkt dadurch weitgehend „unweiblich" und asexuell. Thoas liebt aber auch das Weib in Iphigenie. Konfrontation der Darstellung mit Goethes Text: Iphigenie dient nicht nur in Frömmigkeit, sondern interessiert sich sehr nachdrücklich für den Verlauf des Krieges, das Schicksal ihrer Familie und den Fluch der Götter.

Textaufbau (Abfolge von Bestimmung Iphigenies als Naturgeschöpf, als Verkörperung des „reinen Menschen" und ihre Wirkung auf eine Neuschöpfung des Menschen)

Der Aufbau vollzieht sich linear:
Iphigenie – Verkörperung von Menschlichkeit – entstanden aus Natur – Folge von Gottergebenheit – Absage an ihre Triebhaftigkeit – dadurch „das Höhere" (dem das Allzumenschliche in „edler Dienstbarkeit" beisteht).
Bestimmung der Humanität im Sinne Korffs: Mischung von höherer Menschlichkeit und dienstbarer Weiblichkeit. Führt die Pflichtgefühle auf religiöse und menschliche Grundlagen zurück, kein Raum für historischen Hintergrund (Trojanischer Krieg!) oder mythologische Bilder (Tantaliden). Ausgeklammert zu Gunsten dem „Idealbild einer edlen Haltung".
Beschreiben Sie die Grenzen der Betrachtungen Korffs.

Methodisch bietet sich an, mit Aussagen Iphigenies aus Goethes Stück zu argumentieren: Bereits im ersten Monolog beklagt sie „der Frauen Zustand" (V. 24), empfindet ihr Schicksal als „elend" (V. 31). Analyse des ersten Monologes relativiert Korffs Aussagen entscheidend.

Wesentliche Elemente der Textform, Stilmittel (Bezüge zum mythischen Thema; Iphigenie als Dienerin der Göttin: ihre religiösen und menschlichen Ideale mit ihren Möglichkeiten zur Breitenwirkung)

Verwendung von dominierenden Worten: Menschlichkeit, Humanität. Flankiert von „Gottergebenheit und Selbstlosigkeit". Was heißt im Falle Iphigenies „Gottergebenheit"?

Beachte: Herleitung aus der Aufklärung möglich. Mythischen Hintergrund, Stammbaum der Tantaliden vergleichen mit Iphigenies Tätigkeit auf Tauris.

Dazu Begriffe wie: Wahrheit, Ideal, hohe und edle Ansichten, Geisteskraft, Einheit der Natur, Totalität der menschlichen Natur, poetische Wahrheit usw. Unterschied zwischen Menschlichkeit und Allzumenschliches herausarbeiten: Gegensatz von Vernunft und Trieb. Doppelte Verwendung von „Trieb": die allzumenschlichen Triebe in Iphigenies Brust und der tiefste Trieb in der sittlichen Handlung.

Herstellen des Kontextes (Iphigenies Erfolg als Erfolg eines natürlichen Verhaltens)

Ihre Menschlichkeit ist Veranlagung, nicht Einsicht. Vergleich zwischen ihr und Orest. Doch ist ihre Menschlichkeit nicht so störungsfrei, wie Korff es darstellt: Zu Beginn bereits Sehnsucht nach der Heimat, versucht sich mit Ausflüchten dem Antrag des Königs zu entziehen, obwohl der das Schicksal seines Volkes darauf projiziert hat, überlegt sogar, den König zu betrügen usw.
Iphigenie ist die Personifikation der Menschlichkeit, damit sowohl den Göttern fern, die keine Menschen sind und keinen Humanismus kennen, als auch der Natur, die unerbittlich gesetzmäßig handelt.
Beschreibung Iphigenies in kontrastreicher Gegenüberstellung zwischen ihr als Angehöriger des Tantalidengeschlechts und als Verkörperung edler Menschlichkeit. Unbeantwortet, wie sie das in einem fluchbeladenen Geschlecht werden konnte.

Iphigenie als Menschenschöpfer, aus ihrem Geist (der Geist der Klassik!), der Erfolg Iphigenies, den Barbaren Thoas zur Sittlichkeit geführt zu haben. Bestimmung der sittlichen Pflicht des Menschen! Woher kommt die sittliche Pflicht und in wessen Auftrag handelt sie?

Reflektierte Schlussbetrachtung (*Iphigenie auf Tauris* als klassisches Werk)

Korff beschreibt die Zugehörigkeit der Iphigenie zur Klassik aus der natürlichen Sittlichkeit; kein Bezug zum historischen Hintergrund. Selbst der Hintergrund des Krieges zwischen Troja und den Griechen spielt keine Rolle, der Fluch wird nicht als historischer Vorgang einbezogen, der über Generationen zum Untergang verurteilte. Iphigenies Erfolg ist ein unhistorischer und nicht bezogen auf die Utopie von bürgerlicher Freiheit. Iphigenies Erfolg erscheint zudem konfliktfrei. Dabei lässt sie einen König zurück, der die Zukunft seines Landes auf sie gesetzt hatte. Wie vereinbart sich das mit Iphigenies Menschlichkeit?

Schreibplan

zu Aufgabe 2

Teilaufgabe 2: Analyse des zweiten Sachtextes und Vergleich beider Texte		
Baustein	**Erläuterung**	**Mögliche Operatoren**
Überleitung	Gemeinsamer Gegenstand der beiden Texte: *Iphigenie auf Tauris*. Unterschiede im geistigen Herangehen	**nennt** den gemeinsamen Gegenstand
Textverständnis	Der grundsätzliche Einwand Mayers	**entwirft** Mayers Betrachtungsgrundsatz
thematische Auseinandersetzung, Stilmittel	Die Spezifik der *Iphigenie auf Tauris* als einem deutschen Schauspiel	**beschreibt** den Charakter des Stückes und die dramaturgische/sprachliche Umsetzung
Herstellen des Kontextes	Goethes Schauspiel als geistige Orientierung in Notzeiten	**begründet** die Parallelen in beiden Texten
reflektierte Schlussbetrachtung	Bewertung der Gültigkeit der beiden Beschreibungen und Bewertungen; eigene Position dazu	**bewertet** die Beschreibungen und ihre Anwendbarkeit heute

L Lösung

Lösung

zu Aufgabe 2

Überleitung (gemeinsamer Gegenstand der beiden Texte: *Iphigenie auf Tauris*. Unterschiede im geistigen Herangehen)

Darstellung, wer sich mit wem beschäftigt! Lebenslange Beschäftigung Hans Mayers mit Goethe, Zusammenfassung aller Texte im Alter unter dem Titel *Goethe* (1999). Der Auszug stammt aus einer größeren Arbeit von 1973, im Kontext des Gesamtbandes *Goethe* (1999, hrsg. von Inge Jens) neu veröffentlicht. Auseinandersetzung mit dem Stand der Goetheforschung: Kritik an Korff, da in seinen vier Bänden die Französische Revolution nicht vorkomme, Mayer macht damit auf das historische Moment jeder Literatur aufmerksam.

Beachte: Kurze Darstellung, was die Französische Revolution für die Literaturgeschichte bedeutet (vgl. Epochenübersicht 10 und S. 15 ff.).

Textverständnis (der grundsätzliche Einwand)

Keine detaillierte Beschäftigung mit *Iphigenie auf Tauris*, sondern Zusammenschau des Gesamtwerkes Goethes. Einwand: Das historische Hauptereignis der gesamten Epoche, die Französische Revolution, kommt in Korffs Werk nicht vor. Goethes *Iphigenie auf Tauris* hat aber in mehrfacher Weise Beziehung zum zeitgenössischen Hintergrund: der aufgeklärte Fürst als evolutionäre Sicht auf Geschichte. Auch die Zuordnung Hegels durch Korff zur Romantik hat allenfalls zeitgenössische Bedeutung, nicht inhaltliche. Hegels Dialektik als Denkmethode! (vgl. S. 54: Hegel über Goethes *Iphigenie auf Tauris*). Forderung Mayers nach der historischen Betrachtung von Literatur. Hinweis auf die Widersprüche und Probleme der *Iphigenie auf Tauris*, die nicht auf „Erbaulichkeiten" beschränkt werden darf.

Methodisch bietet sich an, Zitate jener Widersprüche aus dem Stück aufzunehmen und an ihnen den historischen Hintergrund zu belegen, z. B. das sogenannte Parzenlied als Erinnerung an eine unmenschliche Zeit, in der die Götter willkürlich mit den Menschen umgingen (V. 1725–1766); ähnlich sind auch Iphigenies Äußerungen über den Krieg (V. 411 ff.) oder über die drohenden Menschenopfer (V. 549 ff., 926 ff.) einzubeziehen.

Thematische Auseinandersetzung (die Spezifik der *Iphigenie auf Tauris* als einem deutschen Schauspiel)

Beachte: Ausgehen von den persönlichen Eindrücken vom Stück – wie spannend, unterhaltend, anregend usw. hat es gewirkt?
Die Spezifik des deutschen Schauspiels, unabhängig von Sprachgrenzen: „scheinbare Undramatik": Problem darstellen: Das Stück erfüllt die dramaturgischen Bedingungen des aristotelischen Dramas meisterhaft, seine Handlung weist in einem populistischen Sinn aber keine dramatische Handlung aus bzw. findet diese hinter der Bühne statt. Mayer spricht von „scheinbarer Undramatik": Dramatik spielt sich im Inneren der Personen ab, z. B. in Iphigenie (Menschenopfer durchführen ↔ Bruder retten), in Thoas (auf Iphigenie verzichten

↔ ebenfalls auf Menschenopfer oder sie wieder einführen), in Orest und Pylades (den Retter ihrer Schwester Thoas betrügen und bestehlen ↔ Schicksal erleiden). Textbeispiele dafür heranziehen.

Herstellen des Kontextes (Goethes Schauspiel als geistige Orientierung in Not- und Krisenzeiten)

Mayer geht ausführlicher auf die Verwendung des Stückes nach dem Zweiten Weltkrieg ein. Zahlreiche Theater eröffneten nach dem Zweiten Weltkrieg wieder mit Inszenierungen von Lessings *Nathan* und Goethes *Iphigenie*. *Zweck:* geistige Orientierung zu geben. *Belegen* Sie diesen Anspruch mit den wirkungsstrategischen Absichten des Stücks und Goethes (Vergebung, Schuld und Sühne, der aufgeklärte Mensch).

Methodisch bietet sich an, Zitate aus dem Stück einzubeziehen, die sich auf Kriegs- und Nachkriegszeiten anwenden lassen und keine Erbaulichkeit bieten, z. B. V. 416 ff. und V. 845 ff. Auch bieten die männlichen Beteiligten Einblicke in ein pervertiertes und menschenfeindliches Denken, mit dem sie ihre Taten begründen (V. 786 ff.).

Mayer konfrontiert „Erbaulichkeiten" mit der „letalen Wahrheit" des Stücks. Nicht genießen, sondern um das Stück streiten sei Sinn.
Welche Streitpunkte ergeben sich? Rolle der Iphigenie als Priesterin und als Frau, als Schwester des Feindes (Orest) und als Königin von Taurien. Entscheidung hat in jedem Falle tragische Komponente: Wird sie die Frau des Königs, kann sie nicht in die Heimat zurückkehren; rettet sie den Bruder, macht sie sich strafbar gegenüber den Taurern, bei denen sie Zuflucht gefunden hat.
Ziel eines Streites um das Stück: eine Lösung im Sinne aller bei Kompromissen für alle; Thoas muss auf die Königin verzichten, Iphigenie auf ihre Priesterschaft.

Reflektierte Schlussbetrachtung (Bewertung der Gültigkeit der beiden Beschreibungen und Bewertungen; eigene Position dazu)

Misstrauen in jede Art von „Erbaulichkeiten": Sie führen zu schneller Abfindung mit den Bedingungen ohne Prüfung von Verantwortung, Schuld und Sühne. (Möglichkeit: Nochmals auf die Fluchsituation der Götter gegenüber den Tantaliden eingehen, Parzenlied, Iphigenies Entscheidung für die Wahrheit). Gegenüberstellung der beiden Ansichten: Iphigenie als Idealbild und Verkörperung von Menschlichkeit aus natürlicher Veranlagung contra Iphigenie als streitbares Angebot, in einer konkreten historischen Situation Möglichkeiten der Toleranz durch Kompromisse zu schaffen und zu nutzen. Eigene Stellungnahme: Welche Lesart ist die objektiv wertvollere, welche Lesart ist die subjektiv angenehmere? Sind Verhaltensweisen wie die Iphigenies auch in der Gegenwart möglich?

Aufgabenart I C

Vergleichende Analyse eines Sachtextes und eines literarischen Textes

A
Aufgabe

Aufgabenstellung

1. Analysieren Sie Georg Büchners Brief vom März 1834 aus Gießen an die Braut und interpretieren Sie den von Büchner verwendeten Begriff des „grässlichen Fatalismus der Geschichte".
2. Analysieren Sie anschließend die Szene aus Georg Büchners *Woyzeck* und wenden Sie Ihre Ergebnisse aus der ersten Teilaufgabe auf die Szene an.

T
Text

Text 1

Georg Büchner
***Brief an die Braut*, März 1834**

Hier ist kein Berg, wo die Aussicht frei sei. Hügel hinter Hügel und breite Täler, eine hohle Mittelmäßigkeit in allem; ich kann mich nicht an diese Natur gewöhnen, und die Stadt ist abscheulich ... Schon seit einigen Tagen nehme ich jeden Augenblick die Feder in die Hand, aber es war mir unmöglich, nur ein Wort zu schreiben. Ich studierte die Geschichte der Revolution. Ich fühlte mich wie zernichtet unter dem grässlichen Fatalismus der Geschichte. Ich finde in der Menschennatur eine entsetzliche Gleichheit, in den menschlichen Verhältnissen eine unabwendbare Gewalt, allen und keinem verliehen. Der einzelne nur Schaum auf der Welle, die Größe ein bloßer Zufall, die Herrschaft des Genies ein Puppenspiel, ein lächerliches Ringen gegen ein ehernes Gesetz, es zu erkennen das Höchste, es zu beherrschen unmöglich. Es fällt mir nicht mehr ein, vor den Paradegäulen und Eckstehern der Geschichte mich zu bücken. Ich gewöhne mein Auge ans Blut. Aber ich bin kein Guillotinenmesser. Das Muss ist eins von den Verdammungsworten, womit der Mensch getauft worden. Der Ausspruch: es muss ja Ärgernis kommen, aber wehe dem, durch den es kommt – ist schauderhaft. Was ist das, was in uns lügt, mordet, stiehlt? Ich mag den Gedanken nicht weiter nachgehen. Könnte ich aber dies kalte und gemarterte Herz an Deine Brust legen!

B(oeckel) wird Dich über mein Befinden beruhigt haben, ich schrieb ihm. Ich verwünsche meine Gesundheit. Ich glühte, das Fieber bedeckte mich mit Küssen und umschlang mich wie der Arm der Geliebten. Die Finsternis wogte über mir, mein Herz schwoll in unendlicher Sehnsucht; es drangen Sterne durch das Dunkel, und Hände und Lippen bückten sich nieder. Und jetzt? Und sonst? Ich habe nicht einmal die Wollust des Schmerzes und des Sehnens. Seit ich über die Rheinbrücke ging, bin ich wie in mir vernichtet, ein einzelnes Gefühl taucht nicht in mir auf. Ich bin ein Automat; die Seele ist mir genommen. Ostern ist noch mein einziger Trost; ich habe Verwandte bei Landau, ihr Einladung und die Erlaubnis, sie zu besuchen. Ich habe die Reise schon tausendmal gemacht und werde nicht müde.

Du frägst mich: sehnst Du Dich nach mir? Nennst Du's Sehnen, wenn man nur in einem Punkt leben kann, und wenn man davon gerissen ist und dann nur noch das Gefühl seines Elendes hat? Gib mir doch Antwort. Sind meine Lippen so kalt? ... Dieser Brief ist ein Charivari: ich tröste Dich mit einem andern.

(Aus: Georg Büchner: *Werke und Briefe*. Gesamtausgabe, hrsg. von Fritz Bergemann. Leipzig: Insel Verlag, 1968, S. 394–396, Datierung nach Henri Poschmann: *Georg Büchner*. Dichtung der Revolution und Revolution der Dichtung. Berlin und Weimar: Aufbau-Verlag, 1983, [3]1988, S. 290)

Informationen zu Text 1

Fatalismus: lat. Schicksalsglaube, Schicksalsgläubigkeit; Weltanschauung, nach der alles Geschehen in der Natur, in der Gesellschaft und in den menschlichen Beziehungen einer unerkennbaren Schicksalsmacht oder einer höheren Notwendigkeit unterliegt, die der Mensch weder erkennen noch beeinflussen kann. Bezieht sich auf „das Fatum" = Schicksal, Verhängnis.

Boeckel: Eugène Boeckel (1811–1896), seit 1840 praktischer Arzt in Straßburg, engster Freund Büchners.

Charivari: Durcheinander, Katzenmusik

Text 2

Text

Georg Büchner
Woyzeck (Auszug, 8. Szene)

Woyzeck. Der Doctor.

Doctor. Was erleb' ich Woyzeck? Ein Mann von Wort.

Woyzeck. Was denn Herr Doctor?

Doctor. Ich hab's gesehn Woyzeck; er hat auf die Straß gepißt, an die Wand gepißt wie ein Hund. Und doch 2 Groschen täglich. Woyzeck das ist schlecht, die Welt wird schlecht, sehr schlecht.

Woyzeck. Aber Herr Doctor, wenn einem die Natur kommt.

Doctor. Die Natur kommt, die Natur kommt! Die Natur! Hab' ich nicht nachgewiesen, dass der musculus constrictor vesicae dem Willen unterworfen ist? Die Natur! Woyzeck, der Mensch ist frei, in dem Menschen verklärt sich die Individualität zur Freiheit. Den Harn nicht halten können! (schüttelt den Kopf, legt die Hände auf den Rücken und geht auf und ab) Hat er schon seine Erbsen gegessen, Woyzeck? – Es giebt eine Revolution in der Wissenschaft, ich sprenge sie in die Luft. Harnstoff, 0,10, salzsaures Ammonium, Hyperoxydul.
Woyzeck muß er nicht wieder pissen? geh' er einmal hinein und probir er's.

Woyzeck. Ich kann nit Herr Doctor.

Doctor. (mit Affect) Aber auf die Wand pissen! Ich hab's schriftlich, den Akkord in der Hand. Ich hab's gesehn, mit dießen Augen gesehn, ich streckte grade die Nase zum Fenster hinaus und ließ die Sonnenstrahlen hinein fallen, um das Niesen zu beobachten, (tritt auf ihn los) Nein Woyzeck, ich ärgere mich nicht, Aerger ist ungesund, ist unwissenschaftlich. Ich bin ruhig ganz ruhig, mein Puls hat seine gewöhnlichen 60 und ich sag's ihm mit der grösten Kaltblütigkeit! Behüte wer wird sich über einen Menschen ärgern, einen Menschen! Wenn es noch ein proteus wäre, der einem krepirt! Aber er hätte doch nicht an die Wand pissen sollen –

Woyzeck. Sehn sie Herr Doctor, manchmal hat man so n'en Charakter, so 'ne Structur. – Aber mit der Natur ist's was andres, sehn sie mit der Natur (er kracht mit den Fingern) das ist so was, wie soll ich doch sagen, zum Beispiel

Doctor. Woyzeck, er philosophirt wieder.

Woyzeck. (vertraulich) Herr Doctor haben sie schon was von der doppelten Natur gesehn? Wenn die Sonn im Mittag steht und es ist als ging die Welt im Feuer auf hat schon eine fürchterliche Stimme zu mir geredet!

Doctor. Woyzeck, er hat eine aberratio.
Woyzeck. (legt den Finger an die Nase) Die Schwämme Herr Doctor. Da, da steckts. Haben sie schon gesehn in was für Figuren die Schwämme auf dem Boden wachsen? Wer das lesen könnt.
Doctor. Woyzeck er hat die schönste aberratio mentalis partialis, die zweite Species, sehr schön ausgeprägt, Woyzeck er kriegt Zulage. Zweite species, fixe Idee, mit allgemein vernünftigem Zustand, er thut noch Alles wie sonst, rasirt seinen Hauptmann.
Woyzeck. Ja, wohl.
Doctor. Ißt seine Erbsen?
Woyzeck. Immer ordentlich Herr Doktor. Das Geld für die menage kriegt die Frau.
Doctor. Thut seinen Dienst.
Woyzeck. Ja wohl.
Doctor. Er ist ein interessanter casus, Subject Woyzeck er kriegt Zulage. Halt er sich brav. Zeig er seinen Puls! Ja.

(Aus: Georg Büchner: *Woyzeck.* Studienausgabe, hg. von Burghard Dedner. Stuttgart: Reclam, 1999 Universal-Bibliothek Nr. 18007, S. 21–23)

Erläuterung der Aufgabenstellung

Sie zeigen, dass Sie den Sachtext, in diesem Fall einen Brief, analysieren können. Dazu setzen Sie die fachspezifischen Begriffe ein. Außerdem benötigen Sie Kenntnisse zu Georg Büchner im Allgemeinen, dem *Woyzeck*, der Dramentheorie und zu Grundzügen der Interpretation im Besonderen.
Ausgehend von Büchners Brief und seinen Vorstellungen von Revolution und dem Fatalismus der Geschichte setzen Sie diese in Beziehung zu der ausgewählten Szene aus *Woyzeck*. Belegen Sie Ihre Ergebnisse durch Zitate aus beiden Texten.

Schreibplan

zu Aufgabe 1

Teilaufgabe 1: Analyse des Sachtextes		
Baustein	**Erläuterung**	**Mögliche Operatoren**
Einleitung	Beschreibung des Briefes, Information zum Autor, Einbeziehung des Adressaten	**verfasst/formuliert** aufgabenbezogen
Text-/Themenverständnis	Zusammenfassung des tragenden Gedankens von Studien zur Revolution, Fatalismus und Gesetz	**stellt** die Kerngedanken angelehnt an die Sinnabschnitte **dar**
Textaufbau	Einstimmung durch Landschaftsbild; Abfolge von Revolutionsstudien zum ehernen Gesetz, Rolle des Individuums	**erschließt** den Zusammenhang von poetischer und historischer Wahrheit

wesentliche Elemente der Textform, Stilelemente	Verhältnis von Zufall und Gesetz; Gültigkeit des Fatalismus, Büchners Selbstzitate	**nennt** den Leitgedanken Büchners
Herstellen des Kontextes	Bezug zwischen Fatalismus und gesellschaftlicher Veränderung	**prüft** die Relevanz des Bewertung heute
reflektierte Schlussbetrachtung	Bedeutung für Büchners Geschichtsbild	**beurteilt** die von Büchner vorgenommene Wertung

Lösungsmöglichkeit

L Lösung

zu Aufgabe 1

Einleitung (Beschreibung des Briefes, Information zum Autor, Einbeziehung des Adressaten)

Es handelt sich um einen Brief Georg Büchners an seine Verlobte Minna, der in der Büchner-Forschung als „Fatalismusbrief"[30] bezeichnet wird. Der Dichter schrieb ihn wahrscheinlich im März 1834 aus Gießen nach Straßburg. In Gießen hatte Büchner zur gleichen Zeit Kontakt zu oppositionellen Kräften und begann gerade mit der Erarbeitung des *Hessischen Landboten*, der trotz aller Abschwächungen, die sein Mitarbeiter Pfarrer Weidig vorgenommen hat, eine revolutionäre Kampfschrift wurde.
Georg Büchners Flugschrift *Der Hessische Landbote* (1834) ist ein Programm der gesellschaftlichen Veränderung, in solcher Schärfe und dem revolutionären Gestus gab es nichts Ähnliches zu seiner Zeit. Die Flugschrift ist das politische und erste gedruckte Dokument des Dichters, in dem er seine sozialen Ansichten fixierte und damit den Freundeskreis und im Geheimbund *Gesellschaft der Menschenrechte* begeisterte und erschreckte. Das Dokument ist ohne Georg Büchners Studien zur Französischen Revolution von 1789, auf die er im Fatalismusbrief eingeht, und der Erfahrung der Julirevolution von 1830 nicht zu denken; es gehört in den Umkreis von Georg Büchners *Dantons Tod*, in dem zum ersten Mal die Französische Revolution von 1789 ins deutsche Drama gebracht wurde. Die beiden Texte (*Landbote* und *Danton*), die gattungstheoretisch unterschiedlicher nicht sein können – ein journalistisches Kampfblatt und ein Drama –, gehören zueinander wie ein revolutionäres Programm und das Protokoll seines Scheiterns. Begleitet werden beide von besagtem Brief. Fordert Büchner in dem berühmten und oft zitierten Motto des *Landboten* „Friede den Hütten! Krieg den Palästen!", so wählt er im Drama den Untergang der Revolutionäre, die sich selbst vernichteten, weil sie die soziale Frage nicht lösen konnten. Dieser Hintergrund muss mitgedacht werden, will man Büchners Begriff „Fatalismus" richtig verstehen: Es geht Büchner, wie die künstlerischen Zeugnisse der gleichen Zeit beweisen, keineswegs um ein Hinnehmen einer gegebenen, scheinbar unveränderlichen Notwendigkeit.

30 Während die Werkausgabe (Georg Büchner, *Werke und Briefe*. Gesamtausgabe. Hg. von Fritz Bergemann. Leipzig: Insel-Verlag, 1968, S. 394 ff.) diesen Brief im November 1833 vermutet, datiert ihn Poschmann (Henri Poschmann: *Georg Büchner*. Dichtung der Revolution und Revolution der Dichtung. Berlin und Weimar: Aufbau-Verlag, 1983, [3]1988, S. 290) etwa Mitte März 1834. Hauschild gibt den 10. bis 20. Januar 1834 als Entstehungszeit an (Jan-Christoph Hauschild: *Georg Büchner*. Biographie. Stuttgart und Weimar: Verlag J. B. Metzler, 1993, S. 270). Hier wird der Angabe von Poschmann gefolgt.

Text- und Themenverständnis (Zusammenfassung des tragenden Gedankens von Studien zur Revolution, Fatalismus und Gesetz)

In einem persönlich gehaltenen Brief gibt Büchner einen Überblick über seine Arbeit; Ermanglung anderer Kommunikationsmöglichkeiten. Gesamtheit des Briefes würdigen, nicht nur Absatz über Fatalismus. Brief wird zum wichtigen Verständigungsmittel. Beschäftigung mit der Französischen Revolution von 1789, in die Studien gehen aktuelle Erfahrungen bei der Vorbereitung des *Hessischen Landboten* ein. Frage nach den Möglichkeiten und Grenzen politischer Arbeit, die bis zur sozialen Revolution führt. Verhältnis des Individuums zum geschichtlichen Prozess, die Grenzen der Erkenntnismöglichkeit. Büchner ist überzeugt, dass das menschliche Schicksal einem „ehernen Gesetz" unterliegt. Dieses Gesetz liege außerhalb des Menschen. Vom Menschen nicht zu beherrschen, schließt aber die menschliche Tätigkeit nicht aus, die sich auf die Gestaltung der Verhältnisse richten müsse. Zweideutigkeit im Satz: „Das Muss ist eins von den Verdammungsworten, womit der Mensch getauft worden." (Z. 12 f.) Es ist das objektive Muss, auferlegt vom ehernen Gesetz, aber auch das subjektive Muss, das den Menschen zur Handlung und Tätigkeit führe. Kein Sieg für den einzelnen Revolutionär, nur in den Händen „aller" ist die Gewalt einsetzbar und bewirkt Veränderungen, die wiederum objektive Geschichtsprozesse bestätigen. Büchner als mechanischer Materialist, Revolutionen scheitern an der menschlichen Natur. Verzicht auf Helden und Heldenverehrung: „Es fällt mir nicht mehr ein, vor den Paradegäulen und Eckstehern der Geschichte mich zu bücken." (Z. 10 ff.) Konzept des Materialisten Büchner, bei dem auch kein Raum für höhere Mächte ist, die eine menschliche Entwicklung garantieren. Entwicklung ist nur möglich durch das Aufbegehren sozialer Gruppen gegen den erdrückenden Fatalismus.

Textaufbau (Einstimmung durch Landschaftsbild; Abfolge von Revolutionsstudien zum ehernen Gesetz, Rolle des Individuums)

Beginn mit einem Naturbild, der Berg als Zeichen von Freiheit und geistiger Klarheit, die Ebene als „hohle Mittelmäßigkeit" (Z. 2). Verbreitete literarische Metapher im gesamten 19. Jahrhundert und beginnenden 20. Jahrhundert: Gebirge als Ort der Klarheit, Reinheit und Freiheit, aber gefährlich für den Menschen; Hügel und Ebene als dumpfe Sinnlichkeit, Mittelmäßigkeit und Gefühlsüberschwang. Dann folgen im Brief die Schritte: Studium der Geschichte der Französischen Revolution als Vorarbeit für *Dantons Tod*, dessen Beispiel führt zur Erkenntnis des „Fatalismus der Geschichte" (Z. 6) – nicht eines generellen Fatalismus, sondern eines *der Geschichte* – und eine Erklärung: Unfähigkeit und Unbrauchbarkeit des Individuums, des Genies, des historischen Helden, sind dem Schicksal unterworfen. Liegt begründet in der menschlichen Natur und den zugehörigen „menschlichen Verhältnissen" (Z. 7). Damit wird der soziale Charakter eingeführt. Dennoch nicht hilflos den Verhältnissen ausgesetzt: Erkenntnis des „eherne(n) Gesetz(es)" (Z. 10) ist möglich. Das bedeutet nicht, das Gesetz zu beherrschen, aber sich auf das Gesetz einzustellen und mit ihm umzugehen. Möglicherweise kann das Gesetz auch beeinflusst werden, denn die „unabwendbare Gewalt" ist „allen und keinem verliehen" (Z. 7 f.). Wenn alle zur Erkenntnis kommen, wird das Individuum Teil dieses Vorgangs, nicht mehr „nur Schaum auf der Welle" (Z. 8), sondern Teil der Welle selbst. Dazu ist eine Einsicht über die innere Struktur des Menschen nötig, über das, „was in uns lügt, mordet, stiehlt" (Z. 15). Zentraler Gedanke Büchners! Er selbst sieht sich bedroht durch die

Privatisierung seiner Konflikte, zum „Automat(en)" (Z. 25) geworden ohne Seele. Damit wirkt sich das „eherne Gesetz" auch auf ihn aus, aber noch ist Hoffnung, Trost noch in Sicht, wenn er andere, freundliche oder gar liebe Menschen wiedertrifft: „Ostern ist noch mein einziger Trost." (Z. 25) Ostern ist Termin, aber auch Metapher im Sinne von Auferstehung, Wiedergeburt der Natur. Erfahrung aus dem geschichtlichen Vorgang der Französischen Revolution, der eigenen Arbeit am *Hessischen Landboten* und der gescheiterten revolutionären Bemühungen führen zur individuellen Vereinsamung, zu einem zeitweisen Fatalismus. Ende des Briefes: Büchner schränkt seine Bedeutung ein, bezeichnet ihn als „Durcheinander" („Charivari", Z. 31), ausgelöst durch die Trennung von Minna („... wenn man davon gerissen ist", Z. 29) und verspricht einen anderen Brief. Hat sich freigeschrieben.

Wesentliche Elemente der Textform, Stilelemente (Verhältnis von Zufall und Gesetz; Gültigkeit des Fatalismus, Büchners Selbstzitate)

Die Lebenssituation schafft die Voraussetzung für Büchners Enttäuschung, verstärkt durch eine ernüchternde Natur; die ihn erfüllende fehlt („kein Berg", Z. 1).
Beschreibung des Fatalismus durch zwei Wortgruppen: die eine umgibt „Gesetz" (Geschichte, Gleichheit, Verhältnisse, ehern, Herrschaft usw.), die andere „Gewalt" (konkretisiert durch einen Begriff aus der Französischen Revolution „Guillotinemesser", aber auch: „zernichtet", „unabwendbar"). Fatalismus trifft zuerst Büchner selbst, dann den Einzelnen, die historische Größe, Genies. Absage an historische Helden. Ausgangssituation ist die Französische Revolution und das Scheitern ihrer Führer Danton und Robespierre.
Doppeldeutigkeit des *Muss*: bezieht sich einmal auf das eherne Gesetz als Grundlage des „grässlichen Fatalismus", erinnert aber andererseits auch an den kategorischen Imperativ Kants: Man muss sich in bestimmter Weise verhalten, um etwas zu erreichen.
Auch dem Ärgernis, das als scheinbare Notwendigkeit erscheint, liegt ein auslösendes Wesen zugrunde („wehe dem, durch den es kommt", Z. 14). Büchners Erkenntnis vom Geschichtsprozess ist zuerst beschränkt auf die Französische Revolution und nicht ohne weiteres zu verallgemeinern. Deshalb Trost (bei Minna), Hoffnung der Überwindung des Zustands.
Stilelement der variablen Wiederholung: Fatalismus, unabwendbare Gewalt, Größe ein bloßer Zufall, Puppenspiel (erinnernd an Heinrich von Kleists *Über das Marionettentheater*, 1810).

Herstellen des Kontextes (Bezug zwischen Fatalismus und gesellschaftlicher Veränderung)

Der berühmte Satz aus dem „Fatalismus-Brief": „Was ist das, was in uns lügt, mordet, stiehlt?" (Z. 15) wird wortwörtlich in *Dantons Tod* verwendet, dort auch noch erweitert. Mehrere Gestalten verwenden ihn. Aber in dem Fatalismus stecken auch die menschlichen Triebe, denen sich der Mensch nicht widersetzen kann, wie es Woyzeck verkündet. Danton und Woyzeck sind determinierte Gestalten; sie gehören beide in das Umfeld des Fatalismus. Büchners praktische Bemühungen, das menschliche Los als soziale Erscheinung zu verändern – seine Arbeit mit dem *Hessischen Landboten* – waren zur Niederlage geworden. Andererseits setzt Büchner keinen Gott an die Leerstelle, um eine Erlösung aus dem Fatalismus der Geschichte anzudeuten. Büchners Fatalismus ist ein zorniger Fatalismus, Büchner findet sich trotz der Erfahrung damit nicht ab.

> Reflektierte Schlussbetrachtung (Bedeutung für Büchners Geschichtsbild)

Dass Büchner trotz der Fatalismus-Vorstellung auch andere Vorstellungen hat, die bis an die Erkenntnis einer Klassenstruktur heranführen und die Ursachen für Aufstände in der Ungleichheit beim Besitz von Eigentum sehen, wird mehrfach in Briefen deutlich, in denen er materielles Elend und religiösen Fanatismus als Grundlagen gesellschaftlicher Bewegungen beschreibt. Er glaubt an Veränderungen und Umbrüche, er konstatiert revolutionäre Prinzipien, die zu Hebeln werden können: Hunger und Not. Bert Brechts Macheath brachte es in der *Dreigroschenoper* (1928) auf die bekannte Formel: „Wie ihr es immer dreht und wie ihr's immer schiebt / Erst kommt das Fressen, dann kommt die Moral."
Büchners Freunden ist bewusst, dass es sich bei den Flugschriften um die Vorbereitung einer Revolution handelt. Das bedeutet einen qualitativen Schritt über die utopischen Sozialisten Fourier und St. Simon hinaus. Büchner hat die Masse des Volkes im Auge, das Proletariat kann er nicht kennen, da es im Großherzogtum Hessen erst in Ansätzen vorhanden ist. Doch ist Büchner bewusst und er erklärt es immer wieder, dass es nicht um irgendwelche Verbesserungen wie eine unbestimmte Freiheit und anderes geht, sondern um eine grundsätzliche Neuordnung der Gesellschaft.

Schreibplan

zu Aufgabe 2

Teilaufgabe 2: Analyse einer Dramenszene		
Baustein	**Erläuterung**	**Mögliche Operatoren**
Überleitung	Thematisch-philosophischer Zusammenhang zwischen beiden Texten: Fatalismus und Determination des Menschen	**verfasst/formuliert** eine aufgabenbezogene Einleitung
Text-/ Themenverständnis	Woyzeck wird zum Objekt des Arztes und bekommt animalische Züge	**fasst** den Inhalt strukturiert **zusammen**
Textaufbau	Woyzeck als Versuchsobjekt. Medizinische Versuchsreihe: zunehmende Animalisierung Woyzecks. Konflikt zwischen Willensfreiheit und tierischer Natur	**untersucht** vergleichend die Animalisierung und den Fatalismus
wesentliche Elemente der Textform; wesentliche Stilmittel	Natur = Triebhaftigkeit, Fatalismus; Determination wird verdoppelt: Natur und Bestimmung durch den Doktor. Parodistisches Spiel mit dem Begriff „Revolution"	**beschreibt** Synonyme für Fatalismus und Woyzecks „Natur"

Herstellen des Kontextes	Doktor und Hauptmann als Repräsentanten der Gesellschaftsstruktur. Woyzeck ist ihr ausgesetzt, aber durch ihre Triebe bestimmt	**untersucht** vergleichend die Triebhaftigkeit, der sich Woyzeck nicht entziehen kann, und den Fatalismus
reflektierte Schlussbetrachtung	Büchners Erkenntnisse einer vom Menschen unabhängigen Bewegung der Geschichte, der sich der Mensch durch Tätigkeit und Willen widersetzen kann	**beurteilt** Büchners Fatalismus und zeigt die Grenzen, die Büchner zu überwinden versucht

Lösungsmöglichkeit

zu Aufgabe 2

L

Lösung

Überleitung (thematisch-philosophischer Zusammenhang zwischen beiden Texten: Fatalismus und Determination des Menschen)

Der „grässliche Fatalismus der Geschichte", den Büchner in seinem Brief beschreibt, wirkt sich auch im *Woyzeck* als Deformation eines Menschen zum animalischen Wesen aus, wenn ihm Besitz, soziale Anerkennung und lebensnotwendiges Geld fehlen. Damit hatte der Fatalismus sowohl seine Bestätigung als auch seine Grenze bekommen. Der letzte Widerstand gegen seine Rückbildung zum Tier ist für Woyzeck ein Mord. Zuvor ist Woyzeck aber von den verschiedenen ihm vorgesetzten Personen auf diesen Fatalismus zurückgeworfen worden. –
Der Fatalismus bekommt bei Büchner eine reale Begründung, es war der gesetzliche Zustand, das Gesetz, das die Masse der Staatsbürger zum „Vieh" mache, wie Büchner immer wieder in Briefen schreibt und im *Hessischen Landboten* erklärt. In der vorliegenden Szene ist nun ein solcher Vorgang zu verfolgen, wie Woyzeck durch den Doktor „entmenschlicht" und zum „Hund" gemacht wird. Das soll im Einzelnen verfolgt und nachgewiesen werden, wobei der „Fatalismus der Geschichte", abgeleitet aus der Französischen Revolution von 1789, herangezogen werden soll.

Text-/Themenverständnis (Woyzeck wird zum Objekt des Arztes und bekommt animalische Züge)

Woyzeck und der Doktor; Woyzeck als Versuchsobjekt. Versuch richtet sich auf Fähigkeit des Harnhaltens oder „den Harn nicht halten können". Medizinische Versuchsreihe: einseitige Ernährung führt zu Halluzinationen, zunehmende Animalisierung Woyzecks („wie ein Hund", Z. 5), das Tier im Menschen als pränaturalistische Thematik (Emile Zola: *Die Bestie [Das Tier] im Menschen*, 1890).
Woyzecks Verhalten bestimmt: durch einseitige Ernährung, soziales Elend.
Konflikt zwischen Willensfreiheit und tierisch-triebhafter Natur, wobei die Willensfreiheit sich auf niedrigste Verrichtungen bezieht und selbst in Frage stellt, denn: Zur Willensfreiheit gehört Freiheit des Geistes. Geist und Harndrang als philosophischer Gegensatz und gleichzeitig als groteske Bloßstellung eines medizinischen Scharlatans.
Idealistischer Grundsatz: „... der Mensch ist frei" (Z. 10) unter Vernachlässigung der sozialen Bedingungen. Stabilisierung dieser Bedingungen bei Woyzeck durch seinen Objektcharakter, wodurch er Geld verdient, führt zum Verlust der freien Entscheidungen. Soziale Sicherung geht parallel mit psychischen Störungen (Woyzeck

hört Stimmen): Beides bedingt einander. Außerdem Zusammenhang von Animalisierung und Verlust der Willensfreiheit; fundamentale Erkenntnis Büchners und Erklärung der sozialen Grundlegung des Fatalismus.

Textaufbau (Woyzeck als Versuchsobjekt. Medizinische Versuchsreihe: zunehmende Animalisierung Woyzecks. Konflikt zwischen Willensfreiheit und tierischer Natur)

8. Szene aus dem Fragment *Woyzeck*, Dialog zwischen Woyzeck und dem Doktor. Teil der abhängigen Beziehungen Woyzecks im Rahmen seiner alltäglichen Verrichtungen; Abhängigkeitsverhältnis in diesem Fall nicht militärischer Art, sondern als Versuchsperson im medizinischen Bereich. Anreicherung mit fachsprachlichen Begriffen bzw. mit pseudofachsprachlichem Material. Experiment des Doktors: Beschreibung der Experimentierverhältnisse, der Durchführung und der Zielstellung. Mensch als Versuchsobjekt, für Woyzeck notwendig zur Aufbesserung des Familienbudgets. Im Zustand der größten Abhängigkeit Gespräch über menschliche Freiheit, Verhältnis von Freiheit und menschlicher Natur, Natur und Trieb. Zustand des Menschen, wenn ihm die „Natur kommt", klären. Trieb als Voraussetzung der Gattungerhaltung, Animalisierung Woyzecks schlägt um in Halluzinationen.

Wesentliche Elemente der Textform, Stilmittel (Natur = Triebhaftigkeit, Fatalismus; Verdoppelung der Determination; parodistisches Spiel mit Begriff „Revolution")

Der Natur Woyzecks setzt der Doktor die Freiheit des Menschen gegenüber, aber diese Freiheit wird durch ihren Ausdruck, der Mensch könne in seiner Willensfreiheit den Harn halten, ab absurdum geführt, handelt es sich doch dabei um einen biologisch-medizinischen Vorgang, nicht um eine moralische Entscheidung der Willensfreiheit. Natur = Triebhaftigkeit, Fatalismus; Freiheit = Harn halten können. Natur bestimmt Woyzeck, die Determination wird verdoppelt: Natur und Bestimmung durch den Doktor. Parodistisches Spiel mit dem Begriff „Revolution": keine soziale oder politische Revolution, sondern wissenschaftliche, die durch Woyzecks „Pissen" herbeigeführt werden soll. Reduktion des revolutionären Potentials der Ungleichheit und Unterdrückung auf sarkastisches Niveau des Harnhaltens oder -lassens.

Herstellen des Kontextes (Doktor und Hauptmann als Repräsentanten der Gesellschaftsstruktur)

Doktor und Hauptmann als Repräsentanten der Macht einer unmenschlichen Gesellschaftsstruktur, selbst aber geistig beschränkt. Woyzeck sieht die Menschen sozial schwankend, aber durch Triebe bestimmt. Wird als Mensch gepeinigt, wird in Tierhaftigkeit gedrängt und verhält sich wie ein Tier („wie ein Hund"). Die mitleidlose Gesellschaft, sozial deformiert, menschlich verarmt. Einerseits den Menschen bedrohender Fatalismus, der umso bestimmender wird, je ärmer der Mensch ist, andererseits die Animalisierung, die Woyzeck rettet, der schließlich auf eine unmenschliche Gesellschaft mit Mord antwortet.

Reflektierte Schlussbetrachtung (Büchners Erkenntnisse einer vom Menschen unabhängigen Bewegung der Geschichte, der sich der Mensch durch Tätigkeit und Willen widersetzen kann)

Büchner schrieb aus einer persönlich schwierigen Situation, einer Krisensituation, fern der Braut und ohne Bindungen, die er in Straßburg hatte. Schrieb sich seine Probleme vom Herzen. Drang dabei zu wesentlichen Erkenntnissen einer vom Menschen unabhängigen Bewegung der Geschichte vor, der sich der Mensch aber durch Tätigkeit und Willen widersetzen oder bedienen kann. Mit aller Entschiedenheit wollte Büchner gegen die Fremdbestimmung ankämpfen und Veränderungen erwirken. Er schuf dabei eine neue Kunst, die heute als Beginn der Moderne gilt und mit der Kunst der Romantik kaum etwas, mit der des Vormärz, in die er zeitlich gehört, manches zu tun hat. Büchner begriff sich als zeitgenössisch.

Aufgabenart II A

Analyse eines literarischen Textes mit weiterführendem Schreibauftrag

Aufgabenstellung

1. Analysieren Sie den vorliegenden Auszug, die 5. Szene aus Georg Büchners *Woyzeck*.
2. Beurteilen Sie in Form eines Essays Woyzecks Auffassung von Tugend und Natur mit vergleichbaren Auffassungen in Goethes *Iphigenie auf Tauris* oder Kleists *Prinzen Friedrich von Homburg*.

Text

Georg Büchner
***Woyzeck* (Auszug, 5. Szene)**

Der Hauptmann. Woyzeck.
Hauptmann auf einem Stuhl, Woyzeck rasirt ihn.

Hauptmann. Langsam, Woyzeck, langsam; ein's nach dem andern; Er macht mir ganz schwindlich. Was soll ich dann mit den zehn Minuten anfangen, die er heut zu früh fertig wird? Woyzeck, bedenk' er, er hat noch seine schöne dreißig Jahr zu leben, dreißig Jahr! macht 360 Monate, und Tage, Stunden, Minuten! Was will er denn mit der ungeheuren Zeit all anfangen? Theil er sich ein, Woyzeck.

Woyzeck. Ja wohl, Herr Hauptmann.

Hauptmann. Es wird mir ganz angst um die Welt, wenn ich an die Ewigkeit denke. Beschäftigung, Woyzeck, Beschäftigung! ewig das ist ewig, das ist ewig, das siehst du ein; nun ist es aber wieder nicht ewig und das ist ein Augenblick, ja, ein Augenblick – Woyzeck, es schaudert mich, wenn ich denk, daß sich die Welt in einem Tag herumdreht, was eine Zeitverschwendung, wo soll das hinaus? Woyzeck, ich kann kein Mühlrad mehr sehn, oder ich werd' melancholisch.

Woyzeck. Ja wohl, Herr Hauptmann.

Hauptmann. Woyzeck, er sieht immer so verhetzt aus, Ein guter Mensch thut das nicht, ein guter Mensch, der sein gutes Gewissen hat. – Red' er doch was Woyzeck. Was ist heut für Wetter?

Woyzeck. Schlimm, Herr Hauptmann, schlimm; Wind.

Hauptmann. Ich spür's schon, s'ist so was Geschwindes draußen; so ein Wind macht mir den Effect wie eine Maus. (pfiffig) Ich glaub' wir haben so was aus Süd-Nord.

Woyzeck. Ja wohl, Herr Hauptmann.

Hauptmann. Ha! ha! ha! Süd-Nord! Ha! Ha! Ha! O er ist dumm, ganz abscheulich dumm. (gerührt) Woyzeck, er ist ein guter Mensch, ein guter Mensch – aber (mit Würde) Woyzeck, er hat keine Moral! Moral das ist wenn man moralisch ist, versteht er. Es ist ein gutes Wort. Er hat ein Kind, ohne den Segen der Kirche, wie unser hochehrwürdiger Herr Garnisonprediger sagt, ohne den Segen der Kirche, es ist nicht von mir.

Woyzeck. Herr Hauptmann, der liebe Gott wird den armen Wurm nicht drum ansehn, ob das Amen drüber gesagt ist, eh' er gemacht wurde. der Herr sprach: lasset die Kindlein zu mir kommen.

Hauptmann. Was sagt er da? Was ist das für n'e kuriose Antwort? Er macht mich ganz confus mit seiner Antwort. Wenn ich sag: er, so mein ich ihn, ihn

Woyzeck. Wir arme Leut. Sehn sie, Herr Hauptmann, Geld, Geld. Wer kein Geld hat. Da setz einmal einer mein'sgleichen auf die Moral in der Welt. Man hat auch sein Fleisch und Blut. Unsereins ist doch einmal unseelig in der und der andern Welt, ich glaub' wenn wir in Himmel kämen, so müßten wir donnern helfen.

Hauptmann. Woyzeck er hat keine Tugend, er ist kein tugendhafter Mensch. Fleisch und Blut? Wenn ich am Fenster lieg, wenn es geregnet hat und den weißen Strümpfen so nachsehe, wie sie über die Gassen springen, – verdammt Woyzeck, – da kommt mir die Liebe. Ich hab auch Fleisch und Blut. Aber Woyzeck, die Tugend, die Tugend! Wie sollte ich dann die Zeit herumbringen? ich sag' mir immer du bist ein tugendhafter Mensch, (gerührt) ein guter Mensch, ein guter Mensch.

Woyzeck. Ja, Herr Hauptmann, die Tugend! Ich hab's noch nicht so aus. Sehn Sie wir gemeinen Leut, das hat keine Tugend, es kommt einem nur so die Natur, aber wenn ich ein Herr wär und hätt ein Hut und eine Uhr und eine anglaise und könnt vornehm reden, ich wollt schon tugendhaft seyn. Es muß was Schöns seyn um die Tugend, Herr Hauptmann. Aber ich bin ein armer Kerl.

Hauptmann. Gut Woyzeck. Du bist ein guter Mensch, ein guter Mensch. Aber du denkst zuviel, das zehrt, du siehst immer so verhetzt aus. Der Diskurs hat mich ganz angegriffen. Geh' jezt und renn nicht so; langsam hübsch langsam die Straße hinunter.

(Aus: Georg Büchner: *Woyzeck.* Studienausgabe, hg. von Burghard Dedner. Stuttgart: Reclam, 1999 Universal-Bibliothek Nr. 18007, S. 16–19)

Erläuterung

Erläuterung der Aufgabenstellung

Bei der Lösung der Aufgabe weisen Sie nach, dass Sie Methoden der Analyse eines dramatischen Textes kennen, die entsprechenden Begriffe beherrschen und an einem ausgewählten dramatischen Text den Charakter des gesamten Stückes erfassen. Sie haben die Aufgabe, diese Szene Georg Büchners zu analysieren. „analysieren" gehört zu den übergeordneten Operatoren in allen drei Anforderungsbereichen und bedeutet, angewendet auf diesen Text:

Texterfassung, Textbeschreibung, Textuntersuchung. Der Zusammenhang zwischen Textstruktur und Textintention muss deutlich werden: Satzbau, Wortwahl, stilistische Mittel, Erfassung der zentralen Themen und Gegenstände des Dialogs unter besonderer Berücksichtigung der Argumentationsstrategie der beiden handelnden Personen. Wichtig ist, dass Sie Ihre literaturwissenschaftlichen Kenntnisse einsetzen, um den Kontext zu der Szene zu schaffen und so ein umfassendes Verständnis für den ausgewählten Text nachweisen. Am Ende stehen reflektierte Schlussfolgerungen. Sollte eine Bewertung oder Beurteilung gewünscht sein, wird das ausdrücklich in der Aufgabenstellung formuliert.

Der weiterführende Schreibauftrag verschafft Ihnen die Möglichkeit, umfassender als zur ausgewählten Szene Ihre Kenntnisse von der historischen Entwicklung zentraler Kategorien des Aufklärungszeitalters in ihrer Entwicklung bis in die Mitte des 19. Jahrhunderts nachzuweisen. Die Themenstellung legt Ihnen dabei kaum inhaltliche Beschränkungen auf; die inhaltliche Orientierung beziehen Sie aus den Kategorien „Natur“ und „Tugend“, wobei es für Sie nützlich ist, deren Verwendung bei Büchner nochmals an den Beginn zu stellen. Wenn auf einen Essay orientiert wird, dann deshalb, weil die Textsorte „Essay“ Ihnen große Freiheiten gibt.
Essay: Ursprünglich bedeutet engl., franz. essai nichts anderes als „Versuch“. Man versteht darunter eine kürzere Abhandlung über ein wissenschaftliches Thema, ein ästhetisches Problem oder eine kunsttheoretische Frage, die sich nicht an Wissenschaftler, sondern an ein geistig interessiertes Publikum richtet. Im Essay versuchen sich auch Künstler in anderen Disziplinen, Maler über Literatur, Schriftsteller über Malerei usw.

Schreibplan

zu Aufgabe 1

Teilaufgabe 1: Analyse des Ausgangstextes		
Baustein	**Erläuterung**	**Mögliche Operatoren**
Einleitung	Büchner, Textform, Entstehungszeit/Veröffentlichung Thema des sozial gedemütigten Individuums	**formuliert** eine aufgabenbezogene Einleitung und weist auf die Methode hin
Text-/Themenverständnis	Einordnung einer Dramenszene in den Kontext der Ganzschrift, Inhaltsangabe	**ordnet** die Szene in den Gesamtzusammenhang des Werkes **ein**
Textaufbau, wesentliche Elemente der Textform und wesentliche Stilmittel	Wesentliche sprachliche Mittel im Dialog, „windschiefer“ Dialog, Typisierung des Hauptmanns, Themen des Dialoges als Ausdruck der sozialen Stellung	**beschreibt** die Dialogführung und untersucht die Auswirkung auf die Personenführung **beurteilt** die Unterschiede von Woyzeck und Hauptmann auf verschiedenen Ebenen
Herstellen des Kontextes	Einbeziehung von biographischen, politisch-sozialen Bezügen	**prüft** die Aktualität eines Textes **beurteilt** die Relevanz des Themas heute

reflektierte Schlussbetrachtung	Eigene Meinung über den Text, Zusammenhang von Struktur und Absicht, Wirkung bis in die Gegenwart	**beurteilt** die in der Szene vertretenen Ansichten in ihrer heutigen Bedeutung

Lösungsmöglichkeit

Lösung

zu Aufgabe 1

Einleitung (Thema des sozial gedemütigten Individuums)

Beschreibung der Bedeutung ‚Woyzecks': Mit *Woyzeck* beginnt das moderne deutsche Drama. Georg Büchner, Naturwissenschaftler, Mediziner und Dichter, starb 1837 vor Abschluss des Stückes. Im vorliegenden Text, dem die Studienausgabe zugrunde liegt, ist die zitierte Szene die 5. Szene der Abfolge.
Die Szene zwischen dem Hauptmann und Woyzeck: fasst die zentralen Probleme des Stückes zusammen, Zerfall eines geschlossenen Weltbildes und Paradigmenwechsel geistiger Orientierungen.
Nicht mehr Wertvorstellungen ordnen die Welt, sondern ausschließlich Besitz: Woyzeck steht für die Besitzlosen. Gegenüberstellung von „Natur" und „Tugend"; Probleme als Folge sozialer Widersprüche. In der Szene wirkt Woyzeck einerseits in dem gelernten Beruf – er ist Perückenmacher und Friseur –, andererseits wird das militärische Unterstellungsverhältnis deutlich, in dem er sich befindet. Aus beiden Gegenüberstellungen, der sozialen und der militärisch-disziplinarischen, ergibt sich Woyzecks Stellung am unteren Ende der gesellschaftlichen Pyramide.

Text- und Themenverständnis (Einordnung einer Dramenszene in den Kontext der Ganzschrift, Inhaltsangabe)

Woyzeck
- steht am untersten Rand der Pyramide,
- fällt aus den alltäglichen Normen heraus, indem er wegen seiner Besitzlosigkeit vorgegebene Bedingungen nicht erfüllen kann.
- Er hat ein Kind gezeugt, ohne verheiratet zu sein;
- ist außerdem nicht in der Lage, die Frau in eine soziale Ordnung zu bringen.
- Woyzeck kann seine Situation objektivieren und weiß um die Gründe dafür: Er ist besitzlos und kann deshalb keine Tugend besitzen, weil sie an äußerliche Zeichen des Wohlstandes geknüpft ist.
- Deshalb argumentiert Woyzeck mit seiner Natur, die sich nach Liebe und Gemeinschaft sehne, auch wenn sie nicht kirchlich legitimiert ist. Das widerspricht den herrschenden Regeln der Gesellschaft und der Kirche. Gleichzeitig macht es die Beziehung, in der Woyzeck lebt, instabil.

Woyzeck ahnt nicht nur die sozialen Unterschiede, sondern kennt sie und weiß auch um ihre Stabilität, selbst der Himmel hebe die Unterschiede nicht auf, sondern sie würden sich als scheinbar göttliche Ordnung dort fortsetzen. Dadurch bleibt für Woyzeck keine Möglichkeit der Veränderung. Wenn er die letzte Bindung, die er hatte, zerstört und Marie ermordet, ist das für ihn die einzige Reaktion, aus der unveränderlichen sozialen Ordnung auszubrechen.
Er fällt von der untersten Stufe der Gesetzlichkeit in die Ungesetzlichkeit und unterliegt nun wieder einer Ordnung, der juristischen.

Textaufbau, wesentliche Elemente der Textform (sprachliche Mittel im Dialog, „windschiefer" Dialog, Typisierung des Hauptmanns)

Gegenüber stehen sich zwei unterschiedliche sprachliche Situationen: Der Hauptmann argumentiert durchgängig aus der Überlegenheit des Vorgesetzten, der seinen Untergebenen nur mit dem Familiennamen anredet. Woyzeck bestätigt ihn in der zur Dienststellung gehörenden sprachlichen Form mit dem Dienstgrad („Ja wohl, Herr Hauptmann").

Das sprachliche Material stammt aus einer festen, fast ritualisierten Dialogsituation, aus der heraus gesprochen wird: Beim Friseur finden derartige Allerweltgespräche wie in dieser Szene statt, wobei in der Regel aber der Friseur den Dialog vorgibt. Das kehrt sich bei Büchner um; dadurch wird aus der Allerweltsszene der außergewöhnliche Vorgang. Dabei kommt es zu einem „windschiefen" Dialog in zwei Teilen, denn die beiden Protagonisten sprechen aneinander vorbei. In den ersten zwanzig Zeilen möchte der Hauptmann ein Gespräch über Grundfragen führen: Zeit, Welt und Ewigkeit. Es ist sinnloses Wortgeklingel, auf das es keine sinnvolle Antwort von Woyzeck geben kann. Erst, als es um Tugend und Moral geht, setzt Woyzeck seine soziale Stellung ein, um die soziale Basis von Tugend und Moral zu zeigen. Das gelingt ihm insofern mustergültig, als er sich bei seiner ethischen Argumentation auf die höchste Instanz, die es gibt, beruft, auf Gott („Der Herr sprach …"). Der Antwort ist der Hauptmann nicht gewachsen, denn sie bringt sein Weltbild durcheinander. Woyzeck bedient sich dabei populärer sprachlicher Mittel, etwa der Prolepsen (Wiederaufnahme eines Substantivs durch ein Pronomen oder Adverb): „… wir gemeinen Leut, das hat keine Tugend", Z. 45). In der populären Dichtung wurde die Prolepse oft zum Stilprinzip (wie in Eichendorffs Lied *In einem kühlen Grunde, da geht ein Mühlenrad*).

Den Regieanmerkungen in Büchners Stück kommt große Bedeutung zu. Sie wurden in der vorliegenden Szene auf ein Mindestmaß beschränkt, sind allerdings selbst dann noch vielsagend.

Herstellen des Kontextes (Einbeziehung von biographischen, politisch-sozialen Bezügen)

Die Szene ist eine Schlüsselszene, denn sie zeigt Woyzeck in der entscheidenden Abhängigkeit des Soldaten. Nicht zuletzt ist das Stück nach wie vor aktuell: Meldungen, im Milieu Obdachloser und ähnlicher Gestrandeter habe sich ein Mord an einer Frau ereignet, finden sich öfters in den Tageszeitungen.

Neue Dramenform: geprägt durch die Autonomie der Szene, Büchner hatte die Lösung sozialer Widersprüche im Sinn, die auch heute noch teils ungelöst sind. Er gestaltete im *Woyzeck* die Deformation eines Menschen zum animalischen Wesen, wenn ihm Besitz, soziale Anerkennung und lebensnotwendiges Geld fehlen: Als letzten Widerstand gegen seine Rückbildung zum Tier begeht er einen Mord. Der Tambour-Major hatte ihn aus dem einzigen noch vorhandenen Umfeld, in dem er sinnvoll leben konnte, der Beziehung zu Marie und dem Kind, verdrängt. Die Ursachen dafür sah Büchner im Gesetz, das die große Masse der Staatsbürger animalisiere – so wie auch Woyzeck mehrfach mit einem Tier verglichen wird –, um wenige zu befriedigen. Mit aller Entschiedenheit wollte er dagegen kämpfen und Veränderungen erwirken.

Reflektierte Schlussbetrachtung (Zusammenhang von Struktur und Absicht, Wirkung bis in die Gegenwart)

Büchner schuf mit *Woyzeck* eine dramatische Kunstform, die heute als Beginn der Moderne gilt und mit der Kunst zwischen Romantik und Vormärz, in die er zeitlich gehört, kaum etwas zu tun hat. Politisch stand Büchner dem Vormärz noch am nächsten, ohne ihm zugehören zu wollen. Mit der Romantik verband ihn die Orientierung auf die Volksdichtung. Er selbst begriff sich als zeitgenössisch und nahm Elemente der Romantik in den *Woyzeck* auf: Volkslieder und Märchen.

S Schreibplan

Schreibplan

zu Aufgabe 2

Teilaufgabe 2 : weiterführender Schreibauftrag		
Baustein	**Erläuterung**	**Mögliche Operatoren**
Überleitung	Die zentrale Bedeutung von Tugend und Natur bei Büchner, Form des Essays	**formuliert/verfasst** eine aufgabenbezogene Überleitung
aspektorientierter Vergleich	Die zeitgenössische Bedeutung von Tugend und Natur im gesellschaftlichen Selbstverständnis	**gibt** in knapper Form den Bezugsrahmen **wieder** **erläutert** im Vergleich wesentliche Unterschiede
Kontextualisierung	Die Auffassung von Tugend und Natur bei Goethe, *Iphigenie auf Tauris*	**ordnet** seine Analyseergebnisse in Gesellschaftsprogrammen **ein** **begründet**, wie sich in den Texten z. B. ein Epochenumbruch widerspiegelt
reflektierte Schlussbetrachtung	Versuch einer historischen Bewertung und Stellungnahme zur Gültigkeit der unterschiedlichen Auffassung von Tugend und Natur in der Gegenwart	**bewertet** die in den Texten gewählte Figurengestaltung und vergleicht sie mit Figuren aus der Gegenwartsliteratur

L Lösung

Lösungsmöglichkeit

zu Aufgabe 2

Überleitung (zentrale Bedeutung von Tugend und Natur bei Büchner)

Durch Herkunft – Georg Büchner stammt aus einer Arztfamilie –, Erziehung und Ausbildung beschäftigte sich Büchner intensiv mit naturwissenschaftlichen Themen und in deren Folge mit sozialen und moralischen Problemen. Seit 1831 studierte Büchner in Straßburg Medizin. Für ihn bedeutete der Aufenthalt in Straßburg die Begegnung mit einem politisch liberalen Zeitgeist, der nichts mit der Heiligen Allianz zu tun hatte, sondern noch die Erinnerungen an die

Französische Revolution und den Aufbruch in ein bürgerliches Zeitalter pflegte. Büchner kam durch seine Wirtsleute Jaeglé, in deren Tochter er sich verliebte, mit dem Geist der Julirevolution von 1830 und den Erinnerungen an die Französische Revolution von 1789 in Berührung. So bekamen seine medizinischen Studien von Grund auf eine politische Grundierung. Die Auffassung Büchners von Natur und Tugend unterscheidet sich deshalb auch grundsätzlich von der aufklärerischen und klassischen Verwendung der Begriffe.

Aspektorientierter Vergleich (zeitgenössische Bedeutung von Tugend und Natur im gesellschaftlichen Selbstverständnis)

Eine wichtige Szene „Das Innere einer Bude" im *Woyzeck*. Ein Marktschreier stellt „Erziehung" und „viehische Vernunft" gegenüber. Erziehung habe das Pferd vernünftiger werden lassen als manchen Menschen. Pferd als „verwandelter Mensch" (14, 24 f.): Das Pferd rechnet, handelt es sich doch um eine „unverdorbene (unideale) Natur" (14, 17 f.). Die Umkehrung folgt Szenen später: Der Doktor sieht in Woyzeck mehr animalische als menschliche Existenz, denn er habe „an die Wand gepißt wie ein Hund" (21, 9). Des Doktors Bewunderung für Woyzecks Krankheitssymptome erinnert an die Perversion und Menschenverachtung, mit der in deutschen KZs Menschenversuche vorgenommen wurden. Der Doktor ist eine Vorwegnahme solcher Entwicklungen zu Unmenschlichkeit und Verbrechen.

Kontextualisierung (Auffassung von Tugend und Natur bei Goethe, *Iphigenie auf Tauris*)

Tugend und Moral als gesellschaftliches Privileg, das den Besitzenden zuteil wird. Natur bestimmt das allen Menschen ursprünglich eigene Verhalten. Damit schließen Natur und Tugend einander aus. Tugend wird bei Büchner zum Begriff einer sozial analysierten Gesellschaft und dient der Verschärfung der Gegensätze. Woyzeck handelt seiner Natur entsprechend, aber im Sinne der Besitzenden unmoralisch und ohne Tugend. Damit werden Grundbegriffe des Menschenrechts, das aus dem Naturrecht abgeleitet wurde, außer Kraft gesetzt. Anders wird das in Goethes *Iphigenie auf Tauris:* Iphigenie ist Priesterin der Göttin Diana und dadurch an die Regeln der Göttin gebunden.

Reflektierte Schlussbetrachtung (Versuch einer historischen Bewertung)

Hatten die Aufklärung und der Sturm und Drang auf der Grundlage des *Gesellschaftsvertrages* von Rousseau Entwürfe des menschlichen Zusammenlebens entwickelt, in denen beides in spannungsreiche Beziehung geriet, so stand schon frühzeitig die Auffassung dagegen, dass mit der Kommerzialisierung der Moral und Bildung diese Beziehung zerstört und „Natur" dabei denunziert werde. Georg Büchner erkannte schließlich das Auseinanderbrechen von Natur und Tugend als manifesten Bestandteil der sozialen Konflikte des 19. Jahrhunderts. Büchner hat diese Veränderungen und den Zerfall der Wertsysteme als Folge sozialer Unterschiede begriffen und sie analysiert, schließlich in Literatur übertragen. Das macht seine Modernität aus.

Aufgabenart II B

Analyse eines literarischen Textes mit weiterführendem, produktionsorientiertem Schreibauftrag

Aufgabenstellung

Aufgabe

1. Analysieren Sie den Ausschnitt aus dem 3. Akt, 5. Auftritt des Schauspiels *Prinz Friedrich von Homburg* von Heinrich von Kleist.
2. Erarbeiten Sie zu diesem Ausschnitt einen Kommentar für das Programmheft einer Aufführung.

Text

Text

Heinrich von Kleist
Prinz Friedrich von Homburg **(5. Akt, 5. Auftritt; Auszug)**

Obrist Kottwitz und Obrist Hennings, Graf Truchß, Graf Hohenzollern und Sparren, Graf Reuß, Rittmeister von der Golz und Stranz, und andre Obristen und Offiziere treten auf. – Die Vorigen (der Kurfürst, Feldmarschall Dörfling, R. B.).

(...)

Kurfürst. Hm! Sonderbar! – Du nimmst, du alter Krieger,
Des Prinzen Tat in Schutz? Rechtfertigst ihn,
Dass er auf Wrangel stürzte, unbeordert?
Kottwitz. Ja, mein erlauchter Herr; das tut der Kottwitz!
Kurfürst. Der Meinung auf dem Schlachtfeld warst du nicht.
Kottwitz. Das hatt ich schlecht erwogen, mein Gebieter!
Dem Prinzen, der den Krieg gar wohl versteht,
Hätt ich mich ruhig unterwerfen sollen.
Die Schweden wankten, auf dem linken Flügel,
Und auf dem rechten wirkten sie Sukkurs[31];
Hätt er auf deine Order warten wollen,
Sie fassten Posten wieder, in den Schluchten,
Und nimmermehr hättst du den Sieg erkämpft.
Kurfürst. So! - Das beliebt dir so vorauszusetzen!
Den Obrist Hennings hatt ich abgeschickt,
Wie dir bekannt, den schwedschen Brückenkopf,
Der Wrangels Rücken deckt, hinwegzunehmen.
Wenn ihr die Order nicht gebrochen hättet,
Dem Hennings wäre dieser Schlag geglückt;
Die Brücken hätt er, in zwei Stunden Frist,
In Brand gesteckt, am Rhyn sich aufgepflanzt,
Und Wrangel wäre ganz, mit Stumpf und Stiel,
In Gräben und Morast, vernichtet worden.

31 Hilfe, Unterstützung, Verstärkung

Kottwitz. Es ist der Stümper Sache, nicht die deine,
Des Schicksals höchsten Kranz erringen wollen;
Du nahmst, bis heut, noch stets, was es dir bot.
Der Drachen ward, der dir die Marken trotzig
Verwüstete, mit blutgem Hirn verjagt;
Was konnte mehr, an einem Tag, geschehn?
Was liegt dir dran, ob er zwei Wochen noch
Erschöpft im Sand liegt, und die Wunde heilt?
Die Kunst jetzt lernten wir, ihn zu besiegen,
Und sind voll Lust, sie fürder noch zu üben:
Lass uns den Wrangel, rüstig, Brust an Brust,
Noch einmal treffen, so vollendet sich's,
Und in die Ostsee ganz fliegt er hinab!
Rom ward an einem Tage nicht erbaut.

Kurfürst. Mit welchem Recht, du Tor, erhoffst du das,
Wenn auf dem Schlachtenwagen, eigenmächtig,
Mir in die Zügel jeder greifen darf?
Meinst du das Glück werd immerdar, wie jüngst,
Mit einem Kranz den Ungehorsam lohnen?
Den Sieg nicht mag ich, der, ein Kind des Zufalls,
Mir von der Bank fällt; das Gesetz will ich,
Die Mutter meiner Krone, aufrecht halten,
Die ein Geschlecht von Siegen mir erzeugt!

Kottwitz. Herr, das Gesetz, das höchste, oberste,
Das wirken soll, in deiner Feldherrn Brust,
Das ist der Buchstab deines Willens nicht;
Das ist das Vaterland, das ist die Krone,
Das bist du selber, dessen Haupt sie trägt.
Was kümmert dich, ich bitte dich, die Regel,
Nach der der Feind sich schlägt: wenn er nur nieder
Vor dir, mit allen seinen Fahnen, sinkt?
Die Regel, die ihn schlägt, das ist die höchste!
Willst du das Heer, das glühend an dir hängt,
Zu einem Werkzeug machen, gleich dem Schwerte,
Das tot in deinem goldnen Gürtel ruht?
Der ärmste Geist, der in den Sternen fremd,
Zuerst solch eine Lehre gab! Die schlechte,
Kurzsichtge Staatskunst, die, um eines Falles,
Da die Empfindung sich verderblich zeigt,
Zehn andere vergisst, im Lauf der Dinge,
Da die Empfindung einzig retten kann!
Schütt ich mein Blut dir, an dem Tag der Schlacht,
Für Sold, sei's Geld, sei's Ehre, in den Staub?
Behüte Gott, dazu ist es zu gut!
Was! Meine Lust hab, meine Freude ich,
Frei und für mich im Stillen, unabhängig,
An deiner Trefflichkeit und Herrlichkeit,
Am Ruhm und Wachstum deines großen Namens!
Das ist der Lohn, dem sich mein Herz verkauft!
Gesetzt, um dieses unberufnen Sieges,
Brächst du dem Prinzen jetzt den Stab; und ich,
Ich träfe morgen, gleichfalls unberufen,
Den Sieg wo irgend zwischen Wald und Felsen,
Mit den Schwadronen, wie ein Schäfer, an:

Bei Gott, ein Schelm müsst ich doch sein, wenn ich
Des Prinzen Tat nicht munter wiederholte.
Und sprächst du, das Gesetzbuch in der Hand:
„Kottwitz, du hast den Kopf verwirkt!“ so sagt ich:
„Das wusst ich Herr, da nimm ihn hin, hier ist er:
Als mich ein Eid an deine Krone band,
Mit Haut und Haar, nahm ich den Kopf nicht aus,
Und nichts dir gäb ich, was nicht dein gehörte!“

Kurfürst. Mit dir, du alter, wunderlicher Herr,
Werd ich nicht fertig! Es besticht dein Wort
Mich, mit arglistger Rednerkunst gesetzt,
Mich, der, du weißt, dir zugetan, und einen
Sachwalter ruf ich mir, den Streit zu enden,
Der meine Sache führt!

(…)

(Aus: Heinrich von Kleist: *Prinz Friedrich von Homburg. Ein Schauspiel*. Anmerkungen von Bernd Hamacher. Stuttgart: Reclam, 2001, Universal-Bibliothek Nr. 178, S. 77–81)

Erläuterung der Aufgabenstellung

Sie weisen Ihre methodischen Kenntnisse der Analyse dramatischer Texte bei der Arbeit mit dem Textauszug nach und setzen entsprechende Begriffe aus der Dramaturgie, der Dramenanalyse und der Literaturtheorie, z. B. Konflikt, Katastrophe usw., ein. Zusätzlich weisen Sie Ihre Kenntnisse der Dramatik Heinrich von Kleists nach. Politische und weltanschauliche Hintergrundinformationen zu dem Stück und seiner zeitlichen Zugehörigkeit werden von Ihnen einbezogen.
Bemühen Sie sich, bei der Analyse möglichst eng am Text zu bleiben, Ihre Ergebnisse mit Zitaten zu unterlegen und Entwicklungen sowie Veränderungen in geistigen Haltungen, Personenbeziehungen und dramaturgischen Entwicklungen auszustellen.

Ausgehend von diesem Textverständnis erarbeiten Sie einen Kommentar für das Programmheft einer Aufführung, in dem Sie die aktuellen Bezüge der Szene herausstellen. Belegen Sie Ihre Einführung durch Ihre Analyseergebnisse und nachvollziehbare Zitate. Gehen Sie werkübergreifend auf politische, literaturtheoretische und weltanschauliche Bedingungen ein.

Schreibplan

zu Aufgabe 1

Teilaufgabe 1: Analyse des literarischen Ausgangstextes

Baustein	Erläuterung	Mögliche Operatoren
Einleitung	Verfasser: Kleist, Textform: Schauspiel; Entstehungszeit: Beginn des vaterländischen Befreiungskampfes; der Widerspruch von Pflicht und Neigung	**formuliert** eine aufgabenbezogene Einleitung und weist auf die Methode hin
Text-/ Themenverständnis	Einordnung einer Dramenszene in den Kontext des Schauspiels; 5. Akt: höchstmögliches Aufbegehren der Armee gegen den Kurfürsten, Inhaltsangabe	**ordnet** die Szene in den Gesamtzusammenhang des Werkes **ein**
Textaufbau, wesentliche Elemente der Textform und wesentliche Stilmittel	Wesentliche sprachliche Mittel im Dialog, Monolog und Dialog als Ausdrucksmittel von Herrscher und Untergebenen, gegenläufige Bewertungen	**beschreibt** die Dialogführung und untersucht die Auswirkung auf die Personenführung
Herstellen des Kontextes	Einbeziehung der brandenburgischen Geschichte, politisch-soziale Bezüge	**prüft** die Aktualität eines Textes **beurteilt** die Relevanz des Themas heute
reflektierte Schlussbetrachtung	Meinung über den Text: Besonderheit der Konfliktlösung, dadurch Wirkung bis in die Gegenwart	**beurteilt** die in der Szene vertretenen Ansichten in ihrer heutigen Bedeutung

Lösungsmöglichkeit

zu Aufgabe 1

> Einleitung (Verfasser: Kleist, Textform: Schauspiel; Entstehungszeit. Beginn des vaterländischen Befreiungskampfes und der Widerspruch von Pflicht und Neigung)

Beachte: Einführende Bemerkungen zum Dichter, entnommen der Entstehungsgeschichte in vorliegendem Material, sind immer zu empfehlen.

Die Szene stammt aus dem 5. Akt des Schauspiels *Prinz Friedrich von Homburg* von Heinrich von Kleist; es wurde sein letztes Stück. Es ist zwischen 1809 und 1810/11 entstanden und steht deutlich im Zusammenhang des von Kleist erwünschten vaterländischen Befreiungskampfes von französischer Fremdherrschaft, der nach der österreichischen Niederlage von Preußen angeführt werden sollte.

Beachte: Stellen Sie verschiedene Beispiele des Widerstandes gegen Napoleon zusammen, die Sie der Epochenübersicht oder dem Abschnitt über den zeitgenössischen Hintergrund entnehmen.

Als Kleist 1810 in Berlin auftauchte, nachdem er monatelang verschollen war, hatte er an diesem Schauspiel gearbeitet. Es war das Ergebnis von Enttäuschung und neuem Widerstandswillen, aber auch ein Dokument des eigenen Lebens und seines Anspruchs. Während der preußische König Friedrich Wilhelm III. wenig Risikobereitschaft für diesen Befreiungskampf zeigte, gab es immer wieder Bemühungen, diesen Kampf zu führen. Mit ihnen wollte man den König animieren, zum Befreiungskampf aufzurufen: die Aktion des Majors Schill und die der „Schwarzen Schar" des Herzogs von Braunschweig usw. In dieses Umfeld gehört Kleists Stück, in dem durch Homburgs Aktion die nach Brandenburg eingedrungenen Schweden – zu jener Zeit eine europäische Großmacht, die als unbesiegbar galt –, besiegt und verjagt wurden. Am historischen Beispiel führte Kleist vor, wie die nicht vom kurfürstlichen Befehl gedeckte Handlung des Prinzen von Homburg den fremden Feind im Vaterland vernichtete.

Text- und Themenverständnis (Einordnung einer Dramenszene in den Kontext der Geschichte und des Schauspiels; 5. Akt: höchstmögliches Aufbegehren der Armee gegen den Kurfürsten, Inhaltsangabe)

Handlung aus der preußischen Geschichte, die zum Gründungsmythos Preußens gehörte. *Vergleichen* Sie die beiden historischen Abschnitte des Kampfes gegen die Schweden und gegen die französische Fremdherrschaft. Nach der Niederlage Österreichs konzentrierte sich Kleists Hoffnung auf Preußen; Verbindung von Befreiungskampf und nationaler Tradition. Eine Szene des 5. Aktes; fallende Handlung in Richtung Katastrophe. Homburg ist zum Tode verurteilt; Vorbereitungen für die Hinrichtung werden getroffen. Kurfürst hat Homburg die Entscheidung überlassen, ob er gerecht oder ungerecht behandelt worden ist. Homburg will keine Gnade, sondern sieht Schuld ein. – Parallel dazu ist das Militär in Bewegung geraten: Unter der Führung des Obristen Kottwitz und veranlasst durch Prinzessin Natalie treffen die Dragoner der Prinzessin Natalie vor dem Schloss des Kurfürsten ein. (Aktion Natalies im Hintergrund, vorbereitet im 4. Akt, bedeutende Frauengestalt mit Handlungsbereitschaft auf militärischem Gebiet und in widersprüchlicher Situation; Vereinigung von männlicher Entscheidungskraft und weiblicher Neigung) Merkwürdigerweise reagiert der Kurfürst auf Natalies Verhalten, das ebenfalls einer Insubordination gleichkommt, nicht. Verwunderung des Kurfürsten über Kottwitz, der das Verhalten des Prinzen verteidigt, obwohl der ohne Befehl handelte. Korrigiert sich dabei; Meinung auf dem Schlachtfeld war anders. Kottwitz' Vorstoß ist größtmöglicher Disziplinverstoß im preußischen Reglement, denn er bedeutet Auflehnung gegen Landesherrn und Befehlshaber, dem man den Eid geleistet hat. Preußisches Prinzip, Einhaltung von Befehl und Gehorsam, wird aufgeweicht zugunsten des höheren Wertes: das befreite Vaterland. Befehl nicht nach den Buchstaben, sondern nach dem Sinn einhalten. Ungewöhnlicher Akt, nur denkbar in Beziehung zu den preußischen Reformern, die dem König andere Möglichkeiten vorschlugen, auch Militärreform (Gneisenau). Prinzipielle Konfrontation zwischen Militär und Kurfürst. Kottwitz ordnet eigene Stellung und die des Kurfürsten der Idee des Vaterlandes unter; Versuch eines demokratischen Mitspracherechts verantwortlich denkender und handelnder Soldaten in absolutistischer Herrschaftszeit – ahistorisch, da ein solches Verhalten in Preußen undenkbar war und besonders für den Großen Kurfürsten nicht zutraf; dafür aktuelle Bezüge: Seit der beginnenden preußischen Heeresreform 1808 wurden die Soldaten nicht mehr auf ihre Heerführer, sondern auf den Staat als abstrakte Größe vereidigt. Armee als Gemeinschaft denkender und planmäßig handelnder Individuen: Ähnlichkeit mit der modernen Struktur der französischen Revolutionsheere.

Textaufbau, wesentliche Elemente der Textform und Stilmittel (wesentliche sprachliche Mittel im Dialog, Monolog und Dialog als Ausdrucksmittel von Herrscher und Untergebenen, gegenläufige Bewertungen)

Kottwitz entspricht preußischen Reformern, Ähnlichkeit mit Blücher, aber auch Ideen Gneisenaus, Scharnhorsts, Reichsfreiherrn vom und zum Stein. Kurfürst entspricht König Friedrich Wilhelm III. Wegen der Entsprechungen auch die Unterschiede zum historischen Vorgang: Homburg führt die Schlacht nicht eigenmächtig, der Große Kurfürst sucht trotz geringerer militärischer Stärke die Entscheidung, sein Sieg über die Schweden bringt ihm noch viel später militärischen Ruhm ein. Auf sich gestellt siegt der Große Kurfürst vernichtend über die Schweden, die 1675 kurz nach der Schlacht bei Fehrbellin bereits endgültig die Kurmark verlassen haben. Seither ist der Kurfürst Friedrich Wilhelm der Große Kurfürst und gilt als Begründer Brandenburg-Preußens.

Beziehen Sie die entsprechenden Textstellen in Ihre Betrachtung ein: Szene in Versen aus fünffüßigen Jamben (Blankvers), zunehmende Redeanteile des Obristen Kottwitz und Rückgang des Kurfürsten; Quantität als Ausweis der Verlagerung des Kräfteverhältnisses. Kottwitz gesteht Fehler ein, dadurch schafft er sich Freiraum für die Argumentation. Treibt sie bis zur Legitimation des „Ungehorsams“: „ ... ein Schelm müsst ich doch sein, wenn ich / Des Prinzen Tat nicht munter wiederholte.“ (78 f.) Stellt in seiner Rede Selbstentscheidungen und Handlungsfreiheit über preußische Pflicht und Ordnung, Sieg durch Befehlsvernachlässigung contra Sieg durch „Gesetz“. Unterstellt sich dabei der Gerichtsbarkeit des Kurfürsten: „Und nichts dir gäb ich, was nicht dein gehörte!“ (85)

Zunehmende abwertende Beurteilung des Obristen Kottwitz durch den Kurfürsten: „du alter Krieger“ (1), „du Tor“ (38), „du alter wunderlicher Herr“ (86), „arglistge Rednerkunst“ (88). Die Abwertung individualisiert den militärischen Befehlshaber.

Aufsteigende Wertungen des angestrebten Zieles durch Kottwitz:
„Mein erlauchter Herr“ (4), „mein Gebieter“ (6), „Herr, das Gesetz“ (47), „Vaterland“ (50). Die Aufwertung entindividualisiert den Kurfürsten und erhebt ihn zum vaterländischen Symbol, nur in der Form historische Berechtigung („Das ist das Vaterland, das ist die Krone, / Das bist du selber, dessen Haupt sie trägt.“, 50 f.)

Homburgs Handlung
- demokratisiert die Offiziere, Sprachrohr: Kottwitz;
- entwickelt unter den Offizieren neues militärisches Denken analog zu Napoleons moderner Armee;
- verweist auf objektiv neue Selbstständigkeit beim militärischen Handeln;
- setzt patriotische Kräfte bei den Offizieren frei, die mit Kottwitz erscheinen;
- verlässt dabei nicht die Hierarchie der preußischen Machtstruktur, an die Kleist mit seinen Gestalten auch weiterhin glaubt;

- führt nicht so weit, dass soziale Differenzierungen vorgenommen werden; die Handlung vollzieht sich ausnahmslos unter Aristokraten und Militärs;
- drängt auf die Frage nach der Beziehung von individueller Verantwortung und soldatischer Disziplin;
- führt zur Überlegung, worauf sich ein Staat zu gründen hat: Gehorsam und Pflichterfüllung oder Eigenverantwortung und Handlungsbereitschaft im Sinne des kategorischen Imperativs Kants;
- löst Nachdenken bei allen Beteiligten über das Verhältnis von Individuum und Gesellschaft, der Rolle des Gesetzes für beide und die Strukturen eines Staates aus.

Herstellen des Kontextes (Einbeziehung der brandenburgischen Geschichte, politisch-soziale Bezüge)

Legen Sie Ihrer Betrachtung zugrunde: Schlacht von Fehrbellin gehört zu den staatsbegründenden Vorgängen der Geschichte Brandenburg-Preußens; deshalb legendenhaft überhöht.
Stoff sollte schwankenden und unentschiedenen preußischen König beeinflussen, den Befreiungskampf zu führen; antinapoleonische Allianz schmieden. Entschlossenheit des Ahnherrn gegen die Schweden als stärkste Kriegsmacht ihrer Zeit als Vorbild. Schlacht von Fehrbellin gehört zu den staatsbegründenden Vorgängen der Geschichte Brandenburg-Preußens; deshalb legendenhaft überhöht. Kampf gegen Napoleon sollte erneut einen historischen Vorgang dieser Bedeutung einbringen: Schlussapotheose des Stückes. Nur mittelbar als historisches Schauspiel zu sehen, tatsächlich Ideen der preußischen Reformer wie Scharnhorst und Gneisenau. Kritik an Preußen im Rahmen eines preußischen aristokratischen Verhaltens.
Kleists Stück: eigenwillige Weiterführung eines Sturm-und-Drang-Charakters, eines Selbsthelfers, dadurch eines der bemerkenswertesten Beispiele für den Epochenumbruch vom 18. zum 19. Jahrhundert. Gefühlsreichtum Homburgs, Traumfähigkeit als Ergebnis der Erziehung nach Idealen Rousseaus. Traumstimmungen am Beginn und Ende: enthält Zauberelemente, herkommend von Shakespeare; auch das Sturm-und-Drang-Merkmal. Weiterführung des sich selbst bestimmenden Individuums in aristokratisch strukturiertem Umfeld. Kurfürst als aufgeklärter Fürst und gelungenes Ergebnis einer Fürstenerziehung, aber eben nur auf der Bühne.

Reflektierte Schlussbetrachtung (Besonderheit der Konfliktlösung)

Zielstrebige Entwicklung eines Kompromisses als Lösung: beide Seiten und damit beide Haltungen bekommen eingeschränkt Recht. Kurfürst begnadigt im Angesicht der protestierenden Offiziere Homburg („Wollt ihr's zum vierten Male mit ihm wagen?", 5.9., S. 90), erhält dadurch seine Autorität, aber nicht seine prinzipielle Forderung nach der Einhaltung des Gesetzes. Grenzen seiner Macht werden durch neuartiges Auftreten der Armee deutlich. Homburgs Haltung erfährt ebenfalls Einschränkungen: Unterwerfung unter des Kurfürsten Auffassung vom Befehl; Bereitschaft zum Tod soll zu neuem Kampf anregen („... seinem Geist, tot vor den Fahnen schreitend, / Kämpf er auf dem Gefolg der Schlacht, sie ab!", 5.7., S. 88); Homburg wird trotz Todesbereitschaft begnadigt, Kampf wird dennoch geführt. Beide Seiten erhalten sich ihre Position im Rahmen der jeweils anderen Meinung. Offener Schluss, durch

theatralische Gestaltung überhöht und ins Märchenhaft-Phantastische gesteigert: „Kanonenschüsse. Ein Marsch. Das Schloss erleuchtet sich." (5.11., S. 92) Homburg glaubt sich im Traum, die Offiziere drängen erneut zur Schlacht.
Vaterland im Vaterland verteidigen. Historische Mission soll erfüllt werden: „In Staub mit allen Feinden Brandenburgs." (5.11., S. 93) Idee des verantwortungsvollen Individuums beiden Kontrahenten aufgelegt, weder Kurfürst noch Homburg allein im Recht. Ausgleich der Gegensätze zugunsten eines historischen Auftrags: Rettung des Vaterlandes. Treue zum Gesetz bei Anerkennung der individuellen Gefühle und Entscheidungen.

Schreibplan

zu Aufgabe 2

Teilaufgabe 2: weiterführender, produktionsorientierter Schreibauftrag

Baustein	Erläuterung	Mögliche Operatoren
Überleitung	Zusammenhang zwischen Szenenauszug der Teilaufgabe 1 und dem Kommentar für ein Programmheft	**spricht** den fiktiven Leser des Programmheftes an
Schreibformat	Kommentar mit Nähe zu Feuilleton und Essay	**beschreibt** die Funktion des Schreibformates
thematische Auseinandersetzung	Fundierte gedankliche Auseinandersetzung im vorgegebenen Schreibformat mit dem Thema	**nimmt Stellung** zu Grundthesen und ihrer Bedeutung für die Inszenierung
Kontextualisierung	Einbeziehen von Fachkenntnissen/ Inszenierungserfahrungen	**begründet** die Unterschiede bei Inszenierungen
reflektierte Schlussbetrachtung	Urteil auf der Grundlage von Fachwissen und Vermittlung von Erkenntnissen. Aktualität heute?	**beurteilt** die zu vermittelnden Erkenntnisse **bewertet** deren Bedeutung für die Gegenwart

Lösungsmöglichkeit

zu Aufgabe 2

Überleitung (Zusammenhang zwischen Szenenauszug der Teilaufgabe 1 und dem Kommentar für ein Programmheft)

Lieber Theaterbesucher! Sie sind in diese Aufführung gekommen, um eines der interessantesten, eines der widersprüchlichsten Stücke der deutschen Literatur, dessen Weg auf die Bühne und auf der Bühne sehr schwierig war, in unserem Theater zu sehen. An den Widersprüchen zwischen Menschen wie dem Kurfürsten und Homburg, zwischen Haltungen wie der Einhaltung von Pflicht und Gesetz unter den Bedingungen eines vaterländischen Befreiungskampfes und der rational kaum beherrschbaren Neigung, am Ausgleich zwischen politischen Mächten wie der Staatsmacht und der

militärischen Macht werden wir in unserer Inszenierung festhalten. Dennoch steht sie über diesen Widersprüchen und vereinigt sie zu gemeinsamen Handeln, das ist das Ziel der Inszenierung. Es mit sachlichen Worten zu beschreiben hieße: die Bereitschaft zur Verteidigung des Vaterlandes auf dem Territorium des Vaterlandes auf der Grundlage sich frei entscheidender Individuen, die das Volk bilden.
Wenn wir unsere Inszenierung über den Widersprüchen ansiedeln, dann wollen wir diese nicht verdrängen, sondern nur einer gemeinsamen Anstrengung dienstbar machen.

Beachte: Sie können Ihre Ausführungen mit Zitaten aus dem Text anreichern und damit bildhafter werden lassen.

Um Ihnen den Zugang zu dem Stück unabhängig von einer Inhaltsangabe zu erleichtern, gehen wir auf den Zusammenhang von Widerspruch und Kompromiss im 5. Auftritt, 5. Akt, einer zentralen Szene des Stückes, ein. Sie ist gefüllt mit retardierenden Elementen, die den Ausgang der Handlung völlig unentschieden erscheinen lassen. Der Prinz von Homburg kann wegen seiner Handlung gegen Befehl und Gesetz hingerichtet werden, der Kurfürst möglicherweise wegen dieser Hinrichtung von der Armee entmachtet werden. Mit beiden Lösungen wäre der Verteidigungsbereitschaft nicht gedient, denn die politische Lage würde unüberschaubar und machte es den eingedrungenen oder eindringenden feindlichen Mächten leicht, das Land zu zerstören. Keine der alternativen Lösungen tritt jedoch ein: Ein Kompromiss als Grundlage politischer Handlungen bei Einbeziehung gegensätzlicher Positionen schafft für alle gerechte Bedingungen, ohne eine der Positionen auszuschalten. Pflicht und Neigung, Staatsmacht und militärische Macht, Kurfürst und Prinz vereinigen sich zu gemeinsamem Handeln. Sinnbild des Ausgleichs und Kompromisses wird die Vereinigung des Prinzen von Homburg mit Prinzessin Natalie, der Nichte des Kurfürsten.

Schreibformat (Kommentar mit Nähe zu Feuilleton und Essay)

Kommentar dient zur Erläuterung der Position, zeigt gleichzeitig die Aktualität der Konflikte in einer globalisierten Welt. Verteidigung des Vaterlandes gegen Terror und Zerstörung bei größtmöglicher Freiheit der Individuen.

Hinweis: An dieser Stelle ist die geeignete Gelegenheit, um heutige weltpolitische Prozesse der Verteidigung von Vaterland und Menschheit gegen Terror und fundamentalistische Angriffe zu erörtern.

Kleist als Anhänger der Monarchie, auch das Aufbegehren der Offiziere gegen den Kurfürsten vollzieht sich im Rahmen der Möglichkeiten, keine Veränderungswünsche in Richtung Republik. Kommentar stellt die trotz dieser Haltung vorhandenen kritischen Elemente des Stückes aus:
- Ablehnung des blinden Gehorsams gegenüber der Monarchie;
- dagegen gesetzt wird freie Entscheidung des durch sein Gefühl unabhängig gewordenen Mannes, der andere Entscheidungen wie die Kottwitz' nachzieht;
- entscheidungsfreudige Repräsentanten des Staates gegen unentschlossene Machthaber;
- Wandlung im Verhältnis von Herrscher und Nation zu einer gleichberechtigten, gegenseitigen Anerkennung;
- Mensch darf Schwächen zeigen, trifft auch für den Offizier zu.

Thematische Auseinandersetzung

Der Oberst Kottwitz, der unter Homburgs Kommando kämpfte und dessen Befehl zum Kampf in der Schlacht kritisierte, tritt selbstbewusst mit anderen hochrangigen Offizieren vor den Kurfürsten, um Homburgs Befreiung zu erreichen. Ausführlich stellt Kottwitz den Konflikt zwischen militärischem Gehorsam und freier Entscheidung dar. Kottwitz' Argumentation: Homburg hat den rechten Augenblick gewählt, sonst hätten sich Schweden wieder gesammelt und verstärkt; Homburg hat real großen Sieg erkämpft, geplanter Sieg des Kurfürsten war ungewiss. Homburg hat weiteren Kampf ermöglicht, deshalb auch Verbindung von Begnadigung Homburgs und neuem Kampfauftrag an die Offiziere. Entscheidendes Argument von Kottwitz aber: Nicht Einhaltung des Befehls um jeden Preis, sondern im Dienst der rechten Sache, die in diesem Falle die Befreiung des Vaterlandes ist. Obwohl in aristokratischen Kreisen spielend und diese soziale Position nicht verlassend, dringen bürgerliche Denkansätze der nachrevolutionären Zeit von 1789 in das Stück ein: alle Menschen, vom Kurfürsten bis zu den Bediensteten, nicht zu vergessen die Frauen – in der Rolle der Regimentskommandeurin Homburgs Braut, die Nichte des Kurfürsten Prinzessin Natalie, die damit alle Konfliktparteien bedient – fügen sich den nationalen Erfordernissen, die auf den Erhalt der Nation und ihre Selbstständigkeit zielen. Patriotische Aufgabe muss begreifbar und einleuchtend sein, nicht einen Buchstaben des Gesetzes folgend.

Kontextualisierung (Einbeziehen von Fachkenntnissen/Inszenierungserfahrungen)

Vaterländische Dichtung – heute? Möglichkeiten und Risiken; *Prinz Friedrich von Homburg* als hochgeschätzt von Kaiser Wilhelm II. und den Nazis, die in dem Stück ein Beispiel für das Gesetz des Krieges sahen, dem sie selbst zu folgen trachteten. Dennoch heute aktuell? Grenzen der Opferbereitschaft und des Ruhmes, aber patriotisches Denken. Das aufsteigende Unterbewusste und die bestimmende Wirklichkeit als moderner Konflikt. Verhältnis von äußerer und innerer Repräsentanz des Menschen: Offiziersdenken und Ruhmwille gegen Gefühlsreichtum und menschliche Beziehung.
Wie lassen sich die historischen Vorgänge in der Inszenierung aktualisieren? Was würde das Regietheater damit machen? Falls Ihnen aktuelle Inszenierungen bekannt sind, gehen Sie auf diese ein. Es kann aber auch an einem anderen Ihnen bekannten Beispiel demonstriert werden.

Reflektierte Schlussbetrachtung (Aktualität heute?)

Homburg wird in seiner Stärke, in seinem Heldentum ein schwacher Mensch, in seiner Schwachheit ein starker. Heldengestus bricht zusammen und macht Menschlichkeit Platz: Im Leiden ist er uns ähnlich. Seiner Todesangst können wir folgen, in der Aktion der Offiziere findet er sich wieder als geläuterter Mensch, wie die Offiziere zu selbstbewusst handelnden Bürgern geworden sind. Der Kurfürst muss sich Volkes Stimme, den Offizieren und den Frauen, fügen, in diesem Falle macht er das ohne Gesichtsverlust und kann deshalb die Macht festigen, läutern und mit neuem Gefühlsreichtum ausstatten, in den auch Homburgs und Natalies Liebe als Entsprechung zum Handeln für das Vaterland eingeht. Konzentration auf die richtigen nationalen Werte. Preußenbild ist schöne Fiktion.

Aufgabenart II C

Vergleichende Analyse von zwei literarischen Texten

Aufgabenstellung

1. Analysieren Sie die Szene 1. Aufzug, 3. Auftritt des Schauspiels *Iphigenie auf Tauris* auf die Konflikte hin, in denen sich die dramatischen Gestalten befinden, und unterscheiden Sie private und gesellschaftliche Konflikte.
2. Analysieren Sie die Szene 3. Akt, 5. Auftritt des Schauspiels *Prinz Friedrich von Homburg* von Heinrich von Kleist und vergleichen Sie diese Szene mit der Szene 1. Aufzug, 3. Auftritt aus Goethes *Iphigenie auf Tauris.*

Erläuterung der Aufgabenstellung

Sie weisen Ihre methodischen Kenntnisse der Analyse dramatischer Texte bei der Arbeit mit den beiden Textauszügen nach und setzen entsprechende Begriffe aus der Dramaturgie, der Dramenanalyse und der Literaturtheorie, z. B. Konflikt, Katastrophe usw., ein. Zusätzlich weisen Sie Ihre Kenntnisse der Klassik und der Dramatik Heinrich von Kleists nach. Politische und weltanschauliche Hintergrundinformationen zu beiden Stücken und ihrer unterschiedlichen zeitlichen Zugehörigkeit finden Sie im Interpretationsteil (S. 36 ff., 83 ff.) und werden von Ihnen einbezogen.
Bemühen Sie sich, bei der Analyse möglichst eng am Text zu bleiben und Entwicklungen sowie Veränderungen in geistigen Haltungen, Personenbeziehungen und dramaturgischen Entwicklungen zu belegen.

Text 1

Johann Wolfgang von Goethe
***Iphigenie auf Tauris* (1. Aufzug, 3. Auftritt)**

Iphigenie. Thoas.

Iphigenie.
Mit königlichen Gütern segne dich
Die Göttin! Sie gewähre Sieg und Ruhm
Und Reichtum und das Wohl der Deinigen
Und jedes frommen Wunsches Fülle dir!
Dass, der du über viele sorgend herrschest,
Du auch vor vielen seltnes Glück genießest.

Thoas.
Zufrieden wär ich, wenn mein Volk mich rühmte:
Was ich erwarb, genießen andre mehr
Als ich. Der ist am glücklichsten, er sei
Ein König oder ein Geringer, dem
In seinem Hause Wohl bereitet ist.
Du nahmest Teil an meinen tiefen Schmerzen,
Als mir das Schwert der Feinde meinen Sohn,

Den letzten, besten, von der Seite riss.
Solang die Rache meinen Geist besaß,
Empfand ich nicht die Öde meiner Wohnung;
Doch jetzt, da ich befriedigt wiederkehre,
Ihr Reich zerstört, mein Sohn gerochen ist,
Bleibt mir zu Hause nichts das mich ergetze.
Der fröhliche Gehorsam, den ich sonst
Aus einem jeden Auge blicken sah,
Ist nun von Sorg und Unmut still gedämpft.
Ein jeder sinnt, was künftig werden wird,
Und folgt dem Kinderlosen, weil er muss.
Nun komm ich heut in diesen Tempel, den
Ich oft betrat, um Sieg zu bitten und
Iphigenie. Für Sieg zu danken. Einen alten Wunsch
Trag ich im Busen, der auch dir nicht fremd,
Noch unerwartet ist. Ich hoffe, dich
Zum Segen meines Volks und mir zum Segen
Thoas. Als Braut in meine Wohnung einzuführen.
Der Unbekannten bietest du zu viel,
O König, an. Es steht die Flüchtige
Beschämt vor dir, die nichts an diesem Ufer
Als Schutz und Ruhe sucht, die du ihr gabst.
Dass du in das Geheimnis deiner Ankunft
Vor mir wie vor dem Letzten stets dich hülltest,
Wär unter keinem Volke recht und gut.
Dies Ufer schreckt die Fremden: das Gesetz
Iphigenie. Gebietet's und die Not. Allein von dir,
Die jedes frommen Rechts genießt, ein wohl
Von uns empfangner Gast, nach eignem Sinn
Und Willen ihres Tages sich erfreut,
Von dir hofft ich Vertrauen, das der Wirt
Für seine Treue wohl erwarten darf.
Verbarg ich meiner Eltern Namen und
Mein Haus, o König, war's Verlegenheit,
Nicht Misstraun. Denn vielleicht, ach wüsstest du,
Wer vor dir steht und welch verwünschtes Haupt
Du nährst und schütztest: ein Entsetzen fasste
Dein großes Herz mit seltnem Schauer an,
Und statt die Seite deines Thrones mir
Thoas. Zu bieten, triebest du mich vor der Zeit
Aus deinem Reiche; stießest mich vielleicht,
Eh zu den Meinen frohe Rückkehr mir
Und meiner Wandrung Ende zugedacht ist,
Dem Elend zu, das jeden Schweifenden
Von seinem Haus Vertriebnen überall
Mit kalter, fremder Schreckenshand erwartet.
Iphigenie. Was auch der Rat der Götter mit dir sei,
Thoas. Und was sie deinem Haus und dir gedenken;
So fehlt es doch, seitdem du bei uns wohnst
Und eines frommen Gastes Recht genießest,
An Segen nicht, der mir von oben kommt.
Ich möchte schwer zu üebrreden sein,
Dass ich an dir ein schuldvoll Haupt beschütze.
Dir bringt die Wohltat Segen, nicht der Gast.

Was man Verruchten tut, wird nicht gesegnet.
Drum endige dein Schweigen und dein Weigern;
Es fordert dies kein ungerechter Mann.
Die Göttin übergab dich meinen Händen;
Iphigenie. Wie du ihr heilig warst, so warst du's mir.
Auch sei ihr Wink noch künftig mein Gesetz:
Wenn du nach Hause Rückkehr hoffen kannst,
So sprech ich dich von aller Fordrung los.
Doch ist der Weg auf ewig dir versperrt,
Und ist dein Stamm vertrieben, oder durch
Thoas. Ein ungeheures Unheil ausgelöscht,
So bist du mein durch mehr als Ein Gesetz.
Sprich offen! Und du weißt, ich halte Wort.
Vom alten Bande löset ungern sich
Die Zunge los, ein langverschwiegenes
Geheimnis endlich zu entdecken. Denn
Einmal vertraut, verlässt es ohne Rückkehr
Iphigenie. Des tiefen Herzens sichre Wohnung, schadet,
Wie es die Götter wollen, oder nützt.
Vernimm! Ich bin aus Tantalus' Geschlecht.
Du sprichst ein großes Wort gelassen aus.
Nennst du Den deinen Ahnherrn, den die Welt
Als einen ehmals Hochbegnadigten
Der Götter kennt? Ist's jener Tantalus,
Den Jupiter zu Rat und Tafel zog,
An dessen alterfahrnen, vielen Sinn
Verknüpfenden Gesprächen Götter selbst,
Wie an Orakelsprüchen, sich ergetzten?
Thoas. Er ist es; aber Götter sollten nicht
Iphigenie. Mit Menschen wie mit ihresgleichen, wandeln;
Das sterbliche Geschlecht ist viel zu schwach,
In ungewohnter Höhe nicht zu schwindeln.
Unedel war er nicht und kein Verräter,
Allein zum Knecht zu groß, und zum Gesellen
Des großen Donners nur ein Mensch. So war
Auch sein Vergehen menschlich; ihr Gericht
War streng, und Dichter singen: Übermut
Und Untreu stürzten ihn von Jovis Tisch
Zur Schmach des alten Tartarus hinab.
Ach und sein ganz Geschlecht trug ihren Hass!
Trug es die Schuld des Ahnherrn oder eigne?
Zwar die gewalt'ge Brust und der Titanen
Kraftvolles Mark war seiner Söhn und Enkel
Gewisses Erbteil; doch es schmiedete
Der Gott um ihre Stirn ein ehern Band.
Rat, Mäßigung und Weisheit und Geduld
Verbarg er ihrem scheuen düstern Blick;
Zur Wut wards ihnen jegliche Begier,
Und grenzenlos drang ihre Wut umher.
Schon Pelops, der Gewaltig-Wollende,
Thoas. Des Tantalus geliebter Sohn, erwarb
Sich durch Verrat und Mord das schönste Weib,
Des Önomaus Tochter, Hippodamien.
Iphigenie. Sie bringt den Wünschen des Gemahls zwei Söhne,

Thyest und Atreus. Neidisch sehen sie
Des Vaters Liebe zu dem ersten Sohn,
Aus einem andern Bette wachsend an.
Der Hass verbindet sie, und heimlich wagt
Das Paar im Brudermord die erste Tat.
Der Vater wähnet Hippodamien
Die Mörderin, und grimmig fordert er
Von ihr den Sohn zurück, und sie entleibt
Sich selbst –
....
.... Es sei genug
Der Gräuel! Sage nun, durch welch ein Wunder
Von diesem wilden Stamme du entsprangst.
Des Atreus ältster Sohn war Agamemnon;
Er ist mein Vater. Doch ich darf es sagen,
In ihm hab ich seit meiner ersten Zeit
Ein Muster des vollkommnen Manns gesehn.
Ihm brachte Klytämnestra mich, den Erstling
Der Liebe, dann Elektren. Ruhig herrschte
Der König, und es war dem Hause Tantals
Die lang entbehrte Rast gewährt. Allein
Es mangelte dem Glück der Eltern noch
Ein Sohn, und kaum war dieser Wunsch erfüllt,
Dass zwischen beiden Schwestern nun Orest,
Der Liebling wuchs, als neues Übel schon
Dem sichern Hause zubereitet war.
Thoas. Der Ruf des Krieges ist zu euch gekommen,
Der, um den Raub der schönen Frau zu rächen,
Die ganze Macht der Fürsten Griechenlands
Um Trojas Mauern lagerte. Ob sie
Iphigenie. Die Stadt gewonnen, ihrer Rache Ziel
Erreicht, vernahm ich nicht. Mein Vater führte
Der Griechen Heer. In Aulis harrten sie
Auf günst'gen Wind vergebens: denn Diane,
Erzürnt auf ihren großen Führer, hielt
Die Eilenden zurück und forderte
Durch Kalchas' Mund des Königs ältste Tochter.
Sie lockten mit der Mutter mich ins Lager;
Sie rissen mich vor den Altar und weihten
Der Göttin dieses Haupt. – Sie war versöhnt;
Sie wollte nicht mein Blut und hüllte rettend
In eine Wolke mich; in diesem Tempel
Erkannt ich mich zuerst vom Tode wieder.
Ich bin es selbst, bin Iphigenie,
Des Atreus Enkel, Agamemnons Tochter,
Der Göttin Eigentum, die mit dir spricht.
Mehr Vorzug und Vertrauen geb ich nicht
Der Königstochter als der Unbekannten.
Ich wiederhole meinen ersten Antrag:
Komm, folge mir und teile was ich habe.
Wie darf ich solchen Schritt, o König, wagen?
Hat nicht die Göttin, die mich rettete,
Allein das Recht auf mein geweihtes Leben?
Sie hat für mich den Schutzort ausgesucht,

Und sie bewahrt mich einem Vater, den
Sie durch den Schein genug gestraft, vielleicht
Zur schönsten Freude seines Alters hier.
Vielleicht ist mir die frohe Rückkehr nah;
Und ich, auf ihren Weg nicht achtend, hätte
Mich wider ihren Willen hier gefesselt?
Ein Zeichen bat ich, wenn ich bleiben sollte.

(Aus: Johann Wolfgang von Goethe: *Iphigenie auf Tauris Ein Schauspiel.* V. 220–349, 397–447)

Informationen zu Text 1:

Tantalus, Pelops usw. Namen aus dem Geschlecht der Tantaliden, dem auch Iphigenie angehört. Zu seinem Stammbaum s. S. 49.

Text 2

Heinrich von Kleist
Prinz Friedrich von Homburg (3. Akt, 5. Auftritt)

Der Prinz von Homburg tritt auf. – Die Vorigen. (Das sind im Zimmer der Kurfürstin die Kurfürstin, Natalie und eine Hofdame, R. B.)

(…)

Kurfürstin. *(mit unterdrückter Rührung).*
Gefangen seid Ihr, Prinz, und kommt hieher!
Was häuft Ihr neue Schuld zu Euren alten?

Homburg. *(dringend).*
Weißt du, was mir geschehn?

Kurfürstin. Ich weiß um alles!
Was aber kann ich, Ärmste, für Euch tun?

Homburg. O meine Mutter, also sprächst du nicht,
Wenn dich der Tod umschauerte, wie mich!
Du scheinst mit Himmelskräften, rettenden,
Du mir, das Fräulein, deine Fraun, begabt,
Mir alles rings umher, dem Trossknecht könnt ich,
Dem schlechtesten, der deiner Pferde pflegt,
Gehängt am Halse flehen: rette mich!
Nur ich allein, auf Gottes weiter Erde,
Bin hülflos, ein Verlassener, und kann nichts!

Kurfürstin. Du bist ganz außer dir! Was ist geschehn?

Homburg. Ach! Auf dem Wege, der mich zu dir führte,
Sah ich das Grab, beim Schein der Fackeln, öffnen,
Das morgen mein Gebein empfangen soll.
Sieh, diese Augen, Tante, die dich anschaun,
Will man mit Nacht umschatten, diesen Busen
Mit mörderischen Kugeln mir durchbohren.

Bestellt sind auf dem Markte schon die Fenster,
Die auf das öde Schauspiel niedergehn,
Und der die Zukunft, auf des Lebens Gipfel,
Heut, wie ein Feenreich, noch überschaut,
Liegt in zwei engen Brettern duftend morgen,
Und ein Gestein sagt dir von ihm: er war!
(Die Prinzessin, welche bisher, auf die Schulter der Hofdame gelehnt, in der Ferne gestanden hat, lässt sich, bei diesen Worten, erschüttert an einen Tisch nieder und weint.)

Kurfürstin. Mein Sohn! Wenn's so des Himmels Wille ist,
Wirst du mit Mut dich und mit Fassung rüsten!

Homburg. O Gottes Welt, o Mutter, ist so schön!
Lass mich nicht, fleh ich, eh die Stunde schlägt,
Zu jenen schwarzen Schatten niedersteigen!
Mag er doch sonst, wenn ich gefehlt, mich strafen,
Warum die Kugel eben muss es sein?
Mag er mich meiner Ämter doch entsetzen,
Mit Kassation, wenn's das Gesetz so will,
Mich aus dem Heer entfernen: Gott des Himmels!
Seit ich mein Grab sah, will ich nichts, als leben,
Und frage nichts mehr, ob es rühmlich sei!

Kurfürstin. Steh auf, mein Sohn; steh auf! Was sprichst du da?
Du bist zu sehr erschüttert. Fasse dich!

Homburg. Nicht, Tante, eh'r als bis du mir gelobt,
Mit einem Fußfall, der mein Dasein rette,
Flehnd seinem höchsten Angesicht zu nahn!
Dir übergab zu Homburg, als sie starb,
Die Hedwig mich, und sprach, die Jugendfreundin:
Sei ihm die Mutter, wenn ich nicht mehr bin.
Du beugtest tief gerührt, am Bette knieend,
Auf ihre Hand dich und erwidertest:
Er soll mir sein, als hätt ich ihn erzeugt.
Nun, jetzt erinnr' ich dich an solch ein Wort!
Geh hin, als hättst du mich erzeugt, und sprich:
Um Gnade fleh ich, Gnade! Lass ihn frei!
Ach, und komm mir zurück und sprich: du bist's!

Kurfürstin. *(weint).*
Mein teurer Sohn! Es ist bereits geschehn!
Doch alles, was ich flehte, war umsonst!

Homburg. Ich gebe jeden Anspruch auf an Glück.
Nataliens, das vergiss nicht, ihm zu melden,
Begehr ich gar nicht mehr, in meinem Busen
Ist alle Zärtlichkeit für sie verlöscht.
Frei ist sie, wie das Reh auf Heiden, wieder;
Mit Hand und Mund, als wär ich nie gewesen,
Verschenken kann sie sich, und wenn's Karl Gustav,
Der Schweden König ist, so lob ich sie.
Ich will auf meine Güter gehn am Rhein,
Da will ich bauen, will ich niederreißen,
Dass mir der Schweiß herabtrieft, säen, ernten,
Als wär's für Weib und Kind, allein genießen,
Und, wenn ich erntete, von neuem säen,
Und in den Kreis herum das Leben jagen,

Bis es am Abend niedersinkt und stirbt.

Kurfürstin. Wohlan! Kehr jetzt nur heim in dein Gefängnis,
Das ist die erste Fordrung meiner Gunst.

Homburg. *(steht auf und wendet sich zur Prinzessin).*
Du armes Mädchen, weinst! Die Sonne leuchtet
Heut alle deine Hoffnungen zu Grab!
Entschieden hat dein erst Gefühl für mich,
Und deine Miene sagt mir, treu wie Gold,
Du wirst dich nimmer einem andern weihn.
Ja, was erschwing ich, Ärmster, das dich tröste?
Geh an den Main, rat ich, ins Stift der Jungfraun,
Zu deiner Base Thurn, such in den Bergen
Dir einen Knaben, blondgelockt wie ich,
Kauf ihn mit Gold und Silber dir, drück ihn,
An deine Brust und lehr ihn: Mutter! Stammeln,
Und wenn er größer ist, so unterweis ihn,
Wie man den Sterbenden die Augen schließt.
Das ist das ganze Glück, das vor dir liegt!

Natalie. *(mutig und erhebend, indem sie aufsteht und ihre Hand in die seinige legt).*
Geh, junger Held, in deines Kerkers Haft,
Und auf dem Rückweg, schau noch einmal ruhig
Das Grab dir an, das dir geöffnet wird!
Es ist nicht finstrer und um nichts breiter,
Als es dir tausendmal die Schlacht gezeigt!
Inzwischen werd ich, in dem Tod dir treu,
Ein rettend Wort für dich dem Oheim wagen:
Vielleicht gelingt es mir, sein Herz zu rühren,
Und dich von allem Kummer zu befrein!
(Pause.)

Homburg. *(faltet, in ihrem Anschaun verloren, die Hände).*
Hättst du zwei Flügel, Jungfrau, an den Schultern,
Für einen Engel wahrlich hielt ich dich! –
O Gott, hört ich auch recht? Du für mich sprechen?
– Wo ruhte denn der Köcher dir der Rede,
Bis heute, liebes Kind, dass du willst wagen,
Den Herrn in solcher Sache anzugehn? –
– O Hoffnungslicht, das plötzlich mich erquickt!

Natalie. Gott wird die Pfeile mir, die treffen, reichen! –
Doch wenn der Kurfürst des Gesetzes Spruch
Nicht ändern kann, nicht kann: wohlan! so wirst du
Dich tapfer ihm, der Tapfre, unterwerfen:
Und der im Leben tausendmal gesiegt,
Er wird auch noch im Tod zu siegen wissen!

Kurfürstin. Hinweg! – Die Zeit verstreicht, die günstig ist!

Homburg. Nun, alle Heilgen mögen dich beschirmen!
Leb wohl! Leb wohl! Und was du auch erringst,
Vergönne mir ein Zeichen vom Erfolg!
(Alle ab.)

(Aus: Heinrich von Kleist: *Prinz Friedrich von Homburg. Ein Schauspiel*. Anmerkungen von Bernd Hamacher. Stuttgart: Reclam, 2001, Universal-Bibliothek Nr. 178, S. 54–58)

Schreibplan

zu Aufgabe 1

Schreibplan

Teilaufgabe 1: Analyse der ersten Dramenszene		
Baustein	**Erläuterung**	**Mögliche Operatoren**
Einleitung	Text, Autor, Textform, Entstehungszeit und verschiedene Konzeptionen (Prosa, Vers); Vergleich mit Euripides	**verfasst/formuliert** eine aufgabenbezogene Einleitung, die auf die Verbindung mehrerer Themen hinweist
Text-/ Themenverständnis	Einordnung einer Dramenszene in den Kontext der Ganzschrift und das Schaffen des Verfassers, Inhaltsangabe unter dem Aspekt der veränderten Konfliktlage	**ordnet** die Szene in den Gesamtzusammenhang des Werkes **ein**
Textaufbau, wesentliche Elemente der Textform und wesentliche Stilmittel	Wesentliche sprachliche Mittel im Dialog, Rahmenbau, Themen des Gesprächs als dialektische Umsetzung vom Privaten ins Gesellschaftliche. Konfrontation von Gefühl und Verstand, Familiengeschichte und Gesellschaftsstruktur auf Tauris	**beschreibt** die Dialogführung und untersucht die Auswirkung auf die Personen- und Handlungsführung **beurteilt** die Konfrontation der Figuren und ihre Strategien
Herstellen des Kontextes	Verschiebung vom Privaten ins Politische, Einbeziehung von biografischen, politisch-sozialen Faktoren	**prüft** die Aktualität eines Textes **beurteilt** die Relevanz des Themas heute
reflektierte Schlussbetrachtung	Eigene Meinung, Aufmerksamkeit für Sinngehalt der Wörter, Zusammenhang von Struktur und Absicht, Wirkung bis in die Gegenwart	**beurteilt** die in der Szene vertretenen Ansichten in ihrer heutigen Bedeutung

Lösungsmöglichkeit

zu Aufgabe 1

Lösung

Einleitung (Text, Autor, Textform, Entstehungszeit und verschiedene Konzeptionen)

Zwei Stücke von ausgesprochen klassischer Struktur: Dramaturgie, Vers, Figurenkonstellation. In den beiden Szenen, die miteinander verglichen werden sollen, geht es um Liebesbeziehungen und Pflichterfüllung. Beider Thema ist die Bedeutung fürstlicher Häupter für ihr Vaterland. Aber es liegen weltpolitische Umbrüche zwischen diesen beiden Stücken. Goethes *Iphigenie auf Tauris* erschien 1787, zwei Jahre vor der Französischen Revolution. Kleists Prinz *Friedrich von Homburg* wurde 1810 oder 1811, kurz vor dem Tod des Dichters, abgeschlossen, fünf Jahre nach dem Zusammenbruch Preußens, auf dem Höhepunkt napoleonischer Macht und zwei Jahre vor der Völkerschlacht bei Leipzig.

Das erste Konzept zu Goethes *Iphigenie auf Tauris* entstand als Prosafassung 1779 im höfischen Weimar und wurde teils von fürstlichen Spielern für den Hof uraufgeführt. Es geht letztlich um den „aufgeklärten Fürsten", ein Bildungs- und Erziehungsziel der Aufklärung. Entscheidender Unterschied zur Iphigenie des Euripides: Nicht mehr göttlicher Wille bestimmt das menschliche Schicksal, sondern menschliche Bereitschaft, die Verantwortung für das individuelle Handeln zu übernehmen.

Text-/Themenverständnis (Einordnung einer Dramenszene in Kontext der Ganzschrift und das Schaffen des Verfassers, Inhaltsangabe unter dem Aspekt der veränderten Konfliktlage)

Goethe gestaltete einen königlichen, fast göttlichen Konflikt. Iphigenie ist nicht nur Königstochter, sondern aus einer besonders herausgestellten Familie: den Tantaliden. Außerdem ist sie Priesterin der Diana und bekommt einen Heiratsantrag von Thoas, dem König der Taurer. Um diesem Antrag zu entgehen, argumentiert Iphigenie:

1. als Priesterin der Göttin Diana muss sie Jungfrau bleiben (Argument gegenüber Arkas, V. 197 ff. und dem König, V. 438 ff.);
2. als dieses Argument Thoas nicht abhält, gesteht sie ihm ihre Herkunft.

Beachte: Verwenden Sie die Inhaltsangabe und zitieren Sie die entsprechenden Textstellen.

Konfliktverschärfung:
- Iphigenie konnte bisher auf Rückkehr zu den Griechen hoffen, deren Land sie „mit der Seele suchend" (V. 12) vermisste;
- Nun soll sie Königin der Taurer werden und damit ihre Sehnsucht aufgeben.
- Als sie den Antrag ablehnt, kündigt Thoas die Wiedereinführung der Menschenopfer an;
- sie weiß noch nicht, dass die ersten Opfer ihr Bruder und sein Freund sein sollen.

Textaufbau, wesentliche Elemente der Textform (Wesentliche sprachliche Mittel im Dialog, Rahmenbau, Themen des Gesprächs als dialektische Umsetzung vom Privaten ins Gesellschaftliche. Konfrontation von Gefühl und Verstand, Familiengeschichte und Gesellschaftsstruktur auf Tauris)

Es findet ein ausgeprägter dramatischer Dialog statt, der sich in Versen aus fünffüßigen Jamben (Blankversen) vollzieht. Der Dialog wird durch Iphigenie, die Thoas segnet, eröffnet und durch den König, der aus dem Kriege heimkehrend bei ihr erscheint, ausgelöst.
Dialog wird auf den Höhepunkt des Geständnisses geführt: „Vernimm! Ich bin aus Tantalus' Geschlecht." (V. 306), Vorstellung der Familiengeschichte der Tantaliden.
Iphigenie vertritt göttliche Position ↔ Thoas vertritt gesellschaftlich-soziale Position;
Iphigenie argumentiert mit Diana ↔ Thoas argumentiert für sein Volk.

Beachte: Belegen Sie diese Konfrontationen mit entsprechenden Textstellen.

Herstellen des Kontextes (Verschiebung vom Privaten ins Politische, Einbeziehung von biografischen, politisch-sozialen Faktoren)

Iphigenie versucht, den Antrag Thoas' aus dem Gespräch zu nehmen, indem sie ihn mit der spektakulären Familiengeschichte konfrontiert; hofft, Thoas würde zurückschrecken. Aber Thoas reagiert anders: Er trägt den Antrag mit der gleichen Konsequenz nochmals vor und entwaffnet Iphigenie damit.
Thoas' Ziele für sein Land, sein Volk und sich selbst!
Was soll Iphigenie in Tauris erreichen? Die Situation Thoas' nach dem Sieg über seine Feinde, Hoffnung auf Erbfolge (eindeutig feudal-monarchistische Sicht, nicht aus der Antike stammend).

Reflektierte Schlussbetrachtung (Zusammenhang von Struktur und Absicht, Wirkung bis in die Gegenwart)

Dialog als Vortrag staatspolitischer Vorstellungen (V. 255 ff.) und Konfrontation mit göttlichem Auftrag für Iphigenie; Iphigenie steht vor einem neuen Opfer: um den Taurern und ihrem König zu dienen, müsste sie auf ihre persönlichen Vorstellungen verzichten. Da sie das nicht tut, verliert sie ihre Bedeutung als Priesterin der Menschlichkeit (Aufhebung der Menschenopfer).
Problemstellungen:
- individuelle und gesellschaftliche Interessen im Widerspruch;
- Ausgleich der Widersprüche durch Toleranz;
- Wahrheit als Voraussetzung für Konfliktlösungen.

Schreibplan

zu Aufgabe 2

Teilaufgabe 2: vergleichende Analyse der zweiten Dramenszene		
Baustein	**Erläuterung**	**Mögliche Operatoren**
Überleitung	Die Parallelität der Szenenstruktur und die gegensätzlichen Vorgänge, die dramaturgische Stellung	**verfasst/formuliert** eine aufgabenbezogene Einleitung
Text-/Themenverständnis	Einordnung einer Dramenszene in den Kontext der Ganzschrift, Inhaltsangabe: die Veränderung des Helden	**ordnet** die Szene in den Gesamtzusammenhang des Werkes **ein**
Textaufbau, wesentliche Elemente der Textform und wesentliche Stilmittel	Wesentliche sprachliche Mittel im Dialog, die Grab-Metapher; Themen des Dialoges als Ausdruck der sozialen Stellung	**beschreibt** die Dialogführung und untersucht die Auswirkung auf die Personenführung **beurteilt** Konfrontation der Figuren

Herstellen des Kontextes	Einbeziehung von zeitgenössisch-ästhetischen, politisch-sozialen Faktoren	**prüft** die Aktualität eines Textes **beurteilt** die Relevanz des Themas heute
reflektierte Schlussbetrachtung	Eigene Meinung über den Text, Zusammenhang von Struktur und Absicht, Wirkung bis in die Gegenwart	**beurteilt** die in der Szene vertretenen Ansichten in ihrer heutigen Bedeutung

L

Lösung

Lösungsmöglichkeit

zu Aufgabe 2

Überleitung (die Parallelität der Szenenstruktur und die gegensätzlichen Vorgänge, die dramaturgische Stellung)

Goethes und Kleists Stücken gemeinsam ist, dass im Mittelpunkt herausragende historische bzw. mythische Personen stehen: Iphigenie und Prinz Friedrich von Homburg. Weiterhin ist ihnen gemeinsam, dass die handelnden Personen ihren historischen (Homburg) bzw. durch Mythos und Literatur überlieferten (Iphigenie) Vorbildern wenig ähnlich sind. Beide verzichten auf charakteristische Besonderheiten ihrer Gestalten und beide stilisieren sie zu Trägern von aktuellen Ideen. Beide Dichter geben ihren Gestalten formal einen klassischen Handlungsraum, den die Gestalten mit klassisch anmutender Sprache in Blankversen füllen können.
Unterschied: Iphigenie wird zur Personifikation klassischer Menschlichkeit; Homburg entspricht nicht dem Bild des pflichtbewussten preußischen Offiziers.

Text-/Themenverständnis (Einordnung in den Kontext der Ganzschrift; die Veränderung des Helden)

Beachte: Beziehen Sie die Inhaltsangabe zu Beginn ein. – Friedrich von Homburg hat zum Sieg in der Schlacht von Fehrbellin beigetragen und wurde deshalb geehrt; da er aber entgegen dem Befehl gehandelt hatte, der ihn zum Abwarten verpflichtete, wurde er vor das Kriegsgericht gestellt und zum Tode verurteilt, unabhängig vom Ausgang dieser Handlung.
Aus dem Sieger und Helden ist ein erschütternder Bittsteller geworden, der alles aufzugeben bereit ist, selbst seine Liebe, um zu leben.
In beiden Szenen geht es auch um feudalabsolutistische Machtausübung und ihre Grundlagen. Die Tragik des Prinzen von Homburg besteht darin, dass er als ein großer Kriegsheld, mit dem Tod konfrontiert, alles Heldenhafte verliert und auch auf den Ruhm bereitwillig verzichtet. Am Ende des Stückes bekommt Homburg seinen Frieden und sein Glück zurück; nur ist dieses Glück fast zur trivialen Inszenierung verkommen und hat kaum die innere Glaubwürdigkeit realen Geschehens.
Beachte: Homburg verliert die Züge eines pflichtbewussten preußischen Offiziers, die Lösung am Schluss seines *Prinzen von Homburg* ist lebensfremd, fast eine Ironisierung der Wirklichkeit, von Homburg berechtigt als „Traum" bezeichnet.
Probleme:

- keine Lösung, die sich zur Nachgestaltung anbietet.
- Noch rigoroser als der Verzicht auf den kriegerischen Ruhm ist Homburgs Absage an seine Braut, die er sogar in die Klostereinsamkeit zu schicken bereit ist, „ins Stift der Jungfraun" (88), da er an ihre Treue glaubt.

- Friedrich von Homburg erweist sich in dieser Szene als ein völliger Versager, der nur an sich selbst denkt und für keinerlei Werte bereit ist, sein Leben einzusetzen.
- Aus der politischen Handlung auf dem Schlachtfeld ist private Beschränkung auf niedrigstem Niveau geworden.
- Kleists eigenes Problem, das hier erscheint; er ist nach sieben Jahren aus dem Militär ausgeschieden, weil er Offizier und Mensch nicht miteinander vereinigen konnte.
- Der Prinz, für den sein Sieg spricht, unterwirft sich dem Gesetz, als der Kurfürst von ihm selbst die Entscheidung verlangt. Der kategorische Imperativ, Kants Sittengesetz, wird angewendet: „Handle so, dass die Maxime deines Willens jederzeit zugleich als Prinzip einer allgemeinen Gesetzgebung gelten könnte."
- Allgemeiner Gesetzgebung ist abträglich, wenn jeder *seine* Entscheidung trifft und danach handelt. Im Sinne dieses Gesetzes muss sich Homburg nun für das Gesetz und damit für seinen Tod entscheiden, weil er sonst der Anarchie Raum gäbe. Dennoch bleibt das Spannungsverhältnis zwischen Pflicht und Neigung, „Kriegsgesetz" und „liebliche(n) Gefühle(n)" (4.1, S. 60) erhalten und wird mehrfach in das Gespräch eingebracht, das Natalie im Anschluss an die Szene mit dem Kurfürsten führt.

Textaufbau (wesentliche sprachliche Mittel im Dialog, die Grab-Metapher; Themen des Dialoges als Ausdruck der sozialen Stellung)

Bedeutung des Begriffs „Mutter": die so angesprochene Kurfürstin ist nicht Homburgs wirkliche Mutter, hat an ihm Mutterpflichten wahrgenommen. Wichtige Voraussetzung: Die Kurfürstin hat für andere Menschen Erziehungspflichten übernommen und dadurch ihr eigenes Dasein problematisiert, denn mit der Verurteilung des Homburg droht auch ihr Verlust. Einen solchen verantwortungsbewussten Menschen, eine Mutter fast im Sinne Bertolt Brechts (*Der kaukasische Kreidekreis*), beauftragt Homburg mit der Rettung seines entpolitisierten Lebens, in dem er alle Verantwortung für andere abgegeben hat.
Szene von zwei Wörtern und den zugehörigen Wortfeldern bestimmt: Mutter (mit Wörtern wie Himmelskräfte, Jugendfreundin, Gnade usw.) und Tod (mit Wörtern wie Grab, Gebein, Nacht, durchbohren usw.). Homburg führt sie bei seiner ersten Rede sofort zusammen: „O meine Mutter, also sprächst du nicht, / Wenn dich der Tod umschauerte, wie mich!" (8 f.) Dieser Homburg ist das Gegenteil von Iphigenie, die nach ihrer Vernunft und ihrem Auftrag handelt, und muss sich deshalb auch gefallen lassen, von den Frauen aufgefordert zu werden: „Fasse dich!" (47) Die Frauen übernehmen die Verantwortung, die sie eigentlich von Homburg erwarten: Ein Soldat muss für seine Taten einstehen, deshalb ist er Soldat geworden. Sie gehen noch einen Schritt weiter und belehren ihn sogar über seine Pflicht als „Held": „Geh, junger Held, in deines Kerkers Haft, / Und auf dem Rückweg, schau noch einmal ruhig / Das Grab dir an …" (98 ff.).
Natalie zeigt Haltung, die sie von Homburg erwartet. (In einer späteren Szene – 4. Akt, 4. Auftritt – ist sie glücklich, als Homburg das Leben um jeden Preis, selbst um den einer Falschaussage, nicht will und die Begnadigung ablehnt; er will kein „Unwürdger" (4.4., V. 1381) sein.)
Homburgs Probleme mit seiner Stellung in der Machthierarchie:
- muss seine Todesfurcht überwinden, um seine preußische Ehre wiederzufinden.

- Er müsste außerdem die spontane Regung der Gefühle beherrschen lernen und zum Ausgleich mit dem Verstand bringen, der sich Gesetz und Befehl, letztlich dem kategorischen Imperativ, unterwirft.
- Nur eine stabile Beziehung beider Pole sichert den Charakter eines Helden. Das kann Homburg aber nicht.
- Kleists Gestalten haben zumeist die Eigenart, in Toben und Raserei zu verfallen. So auch hier: Bereits auf die erste Beschreibung seines Zustandes reagiert die Kurfürstin: „Du bist ganz außer dir!" (17)
- Hinweise, dass sich Homburg nicht beherrschen kann, finden sich in Fülle und zeigen, dass er den gewünschten Charakter kaum entwickeln kann.

Herstellen eines Kontextes (zeitgenössisch-ästhetische, politisch-soziale Faktoren)

Romantische Requisiten, Attribute und Requisiten: Homburgs anfänglicher Auftritt als Träumer – er träumt vom Siegerkranz – und nächtlicher Schwärmer. Er träumt bereits den Sieg, ehe er die Tat begangen hat: Diese Vorwegnahme der Tat im Traum ist ebenfalls ein romantisches Vorgang. Homburg spricht von bevorzugten romantischen Dingen: Grab (19), Fackeln (19), Gebein (20), Feenreich (27) usw.; neigt zu impulsiver Sprache, die von Ausrufen (Ach) und imperativischen Formeln (Sieh) geprägt ist.
Er erscheint seinem Wesen und seinem Denken nach als eine romantische Gestalt, die an der Wirklichkeit zerbricht. Zwar hat er in der Schlacht wie ein Romantiker improvisiert, auf sein Glück und den Zufall vertraut, alles durchweg romantische Merkmale. Man könnte sogar vom Fragment einer Schlacht sprechen, das Homburg liefert, weil er die ganze Schlacht nicht überschaut; das Fragment war eine Lieblingsform der Romantiker.
Der romantische Mann hat sich in einen Siegesrausch gestürzt, aber gegenüber dem Staat und seinem Gesetz versagt. Der Kurfürst sucht die Siege nach Ordnung und Gesetz. Hier spricht sich Kritik Kleists an der Romantik aus, die zu keiner sachlichen Politik im Angesicht der besetzten Heimat in der Lage ist. Dahinter stecken bei Kleist die Ideen Kants: Das Individuum solle sich so verhalten, dass eine allgemeine Gesetzgebung daraus entstehen könne. Homburg verhält sich völlig anders als Iphigenie: Er macht die persönliche Willkür zum Gesetz und verlässt damit die klassische Position und den Boden der Gesellschaft; sein Verhalten kann und darf nicht zur Gesetzgebung werden, verlöre doch dann ein Gemeinwesen seine Basis, würde aus der Moral des gemeinsamen Lebens in festen Normen eine unmoralische individuelle Befriedigung.
Am Ende ringt sich Homburg jedoch zum Appell Kants an das eigene Gewissen durch und entscheidet sich für die Einhaltung des Gesetzes; damit ist dem Kurfürsten die Möglichkeit zum Gnadenakt gegeben. Reste aufklärerischer Positionen: Es klingt nach Rousseau, wenn Homburg als Fluchtposition beschreibt, auf seine Güter zurückzukehren und dort Ackerbau zu betreiben, „dass mir der Schweiß herabtrieft, säen, ernten" (74).

Reflektierte Schlussbetrachtung (Zusammenhang von Struktur und Absicht, Wirkung bis in die Gegenwart)

Während Goethes Iphigenie durch den Konflikt, in den Thoas sie bringt, ihre Sittlichkeit und Menschlichkeit voll entfaltet, wird Kleists Prinz von Homburg kleinmütig, unheldisch und ängstlich. Er hat keine Aufgabe zur Verfügung, die ihn aufrichten würde; sogar seine Braut gibt er preis. Erst als ihm die Entscheidung selbst übertragen wird und er

damit ein Urteil zwischen Pflicht und Neigung über die eigene Leistung hinaus zu fällen hat, dies aber im Angesicht der Verantwortung für das Vaterland, nicht mehr aus Prinzipientreue gegenüber dem Befehl, vollzieht sich ein Wandel: Homburg kehrt zu aufklärerischen Positionen der strengen Pflichterfüllung zurück. Statt zur Heldentat wird der Sieg in der Schlacht nun zum Ungehorsam. Damit gelangt Homburg wieder zum aufklärerischen Prinzip der Selbstbestimmung und zur Anerkennung der Pflicht als Teil der Freiheit; das sind die Positionen Kants, Goethes, Schillers und eben auch die Kleists. Bis heute gültig bei der Bestimmung, was Freiheit ist.
Kleist zeigt die Problematik einer romantisch veranlagten Persönlichkeit in der Gestalt des Homburg. Während sich Goethes Thoas unter dem Einfluss Iphigenies wie ein aufgeklärter Fürst des 18. Jahrhunderts für den Verzicht auf Menschenopfer, den toleranten Umgang mit dem Gegner (Orest) und ihrer freien Rückkehr in die Heimat entscheidet – Voraussetzung für ein späteres freundschaftliches Miteinander –, ist Homburgs Maßstab die individuelle Befriedigung und Wunscherfüllung. Thoas und Homburg stammen beide aus der aristokratischen Welt, stellen aber in dieser völlige Gegensätze dar, die – im Falle Thoas' – die Überwindung des absolutistischen Denkens zu Gunsten eines aufgeklärten Denkens andeuten, im Falle Homburgs den Untergang dieses Denkens bei der Entscheidung gegen die Gesetze und Normen.

Aufgabenart III A

Argumentative Entfaltung eines fachspezifischen Sachverhaltes bzw. Problems oder eines Problems, dessen fachlicher Hintergrund aus dem Unterricht bekannt ist, im Anschluss an eine Textvorlage

Aufgabenstellung

1. Analysieren Sie den Textauszug *Iphigenie* aus *Geschichte der deutschen Literatur im achtzehnten Jahrhundert* von Hermann Hettner. Bewerten Sie abschließend Hettners These vom „tiefsten Unterschied antiker und modernen Tragik".
2. Stellen Sie anschließend in Form eines Briefes an Ihren Lehrer Hettners These beschreibend dar und beurteilen Sie die von Hettner attestierte „unübertreffliche Klarheit".

Text

Hermann Hettner
Iphigenie (1869)

Goethe hat den Stoff einem der schwächsten Stücke des griechischen Tragikers Euripides entlehnt; aber er hat ihn von Grund aus umgewandelt und verinnerlicht. Was Goethe reizte und begeisterte, war nicht die Fabel an sich, sondern die Gestalt Iphigeniens, die bei Euripides nur von untergeordneter Bedeutung ist, die aber Goethe seinerseits zum Hebel des Ganzen, zum Grundmotiv, zur eigentlichen Heldin, zur seelenvollen Verkörperung und Verklärung seines höchsten sittlichen Ideals emporhob.

Wir stehen hier vor dem tiefsten Unterschied antiker und moderner Tragik.

Die antike Tragik wurzelt in dem Glauben eines über dem Menschen waltenden, außerweltlichen Schicksals. Schuld und Sühne kommen von oben durch unabwendbares Götterverhängnis. Der Mensch ist, obgleich für seine Tat verantwortlich, nach Otfried Müllers geistvollem Ausdruck im Wesentlichen doch nur der Brennpunkt, in welchem die höheren dämonischen Gewalten sich treffen und zur Erscheinung kommen. Die Euripideische Tragödie ist durchaus in diesem Sinne gehalten. Es ist Apollo, welcher Orest befohlen hatte, nach altem Gesetz und Herkommen gegen Ägisth und Klytämnestra für die Ermordung Agamemnons gerechte Blutrache zu üben; es sind die Erinnyen, die zürnenden Fluchgöttinnen, welche Orest verfolgen, weil er durch diese grause Tat die Schuld des Muttermordes auf sich geladen. Apollo verheißt die Sühnung, wenn es Orest gelingt, das Bild der Artemis, die wider ihren Willen in barbarischem Lande verehrt wird, aus dem taurischen Heiligtum zu entwenden. Orest, von Pylades begleitet, unternimmt das Wagnis. Er findet seine Schwester Iphigenie, die Totgeglaubte, als Priesterin desselben Götterbildes, dessen Raub ihm heilige Pflicht ist; Iphigenie, nach heiligem Brauch bestimmt, die Fremden zu opfern, willig, getrieben von Schwesterliebe und Sehnsucht nach der entbehrten Heimat, in gemeinsame Flucht und listigen Tempelraub. Thoas, der König, schickt sich an, die Fliehenden zu verfolgen. Da erscheint Athene, offenbarend, dass dies alles nach Götterratschluss geschehen. Thoas beugt sich; ‚wer der Götter Ruf vernimmt und ihm Gehorsam weigert, hegt unweisen Sinn'. Orest ist entsühnt. Für das gläubige Bewusstsein der Griechen ist der tragische Knoten gelöst.

Allein wir neueren Menschen, namentlich wir Protestanten, sind den religiösen Voraussetzungen dieser antiken Schicksalstragödie entwachsen. Seit Shakespeare ist die moderne Tragödie wesentlich und abänderlich Charaktertragödie. Hamlet, Lear, Othello, Coriolan, sie gehen alle zugrunde durch eigene Schuld; die lockenden Hexen, welche Macbeth umstricken, sind nur die bösen Dämonen des eigenen ehrsüchtigen Herzens. In deiner Brust sind deines Schicksals Sterne; jeder ist seines Glückes Schmied, des Menschen Gemüt ist sein Schicksal. Die freie Selbstbestimmung muss für die unabwendbaren Folgen der Tat, für Heil und Schuld derselben frei einstehen. Der tragische Untergang und die tragische Versöhnung ist nicht das äußere Verhängnis überweltlicher Mächte, nicht eine unentrinnbare Urschuld; sie ist der natürliche Verlauf von Ursache und Folge, die undurchbrechbare Vernunftnotwendigkeit der sittlichen Weltordnung.

Goethe selbst hat dieses innerste Lebensgeheimnis der antiken und modernen Tragödie und deren scharfe Gegensätzlichkeit mit unübertrefflicher Klarheit ausgesprochen.

(Hettner zitiert aus Goethes *Iphigenie auf Tauris*, 2. Aufzug, 1. Auftritt, indem Orest beklagt, als „Schlächter" auserkoren zu sein, und Pylades antwortet „Die Götter rächen / Der Väter Missetat nicht an dem Sohn;" V. 707–716. Dann fährt er fort:) Darum bei Goethe dieses gänzliche Umänderung des von Euripides überkommenen

Grundmotivs, diese scharfe Hervorhebung Iphigenies als Hauptgestalt, diese göttergleiche Hoheit derselben. Weil kein äußeres wundertätiges Eingreifen, das in der modernen Tragödie nur als tote Maschinerie gewirkt hätte, stattfinden durfte, legte er in die reine und heilige Natur Iphigenies das Person gewordene, ausgleichende, versöhnende Schicksal, die unbefangene und unbeirrbare Entscheidung der sittlichen Gerechtigkeit. ‚Alle menschlichen Gebrechen sühnet reine Menschlichkeit.'"

(Aus: Hermann Hettner: *Geschichte der deutschen Literatur im achtzehnten Jahrhundert*. Berlin: Aufbau-Verlag, 1961, Band II, S. 369–371)

Information zum Text:

Hermann Hettner (1821–1882): berühmter deutscher Literaturwissenschaftler, dessen bis heute immer wieder aufgelegtes Hauptwerk die *Geschichte der deutschen Literatur im achtzehnten Jahrhundert* (1869) ist. Freundschaft mit dem materialistischen Philosophen Ludwig Feuerbach und dem Schweizer Dichter Gottfried Keller. Mit seinem Buch *Das moderne Drama* (1852) schrieb Hettner eine außergewöhnliche Dramaturgie, die neueste Entwicklungen wie das soziale Drama und das Stationenstück erkannte und beschrieb.

Otfried Müller (1797–1840): Altphilologe, Anhänger Winckelmanns. Seine Geschichtsschreibung antiker Literatur wurde vorbildhaft für Hettner.

Orest, Ägisth, Klytämnestra usw.: Namen aus dem Geschlecht der Tantaliden, dem auch Iphigenie angehört. Zu seinem Stammbaum s. S. 49.

Hamlet, Lear, Othello, Coriolan: Dramentitel Shakespeares und gleichzeitig Namen der Helden dieser Dramen.

Erläuterung der Aufgabenstellung

Sie zeigen Ihr Können bei der Analyse von Sachtexten. Dazu verwenden Sie fachspezifische Begriffe und setzen die im Unterricht erlernten Argumentationsmöglichkeiten ein.
Davon ausgehend weisen Sie Ihr Textverständnis aus und bestimmen die zentrale Aussage mit entsprechenden Zitaten aus der Textvorlage. Konzentrieren Sie sich auf die von Hermann Hettner eingebrachten Begriffe und Namen.
Bei der Vorbereitung auf den von Ihnen zu schreibenden Brief an Ihre/n Lehrerin/Lehrer bestimmen Sie die Parallelen zwischen der Textvorlage und Ihren Gedanken. Sie gehen auf die Bedeutung der „unübertrefflichen Klarheit" und den Gegensatz von „antiker und moderne Tragik" ein.

S
Schreibplan

Schreibplan

zu Aufgabe 1

Teilaufgabe 1: Analyse der Textvorlage

Baustein	Erläuterung	Mögliche Operatoren
Einleitung	Text, Autor, Entstehungszeit/Veröffentlichung. Thema Hettners: Unterschied von antiker und moderne Tragik	**verfasst/formuliert** eine aufgabenbezogene Einleitung, die die Besonderheit des Stücks aus Sicht Hettners betrifft.
Argumentation: Ansatz und Gang	Beschreibung der „unübertrefflichen Klarheit"	**stellt** den Standpunkt Hettners dar, **beschreibt** den Aufbau des Textes
Argumentationsinhalte und Argumentationsmittel	Untersuchung zentraler Thesen/ Argumente; Untersuchung von auffälligen stilistischen Mitteln	**erschließt** differenziert eine kritische Sicht auf die Thesen Hettners; **erklärt** kritische Einschätzungen

L
Lösung

Lösungsmöglichkeit

zu Aufgabe 1

Einleitung (Text, Autor, Entstehungszeit/Veröffentlichung. Thema Hettners: der Unterschied von antiker und moderne Tragik)

Der Literaturwissenschaftler Hermann Hettner, zu seiner Zeit ein berühmter Autor und befreundet mit führenden Schriftstellern, hat als sein Hauptwerk die *Literaturgeschichte des 18. Jahrhunderts* hinterlassen. Der dritte Teil beschäftigte sich mit der deutschen Literatur und gab ausführliche Interpretationen zu den wichtigen Werken. Das Werk entstand in der zweiten Hälfte des 19. Jahrhunderts und ist bis auf den heutigen Tag ein Standardwerk geblieben. Guter Kenner der Antike, deshalb auch die Vergleiche mit antiken Werken eingebracht. Betrachtet Goethes *Iphigenie auf Tauris* und die des Euripides als Möglichkeit, „tiefsten Unterschied antiker und moderner Tragik" zu begründen. Gegensatz von Goethe und Euripides entsprechend Hettners Beschreibung benennen.

Beachte: Es bietet sich an, falls Sie die Sachverhalte kennen oder aus dem I. Teil gewinnen können, Begriffsbestimmungen von „antik", „modern" und „Tragödie" einzubeziehen. Dabei ist der Begriff der „Moderne" nicht genau festzulegen, wird aber einmal mit der nachaufklärerischen Dichtung, zum anderen mit der Dichtung seit Georg Büchner in Verbindung gebracht.

Argumentation: Ansatz und Gang (Beschreibung der „unübertrefflichen Klarheit")

Konflikt zwischen göttlichem Schicksal und sittlichem menschlichen Ideal. Beschreibung der antiken Tragik: Menschliches Handeln von göttlichem Schicksal bestimmt, außerirdisches Schicksal. Unterschied zwischen Menschen und Göttern darstellen.

Beachte: Dazu Text von Goethes *Iphigenie auf Tauris* heranziehen (z. B. Parzenlied V. 1726 ff.).

Verantwortung des Menschen eingeschränkt, da Treffpunkt der göttlichen Gewalten, von Hettner als „dämonisch“ bezeichnet. Wie ist das zu verstehen? Hettners Begriff der „unübertrefflichen Klarheit“ bezieht sich auf diese Verantwortung des Menschen sich selbst und anderen Menschen gegenüber. In der Antike (Euripides) eingeschränkte Verantwortung des Menschen, scheinbare Wehrlosigkeit. Pylades setzt die menschliche Tat dagegen als Ausdruck eines nach Verantwortung strebenden Menschen: Pylades kann sich gegen den göttlichen Willen aussprechen, da er nicht davon betroffen ist (kein Angehöriger der Tantaliden). Bei Goethe Umkehrung: Iphigenie erreicht durch ihre Haltung, die sie aus ihrer Menschlichkeit bezieht, Veränderung des göttlichen Fluchs: Menschlichkeit als Lösung für göttlichen Fluch: Mut zur eigenen Verantwortung befreit von göttlichen Zwängen.

Argumentationsinhalte und Argumentationsmittel (Untersuchung zentraler Thesen/Argumente; Untersuchung von auffälligen stilistischen Mitteln)

Grundbegriffe und Grundkonflikte in der Darstellung Hettners:

- antike und moderne Tragik;
- göttliches Schicksal und selbstbestimmtes Schicksal,
- der Kampf der dämonischen Gewalten versetzt den Menschen in unlösbare Konflikte: Orest muss zum Muttermörder werden (gerechte Blutrache) und wird gleichzeitig dadurch zum Opfer der Erinnyen (Schuld des Muttermordes). Taten erfolgen auf göttliche Weisung bzw. „Götterratschluss“.
- Orest soll „Sühnung“ durch Apoll erreichen durch Diebstahl eines Götterbildes und wird wegen des Diebstahls schuldig an Apolls Schwester Diana;
- Iphigenie ist für die Menschenopfer verantwortlich und soll den eigenen Bruder opfern;
- göttliche Lösung durch Athene contra Lösung durch Iphigenies Charakter.
- Unterschiedliche Religiosität: antiker Götterglaube mit außerweltlichem Schicksal des Menschen contra sich selbst bestimmende Protestanten nach Hettner.

Stilistisch dominieren „Schicksal“, „sittliches Ideal“ bzw. „Weltordnung“ oder „Gerechtigkeit“, „Tragik“: Grundbegriffe des Auszugs im Text verfolgen und auf ihre Verwendung hin untersuchen.
Beachte: Begriffe aus heutiger Sicht erklären: Was versteht man darunter? Welche Bedeutung haben sie für den Umgang der Menschen miteinander?

S schreib-plan

Schreibplan

zu Aufgabe 2

Teilaufgabe 2: argumentative Entfaltung eines Sachverhaltes/eines Problems		
Überleitung	Zusammenhang zwischen Textvorlage und Brief, der die Modernität beschreiben will	**formuliert/verfasst** eine aufgabenbezogene Überleitung
Text-/ Kontextverständnis	Stellt die Entwicklung von antiker zu moderner Tragödie (Schauspiel) dar	**gibt** wichtige Informationen zur Textvorlage **wieder**
Problematisierung und Kontextualisierung	Folgen der Selbstbestimmung des Menschen	**untersucht** Zusammenhänge **erläutert** an Beispielen Aussagen
reflektierte Schlussfolgerungen	Überwindung nicht nur der Fremdbestimmung, sondern auch der Schuld: Entsühnung durch Sittlichkeit	**beurteilt** die Thesen Hettners und führt sie so weit wie möglich in die Gegenwart

L Lösung

Lösungsmöglichkeit

zu Aufgabe 2

Einleitung (Zusammenhang zwischen Textvorlage und Brief, der die Modernität beschreiben will)

Sehr geehrte Frau/Sehr geehrter Herr,
beim Lesen des Textes von Hermann Hettner fallen die Gegensätze auf, die er macht. Bedeutsam für das Selbstverständnis einer modernen Zeit. Deshalb gehe ich an seinem Text und Goethes *Iphigenie auf Tauris* der Frage nach, was Moderne für Hettner bedeutet und kontrastiere das mit der Vorstellung von Moderne heute.

Text-/Kontextverständnis (stellt die Entwicklung von antiker zu moderner Tragödie [Schauspiel] dar)

Handlung bedient sich bewährter Grundstruktur, dem vorgegebenen Stoff aus der Familiengeschichte der Tantaliden; bekannter Mythos. Es geht um die Entsühnung der Familie, die Aufhebung des Fluchs und die Selbstbestimmung des Menschen. Im Konflikt definieren und legitimieren sich Iphigenie und Pylades als weltanschauliches und moralisch-ethisches Gegenstück zu den Göttern, näher stehen sie den Taurern (Barbaren), die ihre Überhöhung durch den „aufgeklärten Fürsten" Thoas finden. Goethe verändert die Beziehung des Menschen zu den Göttern, zur Schuld und schließlich zur eigenen Verantwortung. Wichtige Stufe zwischen Antike und deutscher Klassik ist „die moderne Tragödie" als „Charaktertragödie": die Bedeutung Shakespeares und seiner Charaktere, die ebenfalls dem eigenen Wollen verpflichtet sind.

Die Rolle Shakespeares in dieser Entwicklung:
Eigenwillige Akzentuierung: Hettner setzt mit Shakespeare das moderne Drama an; die wesentliche Veränderung ist der Übergang von der Schicksalstragödie zur Charaktertragödie. Shakespeares Helden gehen durch eigene Schuld unter, nicht durch göttliche Bestimmung. Goethe setzt diese Entwicklung fort: Seine Menschen überwinden die eigene Schuld bzw. werden nicht schuldig. Ihr Schicksal ist nicht göttlich bestimmt, sondern die Folge des sittlichen Verhaltens. Anklang von Hegels Dialektik (*Beziehen Sie sich* auf die Aussagen zur Dialektik im I. Teil!)

Problematisierung und Kontextualisierung (Folgen der Selbstbestimmung des Menschen)

Durch die Aufklärung kommt das sittliche Verhalten als selbstbestimmtes Verhalten in die Philosophie, Kunst und Literatur. Zusammenhang mit dem kategorischen Imperativ Immanuel Kants! Durch die eigenen sittliche Vorbildhaftigkeit sittliche Erziehung auslösen. Konsequenzen aus Hettners Abfolge: freie Selbstbestimmung – unabwendbare Folgen der Tat – Heil und Schuld derselben. Gewinn und Verlust, Sieg oder Niederlage, Glück oder Tragik in ihrem Zusammenhang mit „Ursache und Folge, die undurchbrechbare Vernunftnotwendigkeit der sittlichen Weltordnung“ (Hettner).

Reflektierte Schlussfolgerungen (Überwindung nicht nur der Fremdbestimmung, sondern auch der Schuld: Entsühnung durch Sittlichkeit)

Grenzen des Weltbildes Hermann Hettners: Wert von Sittlichkeit im Vergleich zu sozial-gesellschaftlichen Grundlagen und Widersprüchen. Ist durch Sittlichkeit der Widerspruch von Arm und Reich zu lösen? In welchen Bereichen wirkt Sittlichkeit noch, sofern sie vorhanden ist?

Stichwortverzeichnis